献给我的父亲艾伦，感谢您鼓励我走出第一步。
献给我的母亲凯西，感谢您永远支持我追求自己的梦想。

买这个，
不买那个

如何赚取财富和自由

[美]山姆·多根（Sam Dogen）◎著
陈怡君◎译

**BUY THIS,
NOT THAT**

北京时代华文书局

图书在版编目（CIP）数据

买这个，不买那个 /（美）山姆·多根著；陈怡君译 . -- 北京：北京时代华文书局，2024. 12. -- ISBN 978-7-5699-5544-6

Ⅰ . F275-49

中国国家版本馆 CIP 数据核字第 2024A05W07 号

All rights reserved including the right of reproduction in whole or in part in any form.
This edition published by arrangement with Portfolio, an imprint of Penguin Publishing Group, a division of Penguin Random House LLC.

北京市版权局著作权合同登记号 图字：01-2023-0752 号

MAI ZHEGE, BU MAI NAGE

出 版 人：陈　涛
策划编辑：薛　芊
责任编辑：薛　芊
封面设计：WONDERLAND Book design 仙境 QQ:344581934
内文设计：迟　稳
责任印制：刘　银

出版发行：北京时代华文书局 http://www.bjsdsj.com.cn
　　　　　北京市东城区安定门外大街 138 号皇城国际大厦 A 座 8 层
　　　　　邮编：100011　电话：010-64263661　64261528

印　　刷：河北京平诚乾印刷有限公司
开　　本：710 mm×1000 mm　1/16　　成品尺寸：165 mm×235 mm
印　　张：23　　　　　　　　　　　　字　　数：320 千字
版　　次：2024 年 12 月第 1 版　　　　印　　次：2024 年 12 月第 1 次印刷
定　　价：78.00 元

版权所有，侵权必究

本书如有印刷、装订等质量问题，本社负责调换，电话：010-64267955。

目 录

引　言　实现财务自由，宜早不宜迟　　　　　　1

第一部分
想致富，先树立正确的金钱观

第1章　找到你的幸福方程式　　　　　　　　19

第2章　做好计算，计划就会到来　　　　　　33

第3章　有钱就能钱滚钱　　　　　　　　　　57

第4章　理财先理债　　　　　　　　　　　　77

第二部分
别让钱闲着

第5章　学会合理配置财务　　　　　　　　　99

第6章　优化你的投资　　　　　　　　　　　125

第7章　搞懂房地产，更快致富　　　　　　　151

第8章　住对地方更招财　　　　　　　　　　179

第9章　做多房地产　　　　　　　　　　　　203

第三部分
认真工作，积攒财富

第10章　职涯生涯不容马虎　　　231

第11章　赚到钱，就可退休　　　249

第12章　积极开创副业　　　265

第四部分
专注于人生最重要的事

第13章　教育投资不能省　　　289

第14章　呵护家庭　　　309

第15章　活出财务武士的精彩人生　　　339

结　语　迈出你的脚步吧　　　355

致　谢　　　361

引 言
实现财务自由，宜早不宜迟

从1999年开始，我的闹钟在每天凌晨4:30准时响起，这样我就可以在5:30前上班。对于一个早上8:00脑子还昏昏沉沉，因此放弃了学习微积分的人来说，要在凌晨5:30就顶着明亮的日光灯坐在办公桌前，感觉真是一种特别的折磨。

先不提我天没亮就要去上班，为了与亚洲的同事联系，我还经常要待到天黑以后才能下班。工作后的两年里，我的体重增加了20磅，还患上了足底筋膜炎、坐骨神经痛、过敏和慢性背痛。因为压力太大，我平常总是不停地挠头，头皮屑多得就像下大雪一样。

在纽约高盛集团从事国际证券工作本来是我的梦想，但我很快发现，如果一辈子在银行业这么干下去，我可能要英年早逝了。

所以我想出了一个逃离计划。我知道，要想重获自由，我得像《肖申克的救赎》（The Shawshank Redemption）中的安迪·迪弗雷纳（Andy Dufresne）一样，从一条臭气熏天的地道中爬出去。但我和安迪不同，他蒙受牢狱之灾整整19年，被困到58岁才成功逃脱，而我计划在40岁之前就逃离职场。

我觉得，从大学毕业开始算，勤勤恳恳干18年，差不多就达到我能承受的工作压力极限了。如果我努力存钱、积极投资，这18年的辛苦也足够我建立一个被动收入投资组合，承担我全部的生活开支了。等过了40岁，我可能还有40年的时光，也有充足的时间让我休养生息，尽情享受生活。

最后，2012年，也就是我34岁时，我终于离开了银行业，部分还要感谢通过谈判获得的遣散费，足够我大约6年的生活花销。换句话说，这笔遣散费为我买到了最宝贵的商品：时间。

人生或长或短，时快时慢。我们必须充分利用好每一天，这样在回顾过往时能少些遗憾。"实现财务自由，宜早不宜迟"是我的口头禅，也是我从2009年7月开始经营的"财务武士"这一网络社区的宗旨。

这句话也是本书的核心所在。

实现财务自由的意义因人而异

归根结底，**财务自由意味着你可以随心所欲地做想做的事。**

拥有财务自由也能让你处于攻守兼备的位置。"守"是因为你会遇到"屋漏偏逢连夜雨"的情况，你根本无力控制（比如2008～2009年的金融危机、2020～2023年的新冠疫情，以及永无止境的地缘政治风险），但如果实现了财务自由，你和你的家人就会安然度过。只要财务状况足够乐观，大部分时间里，你都可以不受烦扰地过自己的日子。

生活不易，我们都会不时地经受考验，无人得以幸免。因此，抛开其他不谈，我希望这本书至少能有助于调节你起伏的情绪，让你躁动的心灵得以平静。

随心生活，人之所欲也。财务自由也同样体现其"攻"的一面。这也是游戏里一定要赢和不输就行两种心态的区别。一旦你在生存模式下站稳脚跟，你就可以扶摇直上、奏凯而归。

当你可以自由地选择主动出击时，可以尝试新的投资，开发绝妙的项目，将天马行空的创业想法付诸行动，否则你永远迈不出第一步。当今世界上的一些家财万贯的商贾巨富正是将自己的财富积累归功于能够承担极高的风险。

成功往往是可量化的数字游戏，金钱本身仅是达到目的的一种手段。然而，如果你巧妙地利用金钱，就可以在有限的时间里为你的诗和远方铺开康庄大道。你要做的就是叩问自己，你最终想以何种方式度过剩下的每一天，以及你要利用金钱实现哪些目标。

现在，作为两个幼子的父亲，我想要的财务自由就是尽可能多花时间陪伴家人，写写文章，打打网球和垒球，同时上下求索，见贤思齐，与人相交。

坚持下去的动力

自2009年至今，我一直热衷于在"财务武士"上探讨如何在人生各个年龄、各个阶段最巧妙地利用金钱（包括增值、消费、储蓄、投资和赠予）。

撰写本书时，已有9000多万人访问"财务武士"，其中绝大多数希望自己的人生有所改变。世界各地的读者告诉我，在读完我的博客后，他们还清了债务、纠正了错误的消费习惯、购买了首套住房、远离了恶劣的环境、发展壮大了自己的副业、积累了大笔的退休金，种种收获不计其数。

听到这些感言，我备感荣幸。

诸如此类的成功故事激励着我继续写作，探讨影响现实生活的金钱问题。我坚持从个人经验出发进行创作。金钱问题至关重要，无法含糊其词。在接下来的内容里，我会揭开实现财务自由的神秘面纱，帮助你通过必要的步骤，到达成功的彼岸。

消除对财务决策的恐惧

我之所以会写这本书，是因为个人经验和千千万万读者的故事告诉我，合理利用金钱不是一件容易的事情。要做的选择太多了，反而令人畏手畏脚。一想到做的决定可能是错的，就害怕得杵在原地，不敢向前。这本书会从最基础的层面，帮助你在这个混沌的世界里轻松地——至少能稍微轻松一点儿地——做出财务决策。

一个很大的挑战在于，大多数人在成长过程中所接受的财务建议通常都是围绕储蓄的，这容易让我们踌躇不前。身边的人提醒我们要精打细算、避免欠下债务、预留应急资金，这些建议确实都很实用。但事实上，仅凭银行存款是很难实现财务自由的。想要财务自由，我们就必须知道如何花钱才能给当下和长期带来更多的财富。大多数财务建议涉及花钱的部分时都是一片空白，但这部分实际上包含着更多机会。多数人也总是对花钱惴惴不安，生怕把钱花错了地方。

还有一个事实：没有任何财务决策是完美无缺的。请摒弃关于"完美"的错误认知。能够运用好逻辑武器、条理清晰地进行推理、理解过往事物的运行规律，并在此基础上做出理想的财务决策，已是我们能做到的极致了。这三点因素也贯穿了本书探讨的所有财务决策。

写这本书的第一个愿望是帮助你摆脱财务决策错误的恐惧。好好领会一下这句话：不存在错误的财务决策，就像不存在完美的财务决策一样，有的只是理想与不理想之分。多少人因为害怕走错道路，错过了花钱积累财富的机会。恐惧让我们牢牢盯紧现金和消费的安全性。但我们若是如此害怕失败和窘境，就会被恐惧牢牢控制，反倒更容易一事无成。出于同样的恐惧，我们不敢邀喜欢的对象出来约会，不敢要求晋升，不敢开启新的项目。恐惧让我们与无数个可能改变一生的机会失之交臂。

但即使我们摆脱了恐惧，想要找到那个理想选择也还是难上加难。对很多美国人来说，财务决策就像是一个永无止境的权衡，横亘在现在与未来之间。我们如何搞清财务的阴与阳？消费还是储蓄？储蓄还是投资？投这还是投那？租用还是购买？接着干这份工作还是离开？养孩子还是去旅游？大城市还是小城市？私立学校还是公立学校？去公司上班还是自主创业？投资401（k）计划还是还清债务？有机食品还是传统食品？选择的清单没有尽头。

所以，这本书的名字叫作《买这个，不买那个》。每天都有铺天盖地的决策事项向你涌来。要做的选择越多，压力、焦虑和困惑也就越多。飞升猛涨的物价、无力控制的债务、频繁更换的工作、不断削弱的消费力，所有的这些喧嚣嘈杂，让我帮你一并清除。一步一步，一章一章，我会告诉你如何围绕财富积累做出理想的财务决策，而不是为了存钱而存钱，让你不仅能在当下过到最好，还能保证未来的财务自由。

买这个：你有能力实现财务自由

拟本书标题时我花了点儿小心思，原因有两个。首先，财务决策从来不是非此即彼的。不同决策间有着精微玄妙的差别，也都需要人们做出各种牺牲。人们在做决策时常常会遇到异族效应，即难以分辨陌生财务决策之间的区别。大多时候，你的选择无法用"这或那"来简单概括。

打个比方，你当然可以选择购买本田飞度而不是保时捷911，但如果你不敢把钱投入股市，依然满不在乎地干着低薪的活儿，赚了钱就把它们在赌桌上挥霍一空，那这个选择对你积累财富就不会有任何帮助。这也是为什么在生活方方面面需要权衡财务决策的时候，你只是在"这或那"之间做出抉择，却始终无法真正看清自己的财务全貌。

当然，你最后还是要在"这或那"之间做出选择。否则，你只能闲坐着一事无成。行动起来才是正道。但是，充分了解自己的经济状况后再做决定能让你的选择更加贴近最优解。

标题《买这个，不买那个》暗藏的第二点小心思就比较有文化内涵了。这个社会从总体来看还是围绕着财富运作的。它很虚浮，也很粗俗。在这里，赢家通吃，人们不惜一切代价获得成功。

与此同时，在个人的职业生涯中，忍气吞声的训诫也流传已久。这是一种"打好手里的牌就好"的行业理念。诚然，这种态度包含了非常崇高的职业道德，但它对于实现财务自由并没有什么创造性的见解。

所以，这个标题的另一大妙处就在于"不要买它"。买这本书，别买那些教你忍耐的鸡汤。为新思维买单，为"你全权掌控自己通往财务自由之路"的观念买单，而不是花钱买那些老旧的故事，听它们说你已陷于困境、难以脱身。

我撰写本书的目的是让你在短时间内收获足够高的价值，它要比你在本书上花的钱高至少100倍。换句话说，如果你买这本书花了30美元，我希望你从这本书里积累的知识以及你随后会采取的行动能在短期内给你带来至少3000美元的收益。从长远来看，我希望这本书至少能给你创造千倍于它本身售价的价值，因为随着时间进展，你终会做出理想的财务决策。

本书的每一章节都会为你提供必要的方法，掌握它们，你就能在人生最普遍且最重大的一些决定面前做出理想选择。

我揭开财富谜团的方法

回到2009年，那时候世界分崩离析，短短6个月内，我的净资产缩水了将近35%。从2006年开始，我就一直搁置着创建"财务武士"的计划。如果我被裁员了，我得有个后备计划。

我还想着，通过写作来帮助自己和他人理解世界的混乱也不失为一个好主意。不管怎么说，截至2009年，我在金融领域已经积累了十年的工作经验，我在威廉与玛丽学院学的经济学专业，又在加州大学伯克利分校取得了工商管理学硕士，我努力存钱，分散投资，我……

但我的财富仍然受到了冲击。

我想帮助他人从我的经历和错误里吸取教训。而且，老实说，我也需要一些治疗来驱散我心中的恐惧和迷茫。混乱是变革的强大推动力。你今天经受的痛苦与折磨或许是你此生拥有的最珍贵的礼物。尽管如此，如果你能在痛苦发生前就做出改变，岂不是更好？

比如，与其等着有一天心脏病发作，逼着我们健康饮食、多多锻炼，为何不从现在就开始预防？与其等到离婚的时候才懊悔自己与伴侣疏于沟通，为何不从今天就开始认真倾听？

开始写作时，我研究了一套方法来与读者分享建议和结论。写这本书时我运用了同样的方法，我的方法主要表现在四个方面：

1. **我的建议和结论均源自我的教育、经历和文章。**我在金融行业干了13年，发表了2000多篇金融领域的文章。

2. **我大部分时间都在做研究并进行严格的分析。**我会花上数天的时间研究每一个细节，总是在分析中展现我的工作。我爱每一张Excel工作表。真实的数字讲述着真实的故事。

3. **所有的分析均源自亲身经历，金钱的问题太过重要，容不得半点儿武断。**在所有的实践中，我最喜欢这个部分，虽然我有时会因此遭受异样的眼光。比如，很多年前我决定做个优步快车司机。和那些只完成了三四单就开始写故事的人不一样，我给自己定了500单的目标。我的朋友说我是个疯子，但这些亲身经历就是"财务武士"的出众之处，也是我分享建议、得出结论的一大途径。

4. **我尽可能多地吸收各家之言，提供全面的见解。**鉴于世界上不存在完美的选择，只有理想和不理想之分，听别人讲述他们的经历也很重要，尤其是与我相左的那些。好几次我武断地相信某个观点，然后却发现但凡我花点儿时间倾听别人的意见，就会看见故事的另一面。

这些方法贯穿了本书的所有章节。

第一部分从我个人的真实状况入手，帮助你了解你心目中的财务自由。它展示了你实现目标所需的数学计算、你积累财富路途上所需回答的难题，以及你此刻为提高收入可以做出的明智改变。

第二部分展示了你要将钱投向何处，才能让你的财富潜力最大化。我会帮你设计一个投资策略，以尽快产生被动收入，让你能有足够的钱过上于你来说最好的生活。这部分会涉及股市投资，还有我最钟情的财富积累途径——房地产。

第三部分会帮助你充分利用你的主业。你会明白为什么人人都有能力赚到更多的钱。我会告诉你如何挖掘高薪行业，以及你在进入该行业后如何获取高薪并快速晋升。我还会带你探索副业，这样你就能拥有更多的收入来源，为你的财富添砖加瓦。

第四部分会帮你确认你的财务决策能让你在当下就过得愉悦平和，而不用等到终于退休的"那天"。确实，你应该在年轻时努力工作、有所牺牲，但即便如此也应该把自己的身体健康摆在第一位。如果你累死累活工作，每天只睡三个小时，只能吃斯帕姆午餐肉和雀巢脆谷乐快速充饥，那你在你的岗位上根本待不到享受劳动成果的那天。当你在生活方式上做出的牺牲影响到了你的底线，我会带你看清何处是边界。

最后，《买这个，不买那个》会为你提供解决财务问题的途径，让你能在短时间内获得内心平静、实现财务自由，速度之快超乎你的想象。

用70∶30法则做决定

通过这本书，我想为你提供一个全新的框架，让你能应对生活中所有的重大决策。生活不是非黑即白，我们时时刻刻都要做出明确的决策。租下这间房还是买下那间公寓？投资增长股还是指数基金？定居旧金山、加利福尼亚还是北卡罗来纳州的首府罗利？点寿司外卖还是自己做？

这些决定都需要花费时间和资本，也都是风险与回报并存。我会把焦点放在如何通过更明智的支出为自己积累财富，帮助你解决以上难题。我们还会了解为何理想决策因人而异，会根据不同的生存环境有所变化。同时，我们还会培养良好的习惯，打消你的自我怀疑，许多人就是因为这种自我怀疑，甚至不敢踏出实现财务自由的第一步。

你看，很多时候，问题其实在于我们掌握的信息太少，无法自信地在"这"与"那"之间做出决策。我的方法会帮助你解决信息不对称的烦恼。你需要做的就是多多思考各种可能性，而不是陷入二元化思维，自缚于"要么全有，要么全无"的极端命题。当你开始思考各种可能性而不是要求绝对准则时，你的分析思维就会更加强大，久而久之，你决策成功的概率也会越来越大。在面对旁人不敢冒的风险时，你也会做出更多成功的决策。

人们做决定时最容易踏入的一个误区是，他们总是认为没有100%的确定性就不能行动。这里列举三个例子。

1. 你一定要等到确定某人也喜欢你时——因为他告诉了他的朋友，他的朋友又告诉了你，你才有信心约他出来见面。但或许若干年以后你会发现，其实那时对方也喜欢着你，正等着你主动出击。就是因为非要等待那100%的确定，你错失了一段爱情，这是多么遗憾啊！

2. 大多数人一定要等到一套房子挂牌出售时才肯出价。但其实任何时候，你的周边可能都有很多房主想要卖房，他们只是在纠结要不要走复杂的挂牌程序。此时你要是向他们提交一份友好的意向书，就能非常愉快地开启一段对谈，最后以一个非常划算的价格买到这个街区最令人垂涎的房子。

3. 典型的求职者只申请网上公开招聘的工作岗位——非要100%确认这个公司正在招人。但实际上，总有大量的职位空缺是不对外公开的。如果你主动询问经理或是其他公司的招聘主管，你可能就会获得一份别人梦寐以求的工作，因为在信息不充裕的情况下，你选择了主动出击。

你的目标是在任何事上做出的决定都能收获正期望值。你的决定若能有50%的概率达到预期结果，它就具有正期望值。

有些决定的期望值高于其他，比如，选择去一家正处于上升期的公司工作，而不是待在一家已经在缩减成本的公司里，因为前者必然会给你带来成长和晋升的空间。有些决定则期望值较低，因为信息过分缺失，让人茫然无措。

你要自己审慎评估，让成功概率尽可能接近100%，但同时你也要认识到，只有极少数的决定是100%成功的。

人生充满了不确定性，所以要思考各种可能性。

如果你去一个赌场玩，会发现庄家永远占上风。庄家的优势，下可低至21点纸牌游戏里的0.5%和花旗骰游戏里的0.8%，上可高至老虎机游戏里的17%和基诺游戏里的25%+。从长远来看，庄家永远只赚不赔。所以，如果你非要赌博的话，就找那些庄家优势最低的赌局玩玩就好。但是，如果你只赌那些对自己有利的局，情况还能再乐观点儿。

你要做的决定越重要，就越要有强的优势和高的期望值。

70∶30法则

既然你现在已经明白了正期望值决策的重要性，那就让我给你介绍一下我在决策过程中遵循的70∶30法则。

70∶30法则指的是，你在做决定前，至少得保证自己有70%的概率能做出理想决策。同时，你要抱着谦恭的态度，明白还有30%的概率你会做出不理想的决策，而你不得不接受并适应它将带来的后果。

报酬对风险的比率大于2∶1，从长期来看，你的整体决策法则会让你收益颇丰。你肯定会有后悔的地方，希望能够重新来过。但是，你也会不断地从错误中汲取经验，帮助你在未来做出正期望值更高的决策。

但一定要谨慎，不要妄自尊大，否则你就会遭遇财务风险，个人生活毁于一旦。华尔街有句经典的格言："熊市牛市都能获利，唯独贪婪的猪只有待宰的份。"若是夜郎自大，无法正确识别风险，你就会一败涂地。最严重的错误是你没有意识到，你只是运气太好，误打误撞出了一个不错的决定，而不是因为你真的能力超群。要把正确的风险管理放在首要位置。

专业的营销把很多东西都包装成诱人的产品、经验或投资对象。当然，并非每一个你花钱购买或投资的对象都能如你预期的一样美好。所以，还是得靠你自己坚持不懈，不断磨炼预测的准确性，这样你的预测就不至于偏离现实太远。如果你的预测和现实差别太大，那就必须好好研究一下其中的原因，然后再做出调整。

如何提高你的预测能力

提高预测能力的最佳方法就是不断就不确定的结果做出预测。比如，如果你在观看某种类型的体育赛事，比赛开始前，先预测一下谁会赢、会赢多少分、为什么会赢。简单记下你的预测，保证自己态度诚实。然后将真实结果与你的预测相比较，看看哪里预测错了、原因何在。

你可以拿几乎所有结果不确定的事情练习，以提高自己的预测能力。你可以对以下事件进行预测：

- 哪只狗会勇夺犬展桂冠
- 某段友谊会持续多久
- 一栋房子最终的成交价和成交时间
- 你的伤口多久能愈合
- 如果下场暴雨不刮风，你那漏雨的屋顶还会不会漏雨
- 你会在1月的玛卡普乌角附近发现多少头鲸鱼
- 如果你用蓝莓奶酪蛋糕贿赂你儿子，他会不会乖乖待在床上，不再

半夜打扰你

很快，你就把每一件事都自然而然地视作概率矩阵。别人在做决定时仅凭直觉，而你则会利用大量实践、逻辑思维和自我认知，深入到每一个决策过程中去。这就是你的竞争优势。

如果你的预测错得离谱，你就必须好好查找原因并从中汲取经验。到最后，你会缩小各种结果与你的预期之间的差距，你能非常自信地说，某件事的成功概率至少有70%。如果你感觉你预期结果成真的概率是失败的两倍多，那就说明你在正道上了。

《买这个，不买那个》会告诉你，如何在人生最重要的一些决定面前做出理想选择。对于每个决定，我会根据人们所处的不同环境展示相关的理论依据，告诉你我认为你应该做出某种选择的原因。而故事的最后，还得由你自己来决定，怎样的选择最适合你当下的境遇。

并不是每一件事都能按照计划实现。我们必须接受这个事实。但是，只要你坚持不懈，不断地从错误中学习，你的决策能力必会随着时间突飞猛进。

你不必生而不凡

悲伤的是，许多人从未尝试着去实现财务自由，因为他们认为富人拥有或知道常人不知道的财富密码。这种误解非常有害。

不是每一个收入可观的人都是医生、律师或总裁。很多高收入者既不是工商管理硕士，也没有接受过正规的商业培训。他们也没有什么能让自己优人一等的股市情报。当然，其中也有幸运的人，他们继承了父辈的财富。

但剩下的人靠的则是价值连城的品质：一定要创造财富的决心，以及持续不断做出好决策的能力，让自己的财富更上一层楼。所以，他们确实拥有一些常人没有的东西，但这些东西远没有你想象的那般远到触不可及。

你可能不知道，目前很多普通人赚的或拥有的钱比你想象的要多得多。他们只是不会大肆宣传。每一周，我都会听见新的故事，谁谁谁赚钱的途径多到超乎想象。我已经写过他们中很多人的故事了，包括：

- 一个旧金山湾区捷运系统的电梯维修工赚了235,814美金，附加48,429美元额外福利
- 新罕布什尔大学的一个图书馆馆长给学校捐了400万美元
- 一个在家工作的美食博主，年收入50万美元
- 一个YouTube视频博主靠测评新品年收入百万

这些人的毅力、胆识与家世、好运没有丝毫关系，有些时候甚至恰恰相反。由于各种各样的歧视，我们的世界存在着赤裸裸的不平等现象。如果你也曾经历过某些不公，请把它们化作动力，激励你尽早获得财务自由。

此时此刻，我只确定，你是一个野心勃勃的人，渴望改善财务状况，否则你就不会拿起这本书了。你的逻辑思维能力也足够完善，相信想要实现你的目标，最好向已经成功的人学习，而不是听那些还在模棱两可地说着"可能"二字的人自吹自擂。

所以，我要告诉你一个好消息：想要实现财务自由，或是过上你想要的生活，你不必生而不凡。

还有一个好消息，就是无论何时开始都不晚。很多人可能开始不会相信，尤其是你此刻还生活拮据的话。其实当下的财务状况越困难，改善的机会就越大。

但只有决心并不能使你发家致富。如果事情真那么简单，每一个有野心的人怕是都早已坐拥金山了。你还需要勇气、持之以恒，还有做出正确决策、积累财富的自信。大多数人忽略了第三种品质。因此，这本书不仅要教会你如何做出理想选择，还要教会你如何拥有理想的态度。

上了那辆该死的巴士

来美国前，我与家人一起生活在吉隆坡。我的父母是美国外交系统的工作人员，在驻菲律宾首都马尼拉期间，他们生下了我。14岁前，我和家人先后在赞比亚、菲律宾、美国、日本、中国和马来西亚生活。14岁时，我们来到了北弗吉尼亚州。那个时候，整个城镇只有6%的人口是我的同类。从多数群体变成了少数群体中的一员，这个转变给我造成了巨大的冲击。

我不得不从头来过，一边结交新朋友，一边处理迎面而来的欺凌与种族歧视。我反应迟钝，与人群格格不入，因为我的思维总在英语与中文之间来回跳跃。我的分数和SAT（Scholastic Assessment Test，学术能力评估测试）成绩也平淡无奇。

我知道我的父母并不富有。他们开着老旧的破车，外出吃饭时除了白水不愿点任何饮料。我们住在城镇一个破旧脏乱的角落，房子很是简朴。我从小到大都没玩过任天堂游戏机。我所知道的"飞人乔丹"篮球鞋不过是一个朋友送我的二手货，而且还比我的尺码大了两号。我家虽然不至于一贫如洗，但除了生活必需品，也没钱再享受其他东西了。

高中毕业后，我决定去威廉与玛丽学院，它是一所公立大学，位于弗吉尼亚州的东南部城市威廉斯堡。我来这儿上学是因为这里的学费我负担得起。我家没有办法轻松承担更高的学费了。我也资质平庸，没什么运动才能，拿不到任何奖学金。我在威廉与玛丽学院成绩优异，但我不是因此才进的高盛集团。事实上，威廉与玛丽学院甚至不是高盛集团招聘员工的目标学校。我之所以毕业后会进入高盛集团工作，纯粹是因为某个寒冷的周六早上，我上了一辆6点起程的巴士。

这辆巴士从学院出发，开往华盛顿特区的一家招聘会，车程在两小时左右。总共21位学生报名参加，但我是唯一现身的人。巴士司机等了一个多小时也没见着一个人影，就把我载到他的公司总部，换了一部黑色的林肯城市轿车，单独送我去招聘会。这也是我第一次认识到，光是出席就已经成功了大半。

7个月后，经历了整整6轮共计55次面试的我，终于得以进入位于纽约广场一号的高盛证券总部工作，这一切还得得益于我每天坚持早起。

我做梦也没有想到，我能在34岁的时候摆脱公司的压榨，追求自己的热爱。感谢"财务武士"和我的努力投资，我现在45岁，实现了财务自由，有很多时间陪伴妻子和两个孩子，做我真心热爱的事。

每当处境艰难，让我想要找借口逃避时，我都会想到一句话，然后又重振旗鼓、继续前进："不要因为不肯努力而失败，因为努力不需要任何技巧。"我可以因为竞争对手太优秀而投降，也可以允许自己被飞来横祸击垮，但如果我只是因为自己不够努力而失败，我知道迟暮之年我定会懊悔莫及。

勇气、持之以恒和自信是实现目标所需的最重要品质。你不必非要身怀绝技、天赋异禀、家境富裕才能勇往直前。现在的你就已经够好了。

现在，让我们开始吧。

第一部分
想致富，先树立正确的金钱观

　　实现财务自由在很大程度上是一场可量化的数字游戏。它是数学、理性决策，以及经年累月不懈努力的结晶。

　　在跳入这场数字游戏之前，我们先来制定一下目标。若非被逼无奈，用时间交换金钱，你会想做什么？把心中的画面描绘出来，让我帮你算算，想要实现那个梦想，你需要多少的资本。

　　财务自由后的生活大部分需要依靠被动和半被动收入支撑。我会带你看看各种选项，之后由你来从中挑选适合自己的收入来源。

　　我还会帮助你制定策略，快速减轻你的债务压力，并利用债务为你的财富添砖加瓦。

　　准备好了吗？这或许是你生命中最激动人心的一堂数学课。

第1章

找到你的幸福方程式

赚钱的意义是什么？人人都想成为富翁，但缘由何在？答案是为了自由——自由地过我们想过的生活，让每一天都充满活力。

我们总是轻易遗忘，金钱只是达到目的的一种手段。我们拼死拼活还清债务，设置基金定投，沉迷储蓄，不到万不得已不轻易动用，都是为了尽可能增加我们的积蓄。

但我们若是不知此番努力为哪般，那就真的没有丝毫意义了。我们的财富必须有其用武之地。

自由的意义因人而异，你必须花点儿时间弄清你心中的自由是什么。你阅读本书是因为你想实现财务自由。为什么呢？你追求的并非金钱本身，而是金钱带来的自由。你想要的自由是什么样的呢？拥有自由以后你会做些什么呢？

为了充分利用这本书，你需要回答这些问题，彻底弄清你的目标所在。在本章接下来的内容里，我们会详细讨论如何让你梦想成真，但在此之前，先让我们了解一下财务自由的普遍益处。

1. **改善健康状况**。压力会使你的身体垮掉。工作的那段时间里，我患上了慢性背痛、肘部肌腱炎和颞下颌关节紊乱（牙关紧闭和磨牙）。但在财务自由后，所有这些症状都消失了。健康是无价的。让生活免受金钱缺乏和工作繁重的烦扰对你的身心健康大有裨益。而当你或你的家人需要看病就医时，你知道自己有能力承担高额医疗费用，这就是一个巨大的恩赐。

2. **让你不再畏惧工作**。大部分工作都有一种循环的恐惧。获得工作以后，你竭尽所能想要实现许下的豪言壮语，但现实总有诸多不顺，许多事情你根本无法控制，例如：你的领导不喜欢你、你的同事在背后讲你坏话、筹款总是失败、遇到经济衰退、赶上公司兼并。靠工作获得安全感已经是过去的事了，若是除了工资以外再无其他收入，你便会如履薄冰、不堪一击。

财务自由能让你接手工作、项目或临时任务时无所畏惧。它给足了你勇气，让你更敢于创新和冒险。探索新领域时，也不再一味担心报酬问题了。你可以尽情考虑一切热爱的工作，一想到工作不是为了赚钱，就能意志坚定、备感愉悦。做一件事情不是因为你必须如此，而是因为你想要如此，那感觉真是太棒了。

3. **让你敢于伸张正义**。这点对我来说尤为重要。

这个世界上有无数令人作呕的事情，却无人敢站出来反对，因为人们都害怕会给自己带来负面影响。多少次在工作中你忍气吞声，因为担心造成不良后果。

从学校操场到公司会议室，我经历了各种各样的歧视，它们是我努力实现财务自由的一大动力，也是我决定努力存钱、积极增加被动收入的一个重要原因。我渴望拥有绝对的选择权，不欠任何人的人情。从过去到现在，这一直是我前进的巨大动力。

一旦实现了财务自由，或是踏上追寻财务自由的道路，你在遇到不公平现象时就会更加自信，敢于为它发声。不用向任何人妥协的感觉真的太棒了。

4. 让你意识到自己与所有人地位平等。当你可以掌控自己的时间时，你就会发现自己与社会上的大部分成功人士都是平起平坐的，无论对方是总裁、娱乐明星、体育明星还是政界显要。你有权利发表你的意见，与他们呼吸同样的空气，与他们处在同样的位置。更重要的是，你可以充满自信地追求你所热爱的事，而无须对任何人感到抱歉。

谁是你们行业的迈克尔·乔丹（Michael Jordan）或塞雷娜·威廉姆斯（Serena Williams）？在我之前从事的行业里，这个人叫作卡尔·卡瓦贾（Carl Kawaja），他是美国资本研究与管理公司（Capital Research and Management）的董事长。该公司是世界上最大的共同基金公司之一，管理着约2.5万亿美元的资产。在认识卡尔之前，我很害怕与他交谈。如果说那时的我只是个期待着签署10天合约的NBA G联赛球员，那么他就是坐拥6枚总冠军戒指的名人堂成员。华尔街的许多人都想得到他的关注，却几乎没有与他会面的机会。但在我认识他以后，我发现他其实是一个很和蔼的人，怀抱着与其他人相同的希望、担忧和梦想。在网球场上，我们总是会对彼此说垃圾话，因为我们是好朋友，这样玩很开心。

当你自信自己与他人地位平等时，好事就会发生，你的自信会推动着你往前进。种种关于致富的教诲，说穿了就是相信自己理应发家致富。

5. 让你得以选择自己的交往对象。如果你被迫把时间花在讨厌的人身上，那他人就会变成你的地狱。你知道有一类人，他们总会迟到，就是因为吝啬腾出自己的时间。这种人以前常常给我带来没完没了的烦恼。还有那种剽窃了你的创意却连一声谢谢都没有的同事呢？那些只有在自己有所企图的时候才接近你的人呢？那些在商务午餐期间对服务员粗鲁无礼的人呢？现在，想象一下你不必因为对方手里掌控着你的未来就假装喜欢他。财务自由以后，你可以只与相处起来真的很舒适的人交往。

6. 让你的父母以你为豪。 父母总是喜欢把一切都捧在我们面前，却鲜少要求回报。他们只希望我们快快乐乐、拥有独立生活的能力。当我们实现了财务自由，他们要操心的事又可以少了一件。

财务自由后，我们有更多的时间可以支配，也就可以花更多的时间陪伴父母。对我来说，回馈父母多年的辛劳付出是一种单纯的快乐，我愿竭尽所能，让他们过得幸福。

7. 让你有更多时间陪伴孩子。 你越早实现财务自由，就越早有更多时间陪伴孩子。上班与育儿孰轻孰重很难判断，毕竟这两者都是全职工作！

我和我的妻子是中年得子（怀上孩子那年她37岁，我39岁），这是努力在年轻时候实现财务自由的一大坏处。我们过分忙于事业，等到终于有时间认真思考生孩子的问题时，已经是35岁左右了。

如今我们为人父母，财务自由的重要性更是不言而喻。没有什么比陪伴孩子更重要了。你只有一次机会抚养他们长大，然后他们就要自力更生，离你远去。所以好好珍惜仅此一次的机会吧。如果你没有孩子，那就多花点儿时间陪伴你的家人朋友吧。

既然我们已经了解了财务自由值得追求的一些普遍原因，现在就让我们来看看它能够帮助你过上最好生活的具体途径。

你心目中的财务自由是什么样子的？

是时候与自己坦诚相见了。你想要的财务自由是什么样的？2009年成立"财务武士"的时候，我帮助发起了当代FIRE运动（FIRE代表财务独立、提前退休）。十年过后，有一百来个博客、几十个主流媒体都在讨论FIRE。

关于FIRE的内涵有许多不同的声音，但一种主流的定义是说，当你的资本净值达到全年开支的25倍时，就可以实现财务自由了。换句话说，如果你全年开支为10万美元，那你就需要拥有250万净资产（最好不包括你的主要房产），才能视为拥有财务自由。

但是，由于利息较低、风险资产的预期回报降低、医疗费用过高、预期寿命增长，我觉得拥有相当于年支出25倍的净资产仍旧不够。我更支持FIRE需要达到以下两个目标：

1. 净资产达到年平均总收入的20倍。如果你将净资产的目标建立在收入而非支出的基础上，就不能通过大幅削减支出自我蒙蔽。相反，当你收入增长时，你会鼓励自己增加储蓄和投资。对于那些仍旧偏向以开支为基础进行计算的人来说，考虑让自己的净资产达到全年支出的25倍至全年总收入的20倍之间，再宣布自己实现了财务自由。就比如说你一年支出5万美元，赚10万美元，你实现财务自由的净资产区间就是125万美元至200万美元。

2. 投资产生的被动收入足以支撑你过上最好的生活。如果你全年支出为10万美元，那么只要你现有投资的收益达到12.5万美元以上，你就算是拥有了财务自由（因为你还得为这收入缴税）。靠你的投资收入过活，而不动用你的本金，就能保证只要你量入为出，钱就永远都花不完。这就是自由。

自2009年以来，FIRE运动逐渐演变为了三种不同的FIRE生活方式：肥

FIRE、瘦FIRE、咖啡师FIRE。这三个都是主观性很强的名词，以一个人想要的退休生活为基础。肥FIRE即退休后可以彻底放飞自我，瘦FIRE即退休后过得相对节俭，咖啡师FIRE即退休后做做兼职或是配偶有工作。

之所以会有这些演变，是因为不同人心中的FIRE天差地别。通过重新定义名词来让我们对自己的进步更感良好是人之本性，但诚实认识自己理想中的FIRE生活方式也很重要——不要对自己撒谎。

我心目中的FIRE生活即住在旧金山或檀香山，房子要足够大，一家人都有各自的卧室，孩子能得到良好的教育，一年能旅游几次，且每个月都有足够的现金流不断用来投资。不幸的是，这种生活方式花销较高，所以我现在还在努力积累被动收入。

别人心中最理想的FIRE生活则可能是无儿无女、住在改装的校车里环游全国。对于他们来说，一年或许只花3万美元就能怡然自得。个人理财的美丽之处就在于你选择何种生活方式没有对错之分，有区别的只是你过理想生活方式的途径以及你为此所要做的事。

2012年，也就是我34岁时通过协商获得遣散费之后，我在严格意义上做了三年的咖啡师FIRE，因为那个时候我的妻子还在工作。她比我小3岁，我们设了一个目标，如果到她34岁的时候我们的财务都一切良好的话，她也同样"退休"。

在我还是咖啡师FIRE的那三年，我加入了妻子公司的健康保险计划，同时，我负担所有的住房费用。我们将支出维持在相对较低的水平。那几年我写了一本书，教导人们如何像我一样协商遣散费（我会在第11章分享更多有关协商遣散费的内容），我还在"财务武士"上写一些文章。

2015年，也就是我妻子34岁的时候，我帮她商定了一笔遣散费，然后她就离职了。在那之后的几年财务自由生活里，我们的投资不断增值，在线收入也不断增加，所以过得还算可以。由于我们的家庭不断扩大，支出也随之增加，从我离职到后来被动投资收入达到理想数字，这个过程用了整整9年的时间，因为没有保证，即使到了今天我们仍然在努力增加投资收入。

值得一提的是，从再也不工作的意义上来说，"提前退休"的概念常常只是噱头罢了。许多在网上鼓吹提前退休的人还是像以前一样如牛马般地工作，主要是在忙他们的在线项目。我的那些文章不是自动生成的，这本书也花了两年才写完。我压根就没有退休，我只是可以自由地做我想做的事情罢了。

在没有正职整整十多年后的今天，我认为提前退休并非FIRE的全部内涵。2012年，我尝试着一整年什么事都不做，只是疯狂地出国旅游，但是大约6个月后，我就急不可待地想要做点儿有意义的事情。实际上，只要我的手指还能动、嗓子还能发声、思想还在运作，我就不会计划退休。

如果你正在计划着自己的财务自由之路，我想鼓励你更多地关心FIRE中FI（财务独立）的部分。没有人早早退休以后就无所事事。或者说，即使他们尝试无所事事，也很少能一直保持下去。当我们的生活充满有意义的工作时，它就会变得更加丰富。财务自由最美好的一部分是你能做自己真正热爱的工作。

你的幸福方程式

幸福等于现实减掉预期。如果现实生活比预期的要好，你就会更加感激所拥有的一切。

当我还在马来西亚上初中时，有一次去槟榔屿玩，我被一群乞丐团团围住。即使我已两手空空，再拿不出任何东西，他们还是一直拉扯我的衣服，不停乞求。那一瞬间我震惊极了，我意识到原来不是每一个人都有温暖的床可以睡。所以那年圣诞节，我不再许愿想要鲍威尔·佩拉尔塔（Powell Peralta）的新滑板，我决定不抱有任何期待。最后，父母送了我一件T恤，我高兴坏了。

人们说，金钱买不到幸福，此言不虚。当你的钱足够你舒适生活后，不管是在堪萨斯城年薪7.5万美元，还是在旧金山年薪25万美元，拥有再多的钱并不能让你的幸福感剧烈提升。

在最新的《世界幸福报告》（World Happiness Report）上，芬兰荣获全球最幸福的国家。该报告强调了提升幸福感的六个重要因素：人均国内生产总值、社会支持度、预期健康寿命、人生选择自由度、国民慷慨程度和社会清廉程度。

虽然美国有着迄今为止全球最高的名义国内生产总值和全球第九的人均国内生产总值，但在这份调查中，美国仅排第18位。美国如此富有，在幸福度排名上却表现得如此平凡，着实令人不解。

幸福具有很强的主观性，难以用数字进行量化。从这份数据中，我们可以清楚地看出，金钱只是幸福方程式的一个部分。

我认为，至多只有40%的幸福感是由金钱决定的。一旦你有足够的钱去做你想做的事情，你这40%的幸福感就已经拉满了。

剩下60%的决定因素常常与家庭、朋友、成就、信仰和目标有关。倘若金钱是主要的幸福指标，亿万富翁就永远不会流泪、不会痛苦，更不会离婚了。

"进步"这个词是我对幸福的定义。

我认为幸福与不断地在你所在乎的事情上取得进步有着很深的联系，比方说你与伴侣的关系、亲子关系、你的身体健康、你的职业生涯、你的体育技能、你帮助过多少人……

想象一下，如果那40%的部分你已经拥有完整了，你会如何填补剩下的那60%？我建议你在思考自己的幸福要素时，可以关注以下三个关键点：

- **你获得自由后想要干什么？** 拥有做想做之事的独立与自由可以极大地增强你的幸福感。你的自主权越大，你就越幸福。为了赚钱而从事你讨厌的工作是不太理想的选项。不计其数的工作和自由职业机会都能给你提供收入、带来激情。我们每一个人都应该不断寻找两者的更好结合。

- **你想要与谁一起共度时光？** 拥有一个像你爱他一样爱你的人能带来巨大的幸福感。孩子给父母带来了巨大的使命：要为他们尽可能提供最好的生活。这就意味着要多多赚钱，为他们提供栖身之处和良好的教育，并尽可能地长寿。如果你不想养孩子，那你想与谁一起分享自由？朋友、父母，还是兄弟姐妹？答案由你说了算。

- **你想要在哪里自由生活？** 住在哪里与金钱息息相关，我们将会在第二部分探讨事实的真相。虽然有些人不愿意承认，但住在哪里真的很重要。

认真思考你全部幸福图景的同时，也花点儿时间想一下，是什么让你感到不快乐，然后努力将其踢出你的生活。

给它标价

当你对自己追求的生活有了清晰的认识之后——认识清楚你幸福之杯里所需的成分，你就可以开始计算想要达成目标所需的实际费用。不要跳过这个部分。在第2章你会发现，本书所有方法的根基都在于回答你想要什么、你为此愿意做什么。所以，如果你之前还有所隐瞒的话，请从现在开始习惯对自己开诚布公。

我们在早些时候已经讨论过了，不同人对于能给自己带来最大幸福感的收入水平有不同的需求，根据各自的欲望、需求和生活安排上下浮动。你要找出自己理想的收入水平，并计算相关的数据。

假设你想住在旧金山、檀香山、巴黎、阿姆斯特丹或纽约——这几个都是这世上我最爱的城市，你应该先查一下每一座城市的租金中位数和房价，然后再加上你实际的衣、食、出行费用。如果你有孩子，就要把私立学校的教育费用也算进去，以防万一你没法让孩子进入优等的公立学校。

算完生活必需品后，再把度假、娱乐和慈善等需求也包括进去。在做完全部的花销计算后，你会惊讶地发现费用瞬间暴涨。下一页是一个四口之家居住在高成本美国城市所需的预算样本。

我知道有些人会对其中一些花销感到困惑。这不要紧。虽然有些花销（或是目标、欲望或理想）你不需要，但这不意味着里面有任何一项预算是不符合实际的。

想要算出能让你幸福指数最高的理想收入，就有必要先合计一下你的理想开销。在为财务目标努力的过程中，你可以疯狂一点儿，这样即使你最后没能实现那个目标，你的收入也可能比当初设定一个比较保守的目标来得更具安全感。

我个人认为，如果是住在旧金山的二孩之家，一年稳定收入30万美元是比较可观的努力目标。如果你只有一个孩子，住在奥斯汀[①]，那么年收入12万美元或许就能让你过得同样舒坦。如果你单身一人，住在罗利[②]，那么一年5万美元就绰绰有余了。每个人的志趣不同，生活成本随着区域变化也千差万别。

思考一下你想要多少的税后月收入。把该目标一直摆在眼前，因为你将

---

① 奥斯汀：美国得克萨斯州首府。
② 罗利：美国北卡罗来纳州和威克郡首府。

表1-1　四口之家如何在高成本大都市生活

总收入	全年 $ 300,000	每月 $ 25,000
401（k）存款（双职工父母）	$41,000	$3417
扣除 401（k）存款后的应税收入	$259,000	$21,583
扣除 25,900 美元标准扣税额和 401（k）存款后的应税收入	$233,100	$19,425
税单（24% 联邦收入税、8% 州所得税、7.65% 联邦社会保险税、有效总纳税 23%）	$53,613	$4468
净收入 + 4000 美元儿童税务优惠 + 25,900 美元非现金标准扣税额	$209,387	$17,449
支出	全年	每月
2 岁儿童照管	$24,000	$2000
4 岁儿童学前班	$26,400	$2200
四人伙食费（平均一天 70 美元，包括每周约会夜）	$25,550	$2129
529 计划（基础教育阶段和大学的教育储蓄计划）	$13,200	$1100
按揭贷款（2100 美元本金、1900 美元利息）	$48,000	$4000
房产税（房屋总价 160 万美元，税率 1.24%）	$19,840	$1653
财产保险	$1560	$130
房屋维护	$2400	$200
公用事业（电、水、垃圾）	$3600	$300
人寿保险 [Policygenius 公司（译者注：美国互联网保险平台）提供的两份保额为 100 万美元的 20 年定期保险]	$2160	$180
伞覆式保单（保额 200 万美元）	$600	$50
医疗保健（雇主补贴）	$8400	$700
婴儿用品（尿布、玩具、婴儿床、婴儿车、婴儿围栏等）	$2400	$200
每年三周度假（两次外地游、一次市内游）	$7200	$600
娱乐（网飞、演出、体育赛事、社交集会、周末旅行）	$4800	$400
汽车分期付款（丰田汉兰达，不是路虎揽胜）	$3900	$325
汽车保险和维修	$1800	$200
汽油	$3600	$300
手机（家庭计划）	$1440	$120
四人服装（老海军牌，不是古驰）	$1800	$150
个人护理用品	$1200	$100
慈善事业（儿童抚养院、眼球震颤视力研究、联合国儿童基金会）	$3600	$300
学生贷款（丈夫在 30 岁时还清 5 万美元）	$0	$0
总支出	$208,050	$17,337
扣除开支后所剩现金，用来支付杂费	$1337	$112

相关城市：旧金山、纽约、波士顿、洛杉矶、圣地亚哥、西雅图、华盛顿、迈阿密、丹佛、檀香山、温哥华、多伦多、香港、东京、伦敦、巴黎、悉尼

来源：FinancialSamurai.com

要通过大量的数学计算、计划和牺牲才能实现它。记住，你的最终目标不是通过工作赚到这个理想的税后收入，而是通过被动收入以及做自己喜欢的事赚到其中绝大多数的钱。

从个人来讲，我认为主动收入与被动收入的理想比例是30：70，这正好与我70：30的决策法则相反。换句话说，如果理想收入是10万美元，那么其中最好有3万美元是源自你热爱的事情。通过保持积极性，我们维护了自我的价值和生产力，并从中获得回报。同时，我们的理想划分里有70%为被动收入，这样一来，我们就不必担心钱会耗尽。毕竟，我们在讨论理想收入或支出时，通常会加入安全性来减缓压力。

财务自由是什么感觉？

自从我辞去了主业，许多人就来问我财务自由是一种什么感觉。简而言之，这感觉就和你小时候为假期、生日或暑假而无比兴奋一样。你迟迟不肯上床睡觉，因为你很兴奋。你起得老早，因为你很兴奋。

从理论上来说，我从2009年开始就已经财务自由了，因为那时我就意识到，我的被动收入足以承担所有的基本开销。我本可以在夏威夷过着简单的生活，清晨照料祖父的杧果树和番木瓜树，傍晚再去冲个浪，也就是瘦FIRE。但我还想要赚更多的钱，因为我决定要和妻子生一个孩子。

到2012年，我决定再多准备三年的财富，然后就可以永远告别银行业了。所以那时我通过协商获得了一笔遣散费，然后就此解放。那是做出改变的绝佳机会，错过了就永远不会再有。

但事实上，即使你积累了足够多的资本和经常性收入来源，并由此实现了财务自由，你还是会有一些财务烦恼。2008～2009年的全球金融危机让我35%

的净资产在短短半年内人间蒸发。未来肯定还会再发生长期性的金融危机。

即使我们无法摆脱财富烦恼，但等到拥有100%的确定性才行动也并非财务武士的作风。反之，我们应该明白，我们已经尽了最大努力把我们的成功概率增加到了70%以上。同时，我们也必须怀着谦卑的态度，承认有时候事情也会出现波折。

关键是，我们要搞清到底是哪里出了错，然后行动起来，让事情往好的方向发展。你的目标是不断地在你和家人最看重的事情上取得进步，把财务自由当作一个不断前进、没有终点的旅程。

财务武士之路

在每一章的结尾，我都会列举几条行动指南，帮助你在财务自由的旅途中不断前进。你会发现，通过把"买这个，不买那个"的方法分解成一个个可以实现的小步骤，它就完全可以操作。所以，不要跳过这些步骤。花点儿时间，把它们贯彻执行，我保证你就会走在通往财务自由的道路上了。现在让我们开始吧：

·展望一下，实现财务自由后，你会做什么、会和什么样的人交朋友、会在哪里生活。这将是你的北极星。

·算出你过上最好生活所需的现实预算，这样你就能精确地知道自己要为多少的被动投资收入而努力。

·努力积攒相当于你全年收入20倍的净资产，或是创造足够的被动投资收入来支撑你预期的生活费用。如果你偏向以开支为基础进行计算，考虑让自己的净资产达到全年支出的25倍至全年总收入的20倍之间。

·最重要的是，你的财务自由目标要能给你改变窘境的勇气。如果你还无法行动，那可能还要继续积累财富。

·被动投资收入与支出之间的差距叫作缺口。随着被动投资收入不断朝着总支出靠近，这个缺口会越缩越小，同时也会有更多你热爱的工作向你敞开怀抱，让你可以填补这个缝隙。

31

第2章

做好计算，计划就会到来

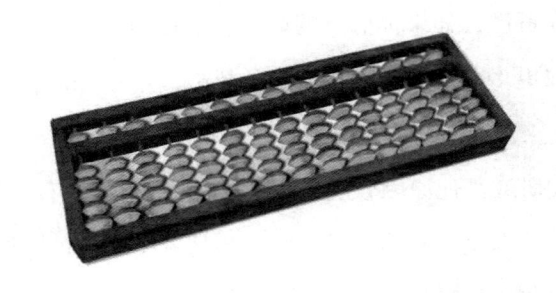

我们先来做个小小的数学计算。

如果你是那种会设置财务目标的人——我敢打包票你一定是这样的人，希望你能享受数学计算，算出如何实现那些目标。如果你觉得这没什么乐趣，嗯……你也还是要算。记住，当你算出实际所需的金钱数目时，财富自由就离你不远了。我有一种不错的预感，实现你梦想生活的兴奋一定会让一切计算都变得格外有趣。现在让我们来一览乾坤。

我在之前的章节描述过我对财务自由的定义，即你的净资产达到你年平均总收入的20倍，或你投资产生的被动收入足以支撑你过上最好的生活。这两个财务目标高度相关，在理想情况下，两者最终都能实现。

我会从净资产说起。每一个人都要以年龄、工作经验和收入为基础设置自己的净资产奋斗目标。净资产目标会帮助你始终不懈地执行你的财务计划，并在你落后的时候鼓励你加倍努力。太多的人过了十年才如梦初醒，疑惑自己的钱都去了哪里。要是他们当初能打印一份净资产指南，贴在冰箱上，让他们始终行在正轨，那该多好啊！

这里就有一份指南。我的这份表格把20倍的净资产目标一直延续到了60多岁，一个更加传统的退休年龄。但是，你要是能更早一些积累到相当于你年收入20倍的净资产，如果你愿意的话，就能提前退休。把收入视为乘数，能够让你在赚取更多财富的同时接受新的挑战。不仅如此，它还能防止你通过大幅削减开支来"欺骗"自己实现了财务自由。

对于因为读研或其他原因较晚进入职场的人来说，可以参考工作年限列表而非年龄列表。但是，时间不等人，理想情况下，你的净资产会在你30岁时达到年平均总收入的2倍，35岁时达到5倍，40岁时达到10倍，50岁时达到15倍，60岁时达到20倍。

表2-1 基于年龄或工作经验的净收入目标

年龄	工作年限	收入倍数	净资产-基于年收入5万美元	净资产-基于年收入10万美元	净资产-基于年收入15万美元	净资产-基于年收入20万美元	净资产-基于年收入30万美元	净资产-基于年收入50万美元
22	0	0	0	0	0	0	0	0
25	3	0.5	$25,000	$50,000	$75,000	$100,000	$150,000	$250,000
28	6	1	$50,000	$100,000	$150,000	$200,000	$300,000	$500,000
30	8	2	$100,000	$200,000	$300,000	$400,000	$600,000	$1,000,000
32	10	3	$150,000	$300,000	$450,000	$600,000	$900,000	$1,500,000
35	13	5	$250,000	$500,000	$750,000	$1,000,000	$1,500,000	$2,500,000
40	18	10	$500,000	$1,000,000	$1,500,000	$2,000,000	$3,000,000	$5,000,000
45	23	13	$650,000	$1,300,000	$1,950,000	$2,600,000	$3,900,000	$6,500,000
50	28	15	$750,000	$1,500,000	$2,250,000	$3,000,000	$4,500,000	$7,500,000
55	33	18	$900,000	$1,800,000	$2,700,000	$3600,000	$5,400,000	$9,000,000
60+	38	20	$1,000,000	$2,000,000	$3,000,000	$4,000,000	$6,000,000	$10,000,000

最终的目标是净资产达到年平均总收入的20倍。
来源：FinancialSamurai.com

考虑到生活中的每件事都是一场赌博，你实现财务自由的速度取决于你的努力程度、你的储蓄金额和你可以承担的风险等级。

只有当你真正实践了才会发现，很多了不起的事情其实没有那么遥不可及。就像相比于你独自练习，请一个私教会逼出你更大的潜能，我的表格也可以发挥相同的激励作用。别被它们吓倒了。

即使你无法实现这些净资产目标，你将拥有的净资产也可能会比没设任何目标时高出很多。如果你愿意的话，当你积累的财富越来越多时，你就更敢承担更高的风险、尝试全新的事物，并做出一些改变。继续积攒你的财务动力吧，总有一天你会被成果给惊艳到。

在谋到首份工作后，我给自己下达了一个任务，每个月都要尽可能多地储蓄和投资。这意味着我要与朋友蜗居在一个单房公寓、存满我的401（k）退休账户、每年100%投资我的年终奖金、存满401（k）账户后所剩的工资至少存下20%。

我最开始的目标也是我现在推荐的目标，是存下50%的税后收入。我从这里出发，不断努力，直到最后，我在最赚钱的那几年，储蓄率达到了80%。

如果每月省下50%的税后收入，余下的钱仍旧够你过活，就意味着你每年都能存下一年的生活费。如果你的储蓄率达到70%，那你每年所存的数额就够你两年的生活费，依次类推。最不济，也请你存下20%的税后收入。这样一来，存够一年的生活费需要四年时间。

存的越多，投资越多，你就能越早实现财务自由。就是这么简单。

收入倍数好过支出倍数

我想再强调一遍，把你的净资产目标与总收入挂钩非常重要。

以收入而非支出为乘数，是逃离贫瘠者心态、迈向富足者心态的重要转变。你可以将你最高的全年总收入或平均收入运用于所有的工作年限。如果你的净资产目标以支出为基础，你就很容易骗过自己。即使你顿顿只吃通心粉和奶酪也能过活，这也不是什么长久之计。

前些年你可以督促自己多多存钱，但你要明白，想要活得轻松舒适，你最终还是要有更多的喘息空间。现在极尽节俭，到了退休后也是如此，这并非大部分人的理想生活。相反，你想要的其实是尽可能地增加收入，让自己有更大的概率过上最好的生活。

如果你执意要以支出为基础设立净资产目标，那就这么做吧。最常使用的一种度量方法是净资产达到年支出的25倍，它是以流行的4%安全提取率法则为基础的。我不推荐以4%的提取率从你的存款里提取资金，后面我会花一分钟时间解释理由。现在，我想强调，积累相当于你年支出25倍的净资产是一个不错的奋斗目标。但当你实现了这个目标，请再次进行评估。如果你甚是满意，且仍有工作的欲望，那你看看自己能否再让净资产升至年收入的20倍。把它当作一个有趣的挑战，反正最坏的情况，是你已有的资产也能让你称心如意。

同时也要记住，相比晚退休的方案来说，越早退休，你所设置的支出底数就要越高，因为你没有全职工作的收入来承担生活费用的时间会更长。你需要支付医疗费用（不管有没有补贴）和住房费用（晚点儿退休，你的按揭贷款可能就已经还清了），如果有孩子的话还要给孩子花钱（晚退休的话可能会是个空巢老人）。另外，你就没有社会保障金或传统的退休储蓄账户了，比如个人退休账户IRA（Inpidual Retirement Accounts）或401（k）。截至目前，你最早可以提取社会保障金的年龄是62岁，最早可以免罚金提取401（k）或IRA账户内资金的年龄是59.5岁，虽然也有例外情况。

记住，你越早退休，就越有可能通过你热爱的事情获取补充收入。

净资产vs被动收入

净资产与被动收入之间始终是保持平衡的，两者相互交织、协同作用。如果你实现了各种各样的净资产目标，你的被动收入潜能也会自动提升。如果你想要或者需要的话，一旦净资产目标得以实现，你就能切换净资产的组合方式来创造更多的收入。谈到金钱，其实变得富有在很大程度上就是觉得富有且财务稳固。

假设你年收入是10万美元，你在40岁时净资产达到了10倍于年收入的既定目标。这时你坐拥100万美元净资产，可能其中50万美元是你的主要住所，这部分无法动用，而剩下的50万美元则投资了增长股，收益为零。所以，此时你的被动投资收入为0美元。

但是，如果你受够了工作，决定放慢脚步去环游世界几年，你就可以改变你的净资产组合方式，为你的旅游提供资金。首先，你可以把房子卖了。你以个人名义最高可获得25万美元的免税额，额度高低取决于你居住的时间长短。然后，你要给你的销售代理商支付5%的佣金，再支付1%的交易税费，在这之后，你就能靠剩下的47万美元生活。或者你也可以用这笔钱重新投资，选择大市值的派息公司。按照一年3%的股息率算，你就能收益14100美元。又或者你也可以把这两种选择组合起来。

除了卖房，你还能卖掉那些不派息的增长股，用所得重新投资债券、派息股票、REITs（译者注：全称"Real Estate Investment Trusts"，即房地产投资信托基金）或是其他生财资产。只不过要注意一下税务影响（不用担心，我会在后面的章节详细讨论这些细节）。

只要遵循我的净资产倍数目标，你愿意的话，就永远都有潜力创造被动投资收入。只要你需要，就有这个选项能给你的内心带来更大的安宁。你只需决定如何改变你的净资产组合方式，同时注意税务问题。

同时，如果你能获得理想中的被动收入数目，并能用它一直支付理想的生活费用，那么你势必会实现你的净资产目标，与倍数无关。比方说，假设你50岁的时候年收入10万美元，然后发现自己在过去3年每年花3万美元就能快乐生活。按照我的指南，你那时应该拥有相当于年收入15倍的净资产，也就是150万美元。但是，你发现你50岁时只有80万美元的净资产。嗯，80万美元也很好了，因为它每年都能恒定地产生3.6万美元的收益，足以支付你理想中的生活费用了。你现在可以选择放慢脚步，做做兼职工作，或者少赚点儿钱，去尝试新花样。拥有选择的自由是无价之宝。

潜在收益越大，风险越大，几乎总是这样。所以，如果你厌恶风险，无法忍受波动，你可能就需要积累更多的资本，因为你的回报可能相对较低。有些人受性格和环境影响，是风险爱好者，对于这类人来说，情况则正好相反（在本章后续内容里，我们会通过更多细节测量你的风险容忍度）。

假设你现在40岁，还精力充沛。你100万美元的投资组合每年只有3%到5%的回报或收益率，产生3万至5万美元的收入，如此假定可能太保守了。相反，你可能拥有更大的风险胃纳（译者注：指投资人能接受的最大风险），投资大起大落的科技股，一年没准能增长超过15%。如果你的投资锐减了20%，你还有大量的时间和精力，花上人生里的数月去工作，弥补这部分损失。但如果你已经70岁了，每分每秒都弥足珍贵，你可能甚至不愿意浪费哪怕一天的时间去弥补任何潜在的损失。

谈到风险，要永远把金钱损失与时间损失画等号。

你需要多少的被动收入取决于你自己。一旦你决定了一个数字，就得努力计算出你需要投入多少资金才能产生预期数目。就简单地拿你所期望的生活费为例好了，把这个数字分别除以2%、3%、4%来得出你最小的净资产目标数字。比如，如果你想要获得8万美元的被动收入，你就需要200万到400万美元的总资本。2%、3%、4%是你预估的年收益或回报率。但是，如果你相信你的投资组合一年能涨15%（不太可能），就用8万美元除以15%，这样你仅需533,333美元的投资组合就能支付你的全部生活费了。从现实角度来说，如果我们想要创造一个可持续发展的被动收入来源，你能使用的最大除数可能就是8%了，最适宜的除数是在2%至4%。

冒着适当的风险拿你的积蓄投资，对实现财务自由至关重要。我会在第5章解释如何根据目标和环境对你的资产进行配置。

此时此刻，重要的是明白你的行动必须永远与目标一致。如果不一致，你就会活在妄想的痛苦中。你不可能一边渴望着财务自由，一边又懒得赚钱、存款、投资和计划，就像我不可能每天吃着柠檬酥皮派还不锻炼身体，就指望着自己拥有六块腹肌一样。妄想可能是你实现财务自由、获得全面幸福的最大威胁。谈到金钱，永远都是宁可一开始保守一点儿，最后满载而归，也不要一开始过分激进，最后一无所获。逝去的时间无法倒流。

两种退休哲学可供考虑

一旦你实现了净资产目标，想要离开这朝九晚五的游戏时，你就需要计算出于你来说最安全的提取率。如果你的净资产还达不到遗产税起征点——

超过该起征点，每1美元资产可能面临40%的"遗产税"，那么能让你安心退休的提取率大概就是不伤及本金的那种。你可能想要依靠你的退休金利息度过余生。这种提取率能让你不用担心金钱耗尽。你也可以把部分财产赠予困境中的人，帮助他们创造财富。2022年，个人遗产税起征点为120.6万美元，但它变化频繁。你倾向选择的退休哲学会帮助你确定自己的净资产目标和退休后的安全提取率。

1. "你只能活一次"（YOLO）退休哲学：如果你采纳的是这种退休哲学，那你的目标就是在离开这个世界前花光所有积蓄。这种退休哲学有其意义，因为这样一来，你在工作上所花的时间就能带来最大益处，你投资时也敢冒最大的风险。再说，为什么不在活着的时候尽可能多花点儿钱帮助别人呢？

2. "留下遗产"退休哲学：如果你主张留下遗产，那你可能想要设立一个信托基金，或是成立一个组织，一方面能帮助他人，一方面又能让你的美名千古流芳。留下遗产的意思可能是为母校设立一个奖学金，或是成立一个基金，把收益所得统统捐给帮助残疾人的组织。不管是哪种情况，帮助他人的同时又能让自己的姓氏流芳百世，这是千千万万人的追求。

大部分人可能徘徊在这两者之间。个人理财和很多东西一样，有一定的边界。但是，你越倾向"你只能活一次"的退休哲学，你在退休后的安全提取率就要越高（推荐范围4%~8%）；你越倾向"留下遗产"的退休哲学，尤其是你的净资产还未够到遗产税起征点的话，你退休后的安全提取率也就越低（推荐范围0~3%）。

一个简单公式，决定你退休后的初始安全提取率

我之前说过，我不推荐你以流行的4%提取率从你的储蓄里提取资金。了解背后的原因很重要。1994年，威廉·班根（William P. Bengen）在《财务规划杂志》（*Journal of Financial Planning*）中首次发表"4%法则"。紧接着，1998年，三位来自美国三一大学（Trinity University）的教授在"三一研究"（Trinity Study）中将该法则发扬光大。

该法则基于一项研究，它表明，1925~1998年的历史年度市场回报率允许人们以每年4%的提取率从他们的投资组合中提取资金，而几乎无须承担任何财富耗尽的风险。"三一研究"指出，如果以史为鉴，4%左右的提取率在长达30年的时间内都不太可能耗尽任何一项股票和债券投资组合。于是，4%法则就成了热衷退休的人最喜爱的安全提取率准则。

但是，20世纪90年代以来，很多事情都已发生了变化。其中最重要的是，十年期债券的收益率已经从1994年10月的7.8%高点降低至2020年7月的0.53%。虽然无风险收益率自2020年创下历史新低后得以缓慢提升，但它至今仍旧保持在较低水平。

所以，我们也必须与时俱进。这里有一个安全提取率公式可供考虑：财务武士安全提取率（FSSWR）=十年期国债收益率×80%。

换句话说，如果十年期国债收益率为2%，财务武士安全提取率就建议退休人士将他们的提取率限制在1.6%。随着十年期国债收益率的提升，安全提取率也会随之提升，反之亦然。

乍看之下，我的安全提取率公式或许过于保守，很多人也许会说它荒谬至极。但是，它的设计是以4%法则提出的时代背景为基础的。回到1998年，"三一研究"将4%法则普及化的时候，4%约为当时十年期国债平均收益率，

也就是5%的80%。换言之，回到那时候，你无须拥有一个博士学位就能推断出，在你可以无风险赚取5%国债收益的情况下，以每年4%的提取率提取资金，你的钱永远都用不完。所以，如果你能接受4%法则的逻辑，你就能接受财务武士安全提取率的逻辑。这是我简化计算并适应不同经济情形的方法。

但财务武士安全提取率设计的真正原因是：保护你度过人生中最脆弱的一段时期。兢兢业业了一辈子，突然抛开了所有工作，那感觉可能会非常震撼。而就在你退休的当下，一个熊市可能就会正好来袭（问问2007年退休的那批人就知道了）。

因此，我鼓励你在退休后寻找新生活的最初几年里，提取率要相对保守一点儿。你越早逃离职场，就会有越多的自我怀疑，这种情况发生的概率很高。

回想过去，在34岁时就扔掉了一份六位数薪水的工作属实不太明智。我并没有遵循我的20倍收入法则，因为当时的我还没有这么多资产。我离开的时候，净资产约为我过去三年平均收入的8倍。如果我是我爸，我大概率会告诉自己要努力扛到40岁，然后再商定一笔遣散费。

因为财务武士安全提取率很低，它鼓励你如果想实现更多目标，同时弥补资金缺口，你要么在辞职前攒够巨额净资产，要么，离职后就另辟蹊径再去赚钱。茫然无措是很糟糕的。退休后，你得花上几年时间找回自己，然后就能恢复比较传统的安全提取率，也就是3%~5%。

风险资产的回报预期正在下跌

2021年，美国先锋领航投顾（Vanguard）提出了它对未来十年股市、债券及通货膨胀的回报预期。它的"先锋领航资本市场模型"（VCMM）

十年期国债收益率的重要性

　　十年期国债收益率是我们要遵循的最重要的经济指标。这个数字为投资者、经济学家和财务自由奋斗者提供了有关通货膨胀、联邦基金利率走向、就业、投资者风险胃纳、经济健康,以及其他诸多信息的预期。

　　只有收益潜力高于无风险收益率的投资才有意义,而一般来说,无风险收益率是以十年期国债收益率为基准的。换言之,如果十年期国债的收益率为2%,那么你投资一个预期回报小于或等于2%的股票是没有任何意义的,你还需要一个风险溢价来补偿可能的损失。作为房地产投资者,你绝对不会投资一块预期回报只有2%,甚至更少的房地产。相反,你会需要一个风险溢价来补偿你在管理租客、处理房屋维护问题,以及潜在举债上所花的资金。

　　我可以写整整一本书来讨论十年期国债收益率的重要性。但是,为了让事情简单一点儿,我建议你始终把它当作你机会成本的最低标准。也就是说,在投资任何资产前,请先购买或持有一份十年期国债,然后将你的预期回报与无风险收益率相比较。当十年期国债收益率下降时,机会成本也会随之下降,所以现在有大量的流动资金都流向了风险等级更高的资产。

　　随着十年期国债收益率缓慢提升,经济活动的边际效率也会放缓,因为购买价格更高了。十年期国债收益率是按揭利率的一大决定因素,其次是消费者贷款利率。在某些时刻,如果十年期国债收益率上涨足够高,投资者就会决定不再承担额外风险。

预测,未来十年,美国股市的年回报率仅为4.02%,美国债券的年回报率仅为1.31%,通货膨胀率仅为1.58%。而此前十年,美国股市的年回报率为10.37%,美国债券的年回报率为5.3%,通货膨胀率为2.87%。对比之下,未来十年的预期值大大下跌。

　　倘若你退休后购买了一个投资组合,其中60%是股票、40%是债券,那么

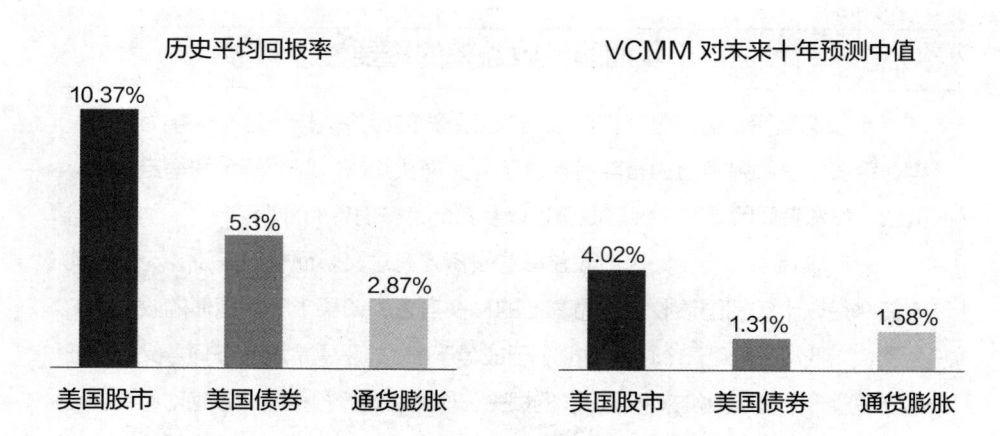

历史平均回报率　　　　　　　VCMM 对未来十年预测中值

美国股市	美国债券	通货膨胀	美国股市	美国债券	通货膨胀
10.37%	5.3%	2.87%	4.02%	1.31%	1.58%

图2-1　历史回报率无法保证未来回报率

注释：过去的回报率不能保证未来的回报率。一个指数的高低无法准确代表任何一项投资，就好比你无法直接投资一个指数一样。历史平均美国股市回报率、美国债券回报率和通货膨胀率涵盖了1926年1月26日至2021年3月31日的数据。其中，美国股市以1926年至1957年3月3日的标准普尔90指数、1957年3月4日至1974年的标准普尔500指数、1975年至2005年4月22日的威尔逊5000指数，以及此后的MSCI美国总体市场指数为代表。美国债券以1926年至1968年的标准普尔高等级公司指数、1969年至1972年的花旗集团高等级指数、1973年至1975年的彭博巴克莱美国长期信用AA指数，以及此后的彭博巴克莱美国综合债券指数为代表。通货膨胀率以美国消费者物价指数为代表。VCMM的预测截至2020年12月，与美国股票和美国债券十年年化回报率的10000个模拟分布相对应。中值回报率是某一资产类别年回报率排名分布的第50位数。美国股票、债券和通胀的十年预测中值代表了未来十年的年化预期，尽管在此期间这些值仍然存在巨大的不确定性。
来源：美国先锋领航投顾、先锋领航资本市场模型、汤森路透数据流

　　以上这些数据就意味着，如果先锋领航的预测成真了，你投资组合的年回报率将仅为2.93%。

　　先锋领航的预测似乎有些过于保守了，但如果现实证明它们是对的呢？熊市随时可能来袭。以4%或者更高的提取率提取资金，可能还是过于奢侈了。

　　而且，不仅是先锋领航预测未来股市、债券和其他风险资产的回报率会走低，高盛集团、美国银行、贝莱德等大型金融机构也是如此预测。所以，

如果你计划在正常退休年龄（60多岁）之前退休，你可能得做好以下准备：

- **退休前积累更多资金**：用你的预期寿命减去你的退休年龄，然后乘以你的年支出，所得结果即你需要努力积累的净资产数额（比如，你50岁退休，预期活到80岁，那你要积累的净资产就是年支出的30倍），或者直接用你的年收入乘以20。只是积累相当于年支出25倍的净资产，却没有补充收入，大概率是不够用的。不过，这些只是你所争取的财务目标，不是什么硬性规定。

- **创造补充退休收入**：找点儿你热爱的事情去做，可以通过做咨询顾问、兼职或自主创业赚钱。如果你不打算积累相当于你年收入20倍或年支出好几十倍的净资产，就必须找到创造补充退休收入的途径。

- **推迟退休时间**：每推迟退休一年，就能多点儿储蓄，同时少供养自己一年。真是一箭双雕。

- **多吃垃圾食品，不锻炼身体，这样就能少活几年**：不推荐。

开始保守，然后调整

在计算数据的时候，既放开天马行空的幻想，又考虑现实甚至悲观的情形是非常重要的。但是，在真正抛弃稳定薪水之前，你都无从得知自己退休后到底会有何感想。你在职场待的时间越久，退休就越会给你造成冲击感。

因此，我建议你在退休前至少以财务武士安全提取率生活至少6个月。这样一来，你就能了解靠你现有资产过活是什么感觉。离开职场以后，继续以财务武士安全提取率生活，直到你发现自己需要补充的退休收入（如果有的话）。

一旦你自信自己退休后的生活会富足美满——这个过程通常要一到三

45

年，你就可以逐渐上调你的安全提取率了。如果你认为自己还需更保守一点儿，不管是因为相信有熊市即将到来还是临时需要多花点儿钱，你都可以相应地降低自己的安全提取率。

保持灵活。没有人退休后要像个机器人一般，把自己锁死在一个固定的提取率里，永不改变。我们要懂得随机应变，其中很重要的一点就是要密切关注自己的需求、欲望和收入来源。

每一个人的需求、风险容忍度和目标都不尽相同。但是，遵循70∶30法则，退休后应该先从保守的安全提取率开始，如此度过最初几年，然后再根据环境进行调整。

计算你的风险容忍度

我之前提过了，风险容忍度对我们的财务自由策略影响很大。所以你可能想知道应该如何测量自己的风险容忍度。它似乎具有很强的主观性。答案取决于我们对时间的重视程度。作为投资者，我们甘愿承担风险，是为了创造潜在的收益，帮助我们减少工作时间。我们投资所获的收益越高，积累目标净资产所需的工作时间就越少，反之亦然。

因此，在计算风险容忍度的时候，可以先测量一下自己愿意且能够付出多少工作时间来弥补投资可能带来的损失。如果你现在25岁，身体健康，你就应该有更高的风险容忍度，因为相比老态龙钟的70岁，现在的你显然有更多的精力和意愿去工作。所以，你会愿意进行更具投机性的投资，来换取潜在更高的回报。

我们再来看看投资的风险：1929年至今，熊市中值价格跌幅为33.63%，熊市平均价格跌幅为35.62%（熊市指的是价格下跌超过20%的市场。中值价格跌幅和平均价格跌幅都在不断调整）。

此外，熊市持续的平均时间是289天左右，或10个月以内。持续时间最长的熊市，即经济大萧条，从1937年3月到1942年4月整整持续了61个月，而2020年的熊市发生于2月14日，仅仅下跌了一个半月。到了2020年8月，标准普尔500指数又重获新高。

因此，我们可以合理推测，下一个熊市也会使股票估值下跌35%左右，持续时间约为10个月。既然这已经是现实可能发生的最坏情况，那就让我们来算算，你需要工作多少个月，才能弥补投资中35%的暴跌。

这里有一个快速的风险容忍度公式可以使用：

（上市股票投资额×35%）÷每月总收入

比如，假设你在股市里投资了50万美元，而你每月总收入为1万美元。想要量化你的风险容忍度，可以这么计算：

$500,000 × 35% ÷ $10,000 = $175,000 ÷ $10,000 = 17.5。

其中，$175,000是你理论上可能损失的数额，17.5是你为赚回同等数额的收入所需额外工作的月数。交完税后，你每月实际只收入8000美元左右，所以你实际上得多工作将近22个月，然后不吃不喝，100%存下你的税后收入，才能弥补你的损失。

但还有更糟糕的事。鉴于你还要支付基本生活费，光是工作22个月还不够。好消息是挨过了10个月的熊市平均持续时间，股票价格就会开始反弹，前提是你能坚持到底。

你必须问问自己，是否真的愿意多干17.5个月甚至更久来弥补你的损失。如果你的答案是"不愿意"，那你的风险敞口（译者注：指未加保护的风险）可能太高了。如果你的答案是响亮的"愿意",那你的风险敞口可能又太低了。

因为每个人适用的税率不同,为了简化公式,我使用的是月总收入而非月净收入。你可以根据自身个人所得税的情况,灵活调整风险容忍倍数。

时间就是金钱。你越是珍惜自己的时间,就越讨厌工作,而你越不愿工作,你的风险容忍度就会越低。你只是不愿意牺牲同样多的时间来弥补可能的损失。

我们来看看一位拥有100万美元投资组合的70岁退休人士,他的情况会如何?他依靠每年2万美元的社会保障金和投资组合带来的2万美元股息收入生活。

如果他的投资组合全在股市,一旦贬值了35%,那单凭他一年2万美元的社会保障金收入是很难弥补损失的35万美元的。他的股息收入可能也会削减,因为熊市期间公司为了生存更会紧紧抓住现金不放。这位退休人士只能一边勒紧裤腰带,一边祈祷市场最终回暖,否则他可能就要再做份兼职来弥补收入了。

鉴于时间紧张,也力不从心,无力再去弥补此类可能的损失,这位退休人士可能会把绝大部分的投资放在债券或其他低风险项目上。这样一来,他就最大程度地降低了投资出现剧烈滑坡的概率。

你的风险容忍倍数

就我而言,我不想在我孩子尚且年幼的时候回去工作,所以我不愿意花超过一年的时间来尝试弥补任何投资损失。因此,我认为自己属于中立至保守型的投资者。

下表是我的指南，它可以帮助你了解你的风险容忍倍数以及在此基础上你的最大股票投资额。你的风险容忍倍数等于你愿意为弥补熊市中的可能损失而额外工作的月数。我的风险容忍倍数是12（个月）。你的呢？

表2-2　股票投资风险容忍度指南

风险等级	风险容忍倍数（月数）	月收入	投资损失潜力	最大股票投资额
极高	36	$10,000	$360,000	$1,028,571
高	24	$10,000	$240,000	$685,714
中等	18	$10,000	$180,000	$514,286
中等	12	$10,000	$120,000	$342,857
保守	6	$10,000	$60,000	$171,429
极端保守	3	$10,000	$30,000	$85,714

假设：
1. 1929年以来熊市的平均跌幅为35%。
2. 我们的工作能力及意愿随着年龄增长而下降。
3. 随着年龄增长，我们的财富不断增加，但精力不断下降，风险容忍度也随之降低。
4. 单个资产的价值以当前及未来的预期收益为基础。
5. 最大股票投资额 =（风险容忍倍数 × 月收入）÷ 熊市平均跌幅。
6. 该指南可应用于任何包含风险的投资，不仅仅是股票。
来源：FinancialSamurai.com

该表格假定保守型投资者不愿花超过6个月的时间弥补投资损失（风险容忍倍数小于等于6）。中等风险容忍度的投资者愿意花12到18个月弥补投资损失，而高风险容忍度的投资者则愿意花超过两年的时间弥补投资损失。

比如，某人月收入1万美元，风险容忍度中等，那么他的股票投资额可以为342,857～514,286美元。如果他有极高的风险容忍度，在月收入不变的情况下，他的最大股票投资额可达1,028,571美元。但别忘了熊市期间你也有可能丢掉饭碗或被迫降薪。

你可能不太同意我对于不同等级风险容忍度的定义，但没关系。可能对你来说，工作三年来弥补可能的损失属于中等风险容忍度。如果是这样的话，按照你的标准调整就好。

你的最大股票投资额

利用简单的数学，你可以重组我的风险容忍度公式，算出你适宜的最大股票投资额。

最大股票投资额=（你的月工资×你的风险容忍倍数）÷ 可能跌幅

假定你的月工资是1万美元，且你不愿额外工作超过24个月来弥补可能的投资损失。同时，你相信你投资的可能跌幅为30%，而非我一开始列举的35%。

那么，你的计算就是($10,000 × 24) ÷ 30% = $800,000。

也就是说，在你认为可能下跌30%的投资里，你能付出的最大股票投资额应为80万美元左右。

如果你刚刚升职，计划在未来五年里收入年同比增长20%，你可以使用当前的月工资进行计算，并提高自己的风险容忍倍数，以此决定自己的股票投资额。

现在，假定你当前的月工资是1万美元，你的风险容忍倍数是24。但你预计五年内月薪能达到2万美元。同时，你还认为股票最多只会下跌20%。因此，你可以折中一下，将计算更改为($15,000 × 24) ÷ 20% = $1,800,000。这样一来，你就能计算出你的最大股票投资额为180万美元。

如果你决定像个隐士一样，隐居在生活成本低廉的偏远城镇，那也可以提高你的风险容忍倍数。但是，如果你努力赚取更高的收益，却永远不打算花掉它们，那你就得问问自己，是否要继续将赚钱摆在首要位置。

请与朋友或亲人一起探讨等式里的各个变量，充分考虑各种可能的情形能让我们的思路更加清晰、更加符合实际。一般来说，人们容易高估自己的实际风险容忍度。只有到了真的损兵折将时，才能意识到自己到底能承受多大的财务痛苦。

收入捆绑：即刻实现小目标

积累足够的被动收入来支付你理想中的所有生活开销，这个过程就算不要30年，也至少要10年。所以，实现真正的财务自由听起来就像天方夜谭。但目标虽然艰巨，你也不要因此垂头丧气。

相反，你可以想出一个平常的小乐趣，然后寻找途径获得足够的投资收入或回报，就这么为它一直买单下去。这个乐趣可能是你周六早上的可颂三明治，也可能是周五晚上与伴侣一起的寿司大餐。或许你更想花钱买露营装备、名牌鞋子或改造浴室，只要说得过去都没问题。做好数学计算，看看你需要投入多少钱来为那个小乐趣买单。

假设每个周末在街角咖啡店买可颂三明治要8美元，乘以52，就是416美元。现在我们选一个现实点儿的回报率，就假定3%吧。然后算一算，以3%的回报率，你需要投资多少钱才能产生足够的收入，支付你日常的可颂三明治开销。

等式如下：

乐趣的开销÷利率＝投资额

对你的可颂来说，所需的投资额就是：

$416 ÷ 0.03 ≈ $13,866

也就是说，你需要存下约13,866美元，然后投资回报率为3%的项目，才能让你的投资收益完全覆盖日常可颂三明治的开销。如果你能始终不断地收获8%的投资回报，那么你就只需存储和投资5200美元。

从这些小乐趣入手，解决完一个，再继续积累。然后一点儿一点儿，扩展到其他开销上：汽油、食品杂货、保险、按揭、孩子教育、旅游，随便什么都可以。通过数学计算，看看以一个安全的回报率，你需要投资多少钱才能负担得起每一件事情。这样，你的储蓄就会变得动力十足了，而不是为了储蓄而储蓄。

把这个思路反过来想也很有帮助：把你已有或准备进行的投资与某个人生目标联系起来。提到金钱，就填写你的句子。比如，如果你说"我买了20股特斯拉"，那关键就是说完后半句"……这样我就能＿＿＿＿＿"，或者是"接下来15年我都要存满401（k）退休账户，这样我就能＿＿＿＿＿"，再或者是"我会做这份额外的自由工作，这样我就能＿＿＿＿＿"。

这能帮你记住，你的首要动机从来不是金钱本身，它只是达到目的的一种手段。我们不仅要把财务决策与自己的目标联系起来，还要把目标具象化。

光是说"这样我的银行卡里就有10万美元了"或者"这样我就能变成百万富翁了"还不够，你还得继续深挖。你为什么想在银行存那么多钱？你为什么想成为一个百万富翁？等你真攒了那么多钱后你想用它们来干什么？金钱只是一个工具，而工具，顾名思义，是要拿来使用的。

做一个练习："我用投资X赚来的钱支付了Y。"以下是几个示例：

- 我用投资谷歌公司赚来的钱支付了女儿的教育费用。
- 我用投资标准普尔500指数赚来的钱支付了厨房改造的费用。

- 我用投资苹果公司赚来的钱支付了房屋的首付。
- 我用投资私人Fundrise（译者注：美国一个房地产众筹创业公司）基金赚来的钱为父母支付了两周的海上航游。
- 我用投资VYM——先锋领航一个每月都派息的高股息收益ETF（译者注：全称"Exchange Traded Fund"，一般指交易型开放式指数基金，通常又被称为交易所交易基金，是一种在交易所上市交易的、基金份额可变的开放式基金）——赚的钱支付了我的健身房会员。

我把这称为收入捆绑。你也可以把你投资的个人时间和精力与实际成果联系起来。

- 我在写博客上投资了十年时间，赚来的钱让我有能力宅家陪伴孩子。
- 我每周投资了几天时间当优步司机，赚来的钱支付了我最新的MacBook Pro（苹果笔记本电脑）。
- 我投入了一些精力，去做那份自由工作，赚来的钱支付了我一年的房产税。
- 我投入了一些精力，教别人打网球，赚来的钱支付了观看电影和演出等家庭娱乐的费用。

如果你做完了这个练习，却发现自己的时间和投资没能换来任何成果，那就得给自己做点儿工作了。你已经遗忘了初心。你的目标是永远把投资和努力与具体的事物捆绑在一起。一旦你发现了自己的辛勤汗水换来了或将要换来什么，你就会欢欣雀跃、大受鼓舞。

准备好购买——买这而不是买那

　　我们能设定的目标、能做的计算就只有这些了。我们最终还是需要购买并积累资本，好让这些资产能够自己朝我们砸钱。接下来的几个章节会帮助你制定战略，以决定人生中最重要的几个开销选择。

　　常言道："早知如此，何必当初。"要想此生都不会有这样的后悔时刻，就要向那些已经将来路踏遍的前辈学习。保持开放的心态，关注旅途中可能会出现的诸多变数。不要禁锢你的思想，永远拥抱新的可能。

财务武士之路

· 把所有的收入和投资与具体的目的捆绑起来。从微小的事情做起，一路攀升，创造动力。为了赚钱而赚钱只会带来一片空虚。

· 把我的净资产目标指南当作你的私人教练。即使你没法完全实现那个净资产目标，你积累下的资产也一定会比没有指南时高出一大截。理想的情况是以总收入作为倍数基础，这样能让你在薪水更高时依然保持专注。一旦你成功积累了相当于年收入20倍的净资产，或是创造了足够高的被动投资收入来长久地覆盖理想的生活费用，你就能逍遥自在、无拘无束了。

· 用时间来量化你的风险容忍度。你愿意放弃人生几个月的自由时光来弥补投资可能造成的损失？想要找到现实一些的答案，你必须和最亲密的朋友或挚爱一同讨论各种可能情况。

· 灵活处理你退休后的安全提取率。退休后的生活可能与你先前的预期有很大差异。你无法确切知道自己退休后的真实感受，直到你真的失去稳定薪水的那天。因此，在退休的最初几年里，最好保守一点儿，设置一个比较低的安全提取率，并找到补充收入的机会。

第3章

有钱就能钱滚钱

到目前为止,我们已经设定了许多目标。为了过上财务自由的生活,你设定了各种目标,有了自己的储蓄计划,也树立了正确的思维和框架,来处理买这还是买那的问题。

现在让我们进入实操环节。想要一展鸿鹄之志,唯一的途径就是充分利用你手头的金钱。本书剩余部分将会就本章所推荐的金钱利用方式进行更为详细的探讨。现在,让我们先整体浏览一下开始积累财富前所需的几大步骤。

虽然有些人可能有幸通过某家公司的首次公开募股、多倍股投资或是遗产获取一笔横财,但你目前收入的主要来源还是日常主业。不管你的钱从哪里来,你的目标都是尽可能地把它们转换为被动和半被动投资收入。这样到了最后,你就会拥有一支金钱大军为你保驾护航。

以下是分步策略,为你展示如何一步步将金钱投入使用。

首先，你要在传统退休投资账户外另设一个储蓄计划。太多的人忽略了这部分的净资产。他们认为只要投资一个税收优惠的退休账户［如401（k）、IRA、RRSP、SIPP］（译者注：RRSP全称"Registered Retirement Savings Plan"，即加拿大注册养老储蓄计划；SIPP全称"Self-Invested Personal Pension"，即英国自助投资个人养老金）就够好了，但事实并非如此。大部分情况下，你要想提取这些投资工具产生的被动收入，都必须等到59.5岁，否则就要缴纳10%的罚金。这不利于我们尽早实现财务自由。许多人都想在59.5岁前获得财务自由。唯一的办法就是建立一个应税投资组合。

然后，你要提高自己的赚钱能力。不管你在储蓄什么，你可能都得不断增加储蓄，这就意味着要赚更多的钱。你无法再削减开支了。

接着，不懈地坚持执行你的计划。让你的目标指引你前进，让储蓄自动化，并根据需要进行调整。如果你的欲望足够迫切，你就能将计划付诸实践。

最后，找到最适合你的收入来源非常重要。不同的被动和半被动收入来源大相径庭，要综合许多因素才能找出最适合自己的那个，包括你的年龄、风险容忍度，以及你想要在投资管理上所花的时间。其他因素还包括个人偏好、对投资对象的了解，以及创造力。

但我们先当作你一定能存下足够的现金用来投资，下面就开始吧。

第一步：设定一个储蓄计划

创造被动收入要从储蓄开始。没有一笔可观的存款，什么都是白搭。但要记住，我所说的储蓄并非把钱存在银行里，然后等着通货膨胀蚕食它的购买力。存一笔足够六个月用的应急资金在银行里就够了。然后，集中精力存满你的税收优惠退休账户，并建立应税投资。

只有你的应税退休投资组合能帮助你提早退休，因为只有这些投资产生的被动收入可以在59.5岁前提取而无须缴纳罚金。虽然股息和租金收入也需要纳税，但它们的税率通常远低于你的劳动收入。

我推荐每个人都朝着这个最佳储蓄方案努力：

1. 首先，如果你有能力的话，存满你退休投资账户的税前存款上限。 2022年，401（k）账户赋予员工每年的最高存款金额为20,500美元，50岁以上的员工还可再追加存款6500美元。401（k）账户的存款限额每2~3年都会提升500美元。传统IRA的最高存款金额为6000美元。50岁及以上的员工每年可以额外追加1000美元的存款额度，即最高存款金额为7000美元。

2. 其次，把至少20%的税后收入存进应税投资里。 这对于你们中的一些人来讲可能有点儿困难，但哪有什么好东西是唾手可得的呢？关键在于尝试。本章介绍了各种选项来处理你那20%+的存款，我还会在本书的各个部分深入讲解细节内容。

下一页是我的财务自由储蓄率表格，它展示了不同储蓄率之下你存够一年生活开支所需的年数，也展示了你10年、20年、30年后能够存满多少年的生活开支。出于说明需要，该表格以10万美元作为税后收入，所示储蓄率和对应结果适用于任何可维持生活的收入。

阴影部分表示的是你最迟可能实现财务自由的时间，因为我尚且假定你没有任何的正投资收益。它们代表着在特定的储蓄率下，你需要工作这么多年才能开启财务自由的生活。打个比方，你22岁大学毕业，工作20年，每年存下50%的收入，那么你在42岁时就能存下相当于20年的生活费，这笔钱在完全耗尽前，也足够支撑你活到62岁。但是，你不太可能完全耗尽它们，因为你还会有投资收益、支出调整，以及必要时赚取补充退休收入的能力。此外，等你60多岁时，你可能就符合领取社会保障金的资格了。

换个例子，假定你23岁大学毕业，可以以平均每年75%的储蓄率存满10年，那么你在33岁时就能积攒出接下来30年的生活费。这样一来，如果你打算将这笔资金完全耗尽，你也能靠它活到63岁。所以，我把数字为30的那个方框加深了，表明你的财务自由可能从此时开始。基本要领就是，你的储蓄

表3-1 财务自由储蓄率表格
以10万美元税后收入为例

储蓄率	储蓄额	年开支	存够一年开支所需的年数	10年后存款所够的生活年数	20年后存款所够的生活年数	30年后存款所够的生活年数
5%	$5000	$95,000	19.00	0.53	1.05	1.58
10%	$10,000	$90,000	9.00	1.11	2.22	3.33
15%	$15,000	$85,000	5.67	1.76	3.53	5.29
25%	$25,000	$75,000	3.00	3.33	6.67	10.00
30%	$30,000	$70,000	2.33	4.29	8.57	12.86
35%	$35,000	$65,000	1.86	5.38	10.77	16.15
40%	$40,000	$60,000	1.50	6.67	13.33	20.00
45%	$45,000	$55,000	1.22	8.18	16.36	24.55
50%	$50,000	$50,000	1.00	10.00	20.00	30.00
55%	$55,000	$45,000	0.82	12.22	24.44	36.67
60%	$60,000	$40,000	0.67	15.00	30.00	45.00
65%	$65,000	$35,000	0.54	18.57	37.14	55.71
70%	$70,000	$30,000	0.43	23.33	46.67	70.00
75%	$75,000	$25,000	0.33	30.00	60.00	90.00
80%	$80,000	$20,000	0.25	40.00	80.00	120.00
85%	$85,000	$15,000	0.18	56.67	113.33	170.00
90%	$90,000	$10,000	0.11	90.00	180.00	270.00

注释：灰色方框代表着你可以退休的时间。记住，要关注年份，而非收入。
假定：（1）高中或大学毕业后开始工作；（2）没有其他任何收益；（3）退休前无投资收入；（4）70岁才开始领取社会保障金。
来源：FinancialSamurai.com

率越高，你就能越早实现财务自由。

如果你无法存满退休投资账户的税前存款上限，那么次优方案是：

1. 如果你的雇主提供了相应的公司匹配金额，那至少要存同等多的钱到你的税前退休账户。这个是没得商量的。如果存进账户的钱小于公司的匹配金额，就相当于白送的钱不要，实在没有理由如此。如果你的雇主给你的匹配金额为工资的6%，那就把那6%的数额存进去——不管是哪来的钱。通过把钱存入退休账户，你不仅能降低应税收入，还能100%获得收益。

表3-2　如果你每年存满上限，你401(k)账户将会拥有的存款总额

年龄	工作年限	金额	加上 8% 复利收益
22	0	$0	$0
23	1	$20,500*	$22,000
24	2	$41,000	$46,000
25	3	$61,500	$72,000
26	4	$82,000	$100,000
27	5	$102,500	$130,000
28	6	$123,000	$162,000
29	7	$143,500	$197,000
30	8	$164,000	$235,000
31	9	$184,500	$276,000
32	10	$205,000	$320,000
33	11	$225,500	$368,000
34	12	$246,000	$420,000
35	13	$266,500	$476,000
40	18	$369,000	$829,000
45	23	$471,500	$1,348,000
50	28	$574,000	$2,110,000
55	33	$676,500	$3,231,000
60	38	$779,000	$4,878,000

*$20,500 是 2022 年的最高存款限额。
来源：FinancialSamurai.com

2. 然后努力把至少20%的税后收入存进应税投资组合里。如果不可能存到20%，也请尽量接近这个数字。

如果你觉得这个次优方案也不可行，那可能有个更大的问题亟待解决。很多情况下，人们认为自己无力储蓄，然后把钱花在无法产生任何收益的事情上。你可以跑来对我说"对，但是……"，但如果你想要尽早实现财务自由，你就得明白这件事没那么容易。

上述表格展示了从2022年开始存满你的401（k）退休投资账户会带来多大的影响力。

如果你依照正确的方法进行储蓄，你不仅会有70%的概率在60岁前成为一名401（k）百万富翁，还有70%的概率在你的应税账户里拥有超过100万美元的存款。即使你60岁前没有成为一名百万富翁，你还是会比那些没有花费时间精力存满退休账户、没有努力积累被动投资收入的一般人来得有钱很多。这是一个双赢策略。

第二步：提高你的赚钱能力

如果你没钱储蓄和投资，那么这本书里的建议对你将没有任何用处。如果这是你的痛点，那你的当务之急就是提高收入或找出不必要的花销，这样你就能利用省下的钱朝财务自由的目标努力（而且你看，就算你的确赚了足够的钱拿来储蓄，如果你能赚得更多、储蓄更多，你离目标也会更近）。第三部分会告诉你如何提高主业的赚钱能力，以及如何通过副业创造收入。

优步司机和Instacart（译者注：美国的一家生鲜杂货配送平台）配送员这些临时工作确实很适合赚快钱，但更好的选择是，找到自己擅长并真正热爱的事情，尝试通过它赚钱。每个人都有其所长，可能是音乐、体育、交际、写作、艺术、舞蹈，也可能是其他才能。

网球运动员可以教人打网球。摄影师可以给当地家庭拍摄快速成像或拍婚纱照。老师可以根据课程需要，出售教案给在家教育孩子的家长。平面设计师可以在Etsy（译者注：美国的一个在线销售手工艺品的网站）上出售可供下载的图片和日历。

你的爱好和技能越多，你就越有机会创造一些东西，在未来给你带来被动收入。这尤为重要，因为一旦哪天你辞去了主业，努力创造补充退休收入是个不错的想法。

第三步：不懈地坚持你的计划

据报道，奥运会冠军马克·施皮茨（Mark Spitz）曾经说过："如果你没有做好准备，那就准备好失败吧。"一旦你确定了属于你的最佳储蓄方案，就要制定战略，排除万难，坚持到底，否则你永远不会进步。我知道这些远大的目标看起来都像隔着万水千山，难以到达，也不知从何开始。但请记住，万丈高楼平地起，一切伟大事物开始时也只是个零。

所以，每月留出一天时间，检查一下财务自由整体目标的实践情况。把那一天在日历中圈出来，把无关紧要的事情先放一放。利用这个时间，审查一下自己的进展和目标。如果你未能完成某个目标（比如每个月存储特定的金额），就要掀起头脑风暴，寻找解决方案。每周也花上几分钟审查一下较小的目标。你越是定期准备，思考战略，你所取得的财务成就就可能越高。

花点儿时间，把目标实实在在地记录下来是很重要的。记下你在第2章设下的"收入捆绑"小目标，以及你的财务自由长期目标。你可以把它们记在日记里，也可以告诉一些密友，这有助于你对自己负责。为了保持责任心，我一直在我的网站上记录自己的目标。我最不愿看到的事就是让读者和我自己失望。

如果你正在努力通过自己的爱好或兴趣创造新的收入来源，慢慢摸索，保持耐心，关键是要持之以恒。创建"财务武士"这件事，我考虑了整整三年，才花500美元从克雷格列表（美国的一个大型免费分类广告网站）里招来了一个人，帮助我开通我的网站。万事开头难。因此，雇佣一个有真本事的人是我最值当的花销之一。网站成功创建并运作之后，事情就变得容易很多了。今天你只需花费100美元不到，就能在1小时内创建一个网站。

当钱入账时——无论它是来自你的主业还是副业，请设置自动转账，自动将钱转入你的投资账号，并下定决心，坚决不从已经存起来的钱里提取资金。

我主要操作的银行是用来处理营运资金的，如核对、付款等，在此之外我又设了多个投资账户。每当我的主要银行有钱到账时，我都会马上把钱转到几个经纪账户和其他两个银行里，这样一来我就不会再被无聊的消费吸引了。所以，十年后我可以一觉醒来，收割大笔的复利回报。

确定最适合你的收入来源

投资的选项似乎无边无际。我会在本书第二部分和第三部分详细讨论理想的投资选择。既然我们现在只是先整体了解一下你的投资策略，那我想向你介绍几个最常见的投资选项，并由差至好对它们进行排名。

过去22年，我尝试通过各种各样的来源创造被动收入。我从实际经验出发，基于风险、收益、可行性、流动性、参与度和税收这六大标准，对这些投资选项进行了排名。我给每个标准都赋予了1~10的分值，得分越高的选项越好。

- **风险**：10分代表没有风险；1分代表风险极高。
- **收益**：10分代表相比于其他投资，你有最高的潜力获取最高的收益；1分代表对比无风险收益率（参考十年期国债收益率），该投资的收益非常糟糕。
- **可行性**：10分代表人人都可以投资；1分代表投资门槛很高。
- **流动性**：10分代表你可以随时获取资金而无须缴纳任何罚金；1分表示你很难不缴纳罚金就快速提取资金或将其卖出。
- **参与度**：10分表示你可以轻轻松松无须任何操作就能赚取收入；1分表示你要像做日常工作一样终日忙于管理你的投资。
- **税收**：10分表示该投资产生的税务负担尽可能最低，或是你能采取某些行动降低税务负担；1分表示该投资会以可能范围内最高的税率征税，且没有选择余地。

我们将以每年1万美元作为被动收入的收益标准。

我会在下一页剧透我的最佳被动收入投资整体排名表。通过数学计算，并结合个人经验，可以确定，实体房地产、股息投资、在线房地产，以及自创产品是被动收入的最佳来源。后面的章节会详细介绍这四个来源。

首先，逐一了解最受欢迎的几个投资工具以及它们之间的优劣之别，对你制定投资策略会有很大帮助。我已尽最大的可能客观打分。

表3-3　最佳被动收入来源排名

被动收入来源	风险	收益	可行性	流动性	参与度	税收	总分
点对点网贷 / 硬钱借贷	4	2	8	4	7	5	30
私募股权或债权投资	6	8	3	3	10	6	36
存款证明书 / 货币市场	10	1	10	6	10	5	42
固定收益 / 债券	6	2	10	7	10	8	43
自创产品	8	8	8	6	7	7	44
实体房地产	8	8	7	6	6	10	45
房地产众筹、公募 REITs、房地产 ETFs	7	7	10	6	10	7	47
股息投资	6	5	10	9	10	8	48

打分方法：按 1~10 打分，10 分代表风险最低、收益最高、可行性最强、流动性最高、税收效率最高、所需的参与度最低。
来源：FinancialSamurai.com

第8名：点对点网贷和硬钱借贷

最差的被动收入投资是点对点网贷（即P2P）以及直接借钱给朋友、家人或陌生人（即硬钱借贷）。21世纪第一个十年中期，位于旧金山的借贷俱乐部（Lending Club）和繁荣市场（Prosper）成为最早运营点对点网贷的两家公司。点对点网贷的理念是跳开银行这个中介，帮助遭受拒绝的借款人以可能低于大型金融机构的利率获得贷款。

点对点网贷的贷方领头羊表示，投资者通过分散投资购买100或是更多份的票据，每年能够获得5%~7%的收益。过去，点对点网贷的收益更高，但随着货币供应量的增加，收益已下降了许多。

和硬钱借贷一样，点对点网贷最大的问题在于有人欠钱不还，即借方不履行还贷责任。随着时间的流逝，竞争压力不断增加，监管也更加苛刻，点对点网贷产业的收益不断下滑。该产业也改变了自身的商业模式。所以，我不推荐点对点网贷或硬钱借贷。

风险：4分，收益：2分，可行性：8分，流动性：4分，参与度：7分，税收：5分，总分：30。

第7名：私募股权或债权投资

如果投资得当，私募股权可以成为资本增值的极好源头。如果你能找到下一个谷歌，收益就会秒杀其他任何一种被动收入投资。当然，找到下一个谷歌是一项艰巨的任务，因为大多数私营企业都倒闭了，最佳的投资机会几乎总是属于社会关系最为优越的那批投资客。

私募股权基金包括私募股权、风险投资和私有房产。私募债权投资包括风险债权和私有房产。这些基金通常有3~10年的锁定期，所以流动性得分较低。因此，如果你尝试私募投资，请确保你在很长一段时间内不需要这些资金。基金运作期间，你要一直关注它的分配方式，来为你提供被动收入和收益。

一般来说，直接投资私营企业是流动性最低、风险最高的一种私募股权投资。你的资金可能被永久锁定，且收不到任何股息或分配。你投资的公司也有很大概率是一摊烂泥。如果你打算投资个体私营企业，那你可能需要创建一个至少由5~10个私募投资组成的投资组合。不然，就用你愿意全部输光的钱投资私企。

通常只有授信投资人才能进行私募投资（即个人年收入25万美元或除主要住所外还拥有100万美元净资产的人），所以它的可行性得分只有3分。

但它的参与度得分为10，因为即使你想做点儿什么，也什么都做不了。你是在进行长期投资。风险和收益分数在很大程度上取决于你的投资敏锐度和投资通道。

很难确定私募股权投资需要投入多少资金才能年收益1万美元，除非你投资的是房地产基金或定息基金。这类基金的年回报率通常为8%~15%，相当于需要83,000~125,000美元的投入资金。

风险：6分，收益：8分，可行性：3分，流动性：3分，参与度：10分，税收：6分，总分：36。

第6名：存款证明书/货币市场

曾经有段时间，存款证明书或货币市场账户可以产生4%+的收益，相当不错。现如今，你要是能找到哪个5~7年期的存款证明书能提供高于2%的收益都要谢天谢地了。货币市场更惨，因为它们的利率与联邦基金利率高度关联。由于通胀率升高，存款证明书和货币市场的实际利率常常为负。

存款证明书投资不设有最低收入或净资产门槛。任何人都可以去本地的银行办理一份他们想要期限内的存款证明书。并且，美国联邦存款保险公司也为存款证明书和货币市场账户提供每人最高25万美元、每个共同账户最高50万美元的保险。

鉴于现有利率如此之低，且很有可能在我们剩余的职场生涯里都持续低迷，想要产生足够的被动收入，需要投入巨额的资金。按利率0.5%算的话，一年想要产生1万美元的收益，需要投入200万美元的资金。但至少你知道你的钱是安全的，这在熊市期间就很舒坦了。

其他的因素即你可以很快捷地获取资金（虽然存款证明书会要求缴纳罚金），无须任何操作即可赚取被动收入、所得按照正常收益征税。

风险：10分，收益：1分，可行性：10分，流动性：6分，参与度：10分，税收：5分，总分：42。

第5名：固定收益/债券

过去40年，随着利率的下降，债券价格不断攀升。2020年8月，正值疫情高峰期，十年期国债收益率出现了0.51%的历史最低点。自那以后，十年期国债收益率和大部分政府、公司债券的收益率都随着风险胃纳的恢复而缓慢提升。

我认为，受科技、全球化、中央银行协调、决策更具预知性等因素的影响，长期利率会在很长一段时间内保持在较低水平，看看日本的负利率（通胀率高于名义利率）就知道了。

所以，未来债券可能仍然是更加富有的老投资者丰富公共投资组合的一个主要方式。如果你持有一份政府债券，那么在它到期的时候你就可将全部本金和利息收回。大部分高息的公司债券也是如此。但和股票一样，债券投资有多种多样的类型可供选择。

所有人都可以购买债券ETF（交易所交易基金），如IEF（7~10年期国债）、MUB（市政债券基金），或是类似PTTRX（太平洋资产管理公司总回报基金）之类的固定收益基金。这些基金有收益，但没有期限。所以，为了本金增值，你可能会投入更多资金。你也可以购买私营企业债券或市政债券。市政债券对高收入者尤其具有吸引力，因为他们面临着很高的边际税率。你也可以直接通过在线经纪业务平台购买国债。

债券的主要问题在于它们的低利率和低于股票的历史表现。现在的利率已经很低了，未来还会再低多少？收益率低，潜在的资本增值量更低，债券正陷入困境。如今，更多的投资者用房地产代替债券，视其为"升级版债券"替代品。但是，在动荡时期，债券低波动性、息票支付和高防御性的综合品质使得它永远都能在投资者心中占有一席之地。

风险：6分，收益：2分，可行性：10分，流动性：7分，参与度：10分，税收：8分，总分：43。

第4名：自创产品

如果你是一个创造力很强的人，你或许可以自创产品，在未来几年里为你提供一股稳定的被动收入。你通常只需要一丁点儿的启动资金就能发挥你的创造力。最极端的一个例子，迈克尔·杰克逊（Micheal Jackson）在音乐生涯中创作的所有歌曲都作为遗产留在人间，这些歌曲带来的版税让他死后创造的价值比生前还要高。据《福布斯》报道，杰克逊离世后，他的遗产创造了超过10亿美元的价值。

当然，我们中基本没有人能够再创这个量级的版税，但你可以创作自己的电子书、网络课程、获奖照片、手工艺品或歌曲，创造属于你的那份被动收入。

如果你总爱幻想，那么自创产品无疑是最佳的路径之一。通过自己的双手赚钱，成就感可谓无与伦比。你的产品一旦问世，利润就会极其高。你唯一要做的事情就是随着时间不断更新产品。我会在第12章里就开创副业提供更多建议。

风险：8分，收益：8分，可行性：8分，流动性：6分，参与度：7分，税收：7分，总分：44。

第3名：实体房地产

　　普通人用以积累财富的各种资产类别中，我最喜欢房地产。它易于理解、能够遮风挡雨，还是一种有形资产。它能创造收入，且不会像股票一样一夜之间价值全无。你无须拥有过多的创造力，只需了解如何购买、如何吸引并保留优质房客，以及如何通过改造和扩张创造价值。现在，我会带你总览一遍我对于房地产的看法，更多细节留到本书的第二部分详细讨论。

　　由于房客和房屋维修问题，实体房地产的参与度得分很低，这也是它最大的缺点。并且，想要在海滨城市获取高房租收入也很困难。在旧金山和纽约这类高成本的城市里，现金收益率或资本回报率（资本回报率是人们衡量所投资房产是否盈利的重要标志，计算方式为房产年租金的运营净收入除以购房价格，这里所说的房产年租金的运营净收入即去掉地税、管理费以及保险费用后得到的净值）可能低至2%（这两者是相似的，但它们都不考虑融资成本）。这也表明了投资者购买房产更多是为了资本增值，而非创造收入。

　　在一些生活成本较低的城市，比如美国中西部和南部的城市，现金收益率或资本回报率就能轻松达到7%~10%。但另一方面，资本增值速度也会相对较慢。

　　最理想的情形莫过于你购买的房产收益又高，增值速度又快。我认为，得益于居家办公的趋势，这类房产可以在美国的中心地带找到。

　　实体房地产的税收优惠非常诱人。购买主要住所时，你的按揭利息和房产税可以抵税。作为房东，你运营房产产生的几乎所有费用和非现金折旧费都可以抵税。房屋出售前的五年中，拥有该房产且自住至少两年的房主，在卖房时可享受每人最高25万美元、夫妻最高50万美元的资本利得免税额。但是，要注意的是，随着房子出租时间变长，免税额会有所下降。

除此以外，你还可以通过"1031交换法"延迟缴纳出租房产产生的任何资本利得税。可以想象，你可以一直利用"1031交换法"延迟缴纳任何资本利得税。

在通货膨胀的环境里，举债购买房地产之类的硬资产很有意义。通货膨胀削减了债务的真实成本，同时像一阵顺风一般让价格水涨船高。如果你年轻有活力，拥有出租房产就是积累财富的最佳途径之一。租金上涨和房价上涨，这双重收益影响力巨大。

风险：8分，收益：8分，可行性：7分，流动性：6分，参与度：6分，税收：10分，总分：45。

第2名：在线房地产——房地产众筹、公募REITs、房地产ETFs

实体房地产是我最爱的被动收入来源之一。但是，随着年龄增大，我越来越没有耐心处理房屋维护和租赁问题。所以，我开始更多地涉足在线房地产——公募REITs、房地产ETFs和房地产众筹。我想无须任何操作就能获得实体房地产的好处。但是，公募REITs和房地产ETFs有时甚至比标准普尔500指数还要波动。2020年3月经济低迷期，很多公募REITs和房地产ETFs的抛售量与标准普尔500指数相当甚至更高。因此，如果你正在寻找对冲股市波动的方法，公募REITs和房地产ETFs可能达不到预期效果（但另一方面，拥有实体房地产往往可以起到对冲作用，因为股票下跌的同时会抬高债券价格，而债券价格抬高往往会使得按揭利率下降。最后，房地产的流动性就会上升）。

2012年，美国国会通过了《促进创业企业融资法案》（Jumpstart Our Business Startups Act），大众房地产众筹的热潮由此点燃。该法案旨在让初创企业和小型企业更容易获取资金，背后的原因主要是金融危机期间及过后，小型企业的活动有所减弱。

房地产众筹允许散户通过基金或个人项目投资国内的私人房地产。赞助商设法获取投资机会，然后在房地产投资平台进行突出宣传，比如CrowdStreet——一个专注于18小时城市交易的平台。18小时城市的房价相对较低，但租金收益率却更高。由于人口和劳动力大量涌入，18小时城市未来房价升值的速度也会加快。想想查尔斯顿和南卡罗来纳州，再想想纽约这个24小时运作的城市。登录房地产投资平台之后，散户投资者就可以审慎评估各种机会，帮助自己熬过审批过程。一旦投资达成，平台就会赚取推荐费或管理费。

还有一种情况，有些房地产众筹平台决定寻找自己的交易资源，然后把这些资源打包进基金，向散户开放投资。像Fundrise这样的平台已经成为房地产的机构投资者，能够与贝莱德集团（BlackRock）这样的巨头有效竞争。如果有人不爱处理租客和房屋维护事宜，那么投资在线房地产值得考虑。

既能投资房地产，又能100%被动，这两者的结合堪称完美。几乎所有人都能投资房地产众筹、公募REITs和房地产ETFs。其历史回报率也算得上是所有重要资产类别中最强的那批。但是，它的税收优惠不如实体房地产那么诱人。

风险：7分，收益：7分，可行性：10分，流动性：6分，参与度：10分，税收：7分，总分：47。

第1名：股息投资

最佳的被动收入投资即派息股票。你可以买个人派息股票，也可以买高股息ETF，如VYM——先锋领航高股息收益ETF。投资优质派息公司的被动性为100%，所以它的参与度得分为10。

派息公司基本上都更加成熟，它们现金流量强大、资产负债表健康。"股息贵族"，如麦当劳、可口可乐、高乐氏、强生、宝洁、地产收益、宣伟和沃尔玛，历史上都曾长期稳定支付过更高的股息。但是，因为这些公司正在派息，它们往往已经过了高速增长期。如果没过，那管理层也宁愿把公司的现金流再投资于潜在收益更高的资产。所以，高息股票和股息ETF往往波动较小。公用事业、电信业、消费品行业和金融业构成了绝大部分的派息公司。科技、互联网、生物技术公司则往往没有任何派息。它们的股票属于增长股，大部分留存收益都会再投资回公司本身，以促进其扩张。

总体来说，我给股息投资的收益打5分，因为股息利率相对较低。并且，派息股票很难产生与实体房地产、公募REITs、房地产ETFs、房地产众筹项目相当的收益。

对于20~40岁的投资者来说，投资增长股可能更加理想。而对于需要更低下跌风险、更高稳定性并保证收入的年长投资者来说，派息股票可能更为合适。

虽然派息股票很棒，但你仍然需要关注股息生息率，它往往与十年期国债收益率走向一致。也就是说，如果国债收益率降低，那公司就没有必要为了吸引投资者支付那么高的股息了。记住，在财务的世界里，一切都是相对的。

红利指数投资具有良好的被动性和流动性，所以很具吸引力。从长期来看，自选股的表现往往不如指数投资。

风险：6分，收益：5分，可行性：10分，流动性：9分，参与度：10分，税收：8分，总分：48。

要旨

我讨论的这8种被动收入投资都可以作为合适的途径来创造收入、支撑你的生活方式。哪几个最适合你取决于诸多因素，比如你的风险容忍度、能力、精力水平、创造力、兴趣，还有个人偏好等。

当然，还有其他被动性程度各异的被动收入投资，但我在这里已经讨论过其中的大部分了。而且，在每一个种类里面，你还可以拥有多种被动收入来源。比如，在"自创产品"范畴内，你可以获得在线课程收入、电子书收入、音乐版税和搜索流量带来的附属收入。

无论你最偏爱哪种投资方式，你能做的最重要的事就是开始疯狂攒钱，然后尽早用它们进行定期投资。

未来的利率很有可能还是如此之低，所以积累被动收入需要大量的努力和耐心。不要再拖了，提前储蓄、经常储蓄压根就不是让你做出牺牲。相反，最大的牺牲是由于缺少资金不得不按照别人的想法过活。说到底，只有你最在乎你的钱。

财务武士之路

　　设置一个储蓄计划。理想情况下，你需要存满你的税收优惠退休账户，然后将剩余现金流中至少20%的钱储蓄起来并拿来进行应税投资、产生被动收入。如果你无法存满你的401（k）账户，那至少要存与你公司所提供的匹配金额相等的钱到你的账户，以100%获取收益。

· 至少以每月一次的频率审查你的进展和目标。如果有必要的话，也利用这段时间进行调整。你越是能够掌控财务，你就越能更好地优化它们。

· 最佳的被动收入投资是实体房地产、在线房地产、派息股票和自创产品。把你的被动收入投资视作金钱战士，它们与你的主要收入来源并肩作战。

· 想要创造足够覆盖你基本生活开销的被动收入可能需要10~30年的时间。所以，现在就是行动的最佳时机。

第4章

理财先理债

    虽然人们都不爱听这话，但事实上大多数人都会背上债务，因为我们想过上现在还不配过上的生活。

    我要厘清一点，我说你不配得到某个东西，不是因为你道德有问题或者你是个坏人。你配不上它只是因为你暂时还没钱支付它。曾经有段岁月，人们只能通过现金购买大部分商品。但是，随着信贷市场逐渐发展，贷方找到了更多途径从消费者身上获利。"先买后付"的选择遍地开花。

    借债很诱人，它让我们可以跳过工作，直接获得我们想要的东西。这就好像让一个后进生按下魔法按钮，可以不用学习、不用写作业或是不用准时交作业就能享受优等生的待遇。但问题是：如果你偷懒懈怠，不做作业，那你估计也不配过上优渥的生活。

    最后，如果你和数百万举债的消费者一样，通过这种方式购买你当下付不起的商品，你可能这辈子都无法实现财务自由。就算是在最适宜的环境里——利率可能最低——举债，也仍然与创造被动收入相对立。债务人在帮助别人实现财务目标的同时把自己埋入黑暗的地洞，越陷越深。

我知道，有时候债务无法避免，比如突如其来的医疗费用或是捉襟见肘的单亲家庭。实现财务自由的一个好处就是意外开销造成的冲击会小很多。但在那之前，你还是得赚钱、储蓄、量入为出。万一灾难来临，当然就要尽自己所能解决它。不过，如果你只是非常想要一部全新的SUV却不得不开着已经行驶了9万英里、有5年车龄的掀背式汽车，这算不上什么灾难。那部时髦的新车可以等你钱够了以后再一次性付清购买。

考虑到贷款利率，你的当务之急应该是偿还欠下的任何债务。越少债务等于越多自由。想想你背后所有正在变得富有的人或机构。就算是伟大的沃伦·巴菲特（Warren Buffett）也无法在他辉煌的商业生涯中以高于平均水平的信用卡利率偿还债务。多亏了他精明的投资，沃伦的身价超过了1000亿美元。

每还清一笔债务，我都感到更加快乐自由。我保证你们也有同样的感受。所以，开始用贷方思维代替借方思维，把你的自由找回来吧。你想要的是赚取利息，而不是付利息给别人。你很少会因为偿还了某个债务而感到后悔，不管利率多低，不管你把这笔钱投到其他地方本可以多赚多少钱。因为你一旦摆脱了债务，就有无穷的自信活出你的本色。你想象一下，没有按揭，没有学生贷款，没有车贷，没有信用卡债务，整个世界都是你的！

不过，虽然消费债务危害十足，但有些债务也有益处。如果使用得当，债务也可以成为积累财富极其有用的一个工具。关键在于，你只能适当冒些风险，然后利用债务让自己朝着既定的财务目标前进，而不是后退。简而言之：举债购买曾经有过增值的资产。我会详细向你展示如何实践。

债务：砍掉最坏，只留最好

如果你必须举债，那就举债购买潜在增值速度高于你债务成本的资产。重点是要明白其他五花八门的流行债务是如何阻碍你前进的。集中思考减债策略时，首先要做的就是摆脱最糟糕的几个祸害。

最坏债务类型NO.1：信用卡。信用卡欠款是你首先需要关心的事。尽管利率持续下降，但当前信用卡的年平均利率还是达到了15%左右。如果你信誉很差，信用卡的年平均利率甚至能高达29.99%。

如果你有欠款，那就等于正在遭受信用卡公司的剥削。没有财务武士会背上循环的信用卡债务。你可以利用信用卡积攒奖励积分、办理保险业务、免利息30天借贷和门房服务，但充其量也不过如此了。

少花点儿时间玩零年利率的余额转移游戏吧，还不如多赚点儿钱。不要把信用卡当作依赖去纵容那些不负责任的消费习惯。

最坏债务类型NO.2：汽车。买太贵的汽车是人们在做财务决策时最容易犯下的，也是最大的错误之一。有些人认为他们的车贷很合理，因为利率很低。但这部车每个月都在贬值，所以即使只有1%的利率，也太高了。

我设定了一个"购车1/10法则"来帮助人们计算实际可负担的车价。这个法则就是你所购车辆的价格不应超过你全年总收入的1/10。你可以买新车也可以买旧车，这不重要，只要它的价格不超过你全年总收入的10%就好。

如果你真的想要买一部价值4万美元的车，那就努力让你的家庭收入达到至少40万美元吧。你可能会对把汽车购价限制在收入10%以内的观点嗤之以鼻，但如果你真的想为上大学、退休、照顾父母、买房存点儿钱，想老了的时候不用为钱所困，那么这个1/10法则会帮助你保持理智（我会在第15章中详细探讨该"购车1/10法则"）。

最坏债务类型NO.3：学生贷款。除按揭贷款外，学生贷款是你能欠下的最无伤大雅的债。虽然我非常拥护教育——教育可以帮助人摆脱贫穷，但你在大学里学的所有东西都能在网上免费学到，而且大学也无法保证你一毕业就能获得高薪工作。所以，除非你家很有钱，不然选择一所能够免费提供充足补助金的大学就好。不过，你得有能力在毕业后的四年内将所有贷款还清。

是的，教育能帮助你获得自由，但如果学生贷款的金额远非你的收入和生计可以弥补，那就要另当别论了（我会在第13章更为详细地讨论教育）。

最坏债务类型NO.4：按揭贷款。关于买房需要考虑的因素，能说的有很多，我会在第7章逐一讨论，包括我的30/30/3购房法则。现在，我只想简单地说明，我认为按揭贷款是最不糟糕的一项债务，因为与之相连的资产曾经有过增值。而在那些房价确实下降的时期，你的房产仍然拥有价值，它为你提供了安身之处，或是给你带来租金，帮助你安然度过低迷时期。

购买房屋还有很多诱人的税收优惠。比如，2017年通过的《减税与就业法案》（Tax Cuts and Jobs Act）允许75万美元以内的按揭贷款免除所有利息。如果你要卖房，那么政府允许在出售前五年里，在该房产自住至少两年的房主享受每人最高25万美元、夫妻最高50万美元的资本利得免税额（虽然该额度会随着你房屋出租时间拉长而按比例递减）。最后，如果你通过1031交换项目，用销售一套房产所得的收益去购买另一套房产，那么政府允许你延迟缴纳售房所需缴纳的税费。

你在偿还债务的同时仍然可以一步步朝着财务自由的方向前进，但你的债务越多，你创造被动收入的可选项就越有限。请把消灭所有消费债务作为你当前亟待解决的要务，否则你只是让信用卡公司、银行和放高利贷者变得有钱罢了。

另一方面，利用对你有利的债务致富。如果你适当举债5~10年购买房地产，我相信你有超过70%的概率变得更加富有。但如果你欠的是循环消费债务，那事实就正好相反。

偿还债务还是投资？

作为自己的财务总监，我们要找出自身资金最有效的利用方式。在现实生活中，大多数人都会或多或少地背上一些债务。所以，应该将多少钱用于投资、多少钱用于还债，是我们要面对的问题。受制于多种因素，决策的结果因人而异，如风险容忍度、收入来源数量、流动性需求、家庭开销、职业安全感、投资敏锐度、退休年龄和对未来的总体乐观程度。

想象有一条零刻度线，投资就是尽可能通过复利收益让你的财富远超它，而还债就仅仅是重归于零而已。

有太多的人困惑如何在还债和投资间二选一，于是我提出了财务武士债务与投资比例的概念，来帮助人们理性地决定两边各需分配多少钱。财务武士债务与投资比例公式为：

债务利率×10=扣除生活费后的现金流中应分配给债务偿还的百分比

也就是说，如果你目前的按揭贷款利率为3%，那么每个月扣除生活费后所剩的现金流中，可以分配30%去偿还那笔债务。注意，这部分还款是额外的，针对的是你按揭贷款的本金，与你平时的最低月供是分开的。而剩下的70%现金流，你可以根据自己的投资偏好将它们用于投资。

在迫切还债之前，先搭建一个足够6个月使用的应急资金库。有了这个资金库，你就可以把任何收入都套入财务武士债务与投资比例的策略里。

计算的时候你会注意到，该公式建议，如果你的贷款利率为10%或者更高，那么你应当把100%的现金流（扣除生活费后）都花在偿还贷款上。我用10%是因为它差不多是1926年以来标准普尔500指数的平均回报率。而且，自20世纪80年代以来，利率一直都在降低，这就使得任何超过10%的负债利率都相对而言更加高昂了。

在这个低利率的大环境里，负债利率还能高于10%的债务只有高利贷、发薪日贷款和信用卡公司贷款了。降低消费债务利率的一个普遍操作就是将你的债务与利息较低的个人贷款合并起来。但是，个人贷款的利率往往也远超平均按揭贷款利率、平均学生贷款利率和平均车贷利率。

不管你的高息债务源自何方，都请抓紧将它偿还。偿还债务是一种保底收益，负债利率就是我们的收益率。

下一页是财务武士债务与投资比例指南，它能帮助你弄清你现金流中多大的份额应该拿去储蓄和投资。

当你纠结是还债还是投资时，遵循财务武士债务与投资比例。随着时间的流逝，它能帮助你最大程度地高效利用自由现金流。

如果你身背多重债务，那先集中精力偿还利率最高的那个，其余的就先保证好最低还款额。这些最低还款额应与其他账单一样纳入你的生活费计算中。等你付清了利率最高的债务，就转而解决利率次高的债务，如此推进，直到把所有债都还掉。

或者，你也可以遵循债务雪球法来偿还债务。债务雪球法要求你先付清金额最少的债务，不管它利率如何，先取得小胜利再说。这个小胜利会让你士气大振，帮助你积蓄动力，继续还债。

表4-1 财务武士债务与投资比例

负债利率	债务偿还分配	投资分配
0.5%	5%	95%
1.0%	10%	90 %
1.5%	15%	85%
2.0%	20%	80%
2.5%	25%	75%
3.0%	30%	70%
3.5%	35%	65%
4.0%	40%	60%
4.5%	45%	55%
5.0%	50%	50%
5.5%	55%	45%
6.0%	60%	40%
6.5%	65%	35%
7.0%	70%	30%
7.5%	75%	25%
8.0%	80%	20%
8.5%	85%	15%
9.0%	90%	10%
9.5%	95%	5%
10%	100%	0
15%	100%	0
20%	100%	0
25%	100%	0
30%	100%	0

来源：FinancialSamurai.com

但是，从数学角度出发，先偿还利率最高的债务，长久下来最为省钱。

财务武士债务与投资比例的实际应用

我们来看几个例子。

例1:
假设你有如下3个债务:
1. 5000美元信用卡债务,利率15%
2. 1.5万美元个人贷款,利率9%
3. 1.5万美元学生贷款,利率4%,20年期

运用财务武士债务与投资比例计算,扣除生活费后,你要把剩下的收入100%用于偿还利率为15%的信用卡债务。等该债务还清后,你要把扣除生活费后所剩90%的现金流用于偿还个人贷款,另外10%用于投资。等个人贷款也还清后,你需要分配40%来还清学生贷款,60%用于投资。

例2:
重要的是,要在牢记财务武士债务与投资比例的同时,懂得灵活变通,考虑一切财务机会。比如,如果你的雇主为你的401(k)账户提供了一定的匹配金额,那你肯定不能放过白送的钱,必须要存满该匹配金额到你的退休储蓄账户。

以下是一种常见的情形,一个刚刚毕业的大学生想要投资自己的401(k)账户,同时还要偿还学生贷款。她的情况可能是:

1. 2.5万美元学生贷款,利率3%

2. 401（k）公司匹配额最高3000美元，100%存满

扣除生活费后，她应分配30%的自由现金流来偿还额外的学生贷款。这部分是叠加在她正常的学生贷款月供之上的。鉴于她的雇主提供了3000美元的401（k）匹配金额，她每年也应至少存入3000美元至她的401（k）账户，以100%自动获取收益。如果在此之后，那70%的投资分配中仍有剩余，可以继续用来投资。

根据你的可支配收入数额，理想方法是401（k）账户能存多少存多少，利用好它的税收优惠，积攒你的退休储蓄。如果还有闲钱，积极建立应税投资组合，以在59.5岁前创造可供支配的被动收入。

例3：
还有一种普遍存在的情况，有人可能会纠结到底是偿还房贷本金还是投资。假设你的情况如下：

1. 你有一个利率为3%的30年期固定利率按揭贷款，除此以外无负债。
2. 股市和估值都创下了历史新高。

扣除必要生活费后，用30%自由现金流来偿还额外的按揭贷款。现在，在线偿还按揭贷款很容易。

有人认为，偿还利率如此之低的按揭贷款是在浪费金钱。但是，这也是财务武士债务与投资比例体系的高明之处——剩下70%的现金流可以拿去投资。

记住，投资是没有保证的。在股市估值创下历史新高的情况下投资买

进，你可能马上就会亏钱。对比之下，还债永远稳赚不赔。

所以，无论何时你对投资机会甚感彷徨，你都至少要在财务武士债务与投资比例框架内继续你的还债之旅。这样的话，你就可以拿剩下70%的资金去偿还更多债务，或是重建你的应急资金库，如果它已无法支撑半年生活费的话。

无论何时彷徨，都要继续还债。人们深陷如此多债务的一大原因是，他们缺乏自制力，无法坚持不懈还清债务。同样，无法长期坚持投资也是普通人到了退休的时候储蓄仍然不到10万美元的原因。

坚持财务武士债务与投资比例，有方法地还债和投资。它为你提供了一个框架，帮助你消灭因债产生的恶劣情绪、投资错失恐惧症、贪婪，还有畏惧。

如果财务武士债务与投资比例不适合你……

我能理解，财务武士债务与投资比例对某些人可能不起作用。或许你对公式不感兴趣，或许你在控制债务前压根不想投资。没关系，你了解你自己，只做对自己有帮助的事就好。所以，如果财务武士债务与投资比例不适合你，可以考虑试验以下两种策略：

先偿还最烦人的债务。这就无关数学，只关乎感觉了。先了结让你最为愤怒、烦恼和担忧的债务。对我来说，最烦人的债务是信用卡债务，所以我每月都通过自动还款系统将它还清。紧随其后的是我研究生院的贷款。

从最小到最大，依次还清债务。这叫作债务雪球法。偿还一大笔债的感觉常常就像在削山，你几乎感觉不出任何变化。而先把小债付清，能让你取得肉眼可见的进步，从数学上讲，也更容易操作。动力是一种强大的工具，可以让个人财务管理如虎添翼。成功还清一笔债务能够激励你继续攻克下一笔债务，如此往复。

据说普通人要一年工作100多天才能纳完他们的税，然后开始给自己赚钱。光是看这个数据，我就再也不想重返职场，并想方设法合法避税。如果你没有债务，那自由就容易多了。你再也不必"被迫干活"，相反，你可以做你真正热爱的事。

以上这些还债策略并不互斥，关键是选择对你最为有效的策略，然后坚持下去。

合理的资产负债比让你享受安逸的退休生活

万幸的是，我们都已不再会为了毫无必要的消费而背上债务了。我们都同意，只有投资房地产或其他有升值潜力的资产时才会举债。带着这种思维，我们来看看，要想把财富增值的概率提高到70%以上，同时又能晚上睡个好觉，那资产负债比应该控制在多少才合适。

如果你有一处价值220万美元的房产（资产），房贷200万美元（负债），那么你就处于高杠杆状态，因为你拥有的房屋净值只有20万美元。你的贷款价值比为91%、资产负债比为1.1∶1。假设你的房产贬值了10%，只剩198万美元的价值。在这种情况下，你拥有的20万美元全都灰飞烟灭，甚至还要倒欠2万美元。当然，如果你的房产升值了10%，那你20万美元的房屋净值就会随之上涨110%，升到42万美元。

但是，如果你有价值1000万美元的房产（资产），其中只有200万美元是贷款（负债），那你很有可能在熊市中生存下来。你的资产负债比为5∶1。你的房地产投资组合要贬值80%以上才会让你分文不剩。这种情况也有，但不太可能是直接跟在前一轮熊市周期之后。如果你的资产增值了10%，到1100万美元，那你所拥有的800万美元房屋净值就只增值了12.5%，到900万美元。

换言之：

- 牛市期间，低资产负债比有助于产生最高的现金回报率。
- 熊市期间，高资产负债比能够保护你的财富免于灰飞烟灭。

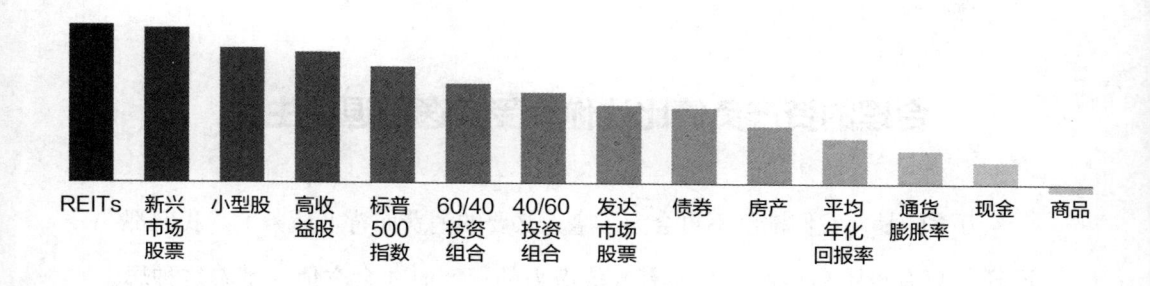

图4-1 不同资产类别20年年化回报率（2001~2020）

来源：巴克莱银行、彭博、惠普、标准普尔、摩根资产管理、达尔巴尔公司、摩根士丹利国际资本（MSCI）、美国房地产信托协会（NAREIT）、罗素。

所用指数如下：

REITs：NAREIT 权益类 REIT 指数；小型股：罗素 2000 指数；新兴市场股票：MSCI 新兴市场指数；发达市场股票：MSCI 欧澳远东指数；商品：彭博商品指数；高收益股：彭博巴克莱全球高收益指数；债券：彭博巴克莱美国综合债券指数；房产：现有独户住房的售价中值；现金：彭博巴克莱 1~3 个月国债；通货膨胀：消费者物价指数；60/40 投资组合：平衡型投资组合，其中 60% 投资标准普尔 500 指数，40% 投资以彭博巴克莱美国综合债券指数为代表的高质量美国固定收益。该投资组合每年都会重新调整以恢复平衡。平均资产配置投资者回报率以达尔巴尔公司的分析为基础，该分析利用每月共同基金的销售、赎回和转换总额净值作为投资者行为的衡量标准。

市场指南——美国数据，截至 2021 年 9 月 30 日第一信托顾问公司（First Trust Advisors）的一项分析表明，1947年4月至2021年9月期间，共发生14轮熊市，持续时间从1个月到1.7年不等，跌幅范围从20.6%到51.9%不等，最严重的时候，标准普尔500指数暴跌51.9%。但是，绝大多数时间，我们都处在牛市——标准普尔500指数和房地产市场都处于或接近历史新高。

所以，如果负债利率够低，且资产负债比在可承受范围内，那么举债购买类似股票、房地产、艺术品、古董车、稀有硬币之类的风险资产是很有意义的。

但如果你想买入的风险资产其回报率曾经低于债务成本，那你就不应该再举任何债去投资它了。对于你想举债购买的风险资产，你也必须对它未来的回报率有个设想。也就是说，如果你的负债利率为5%，而你预计你想购买的资产的回报率小于5%，那你就不应该再举债购买它了。

很显然，不是所有的资产类别都有相似的回报。上一页的图表简要地概括了2001至2020年间不同资产类别的20年年化回报率。历史回报率不能代表未来回报率。

在决定一个合适的资产负债比之前，我们还要设想，年轻人比老年人更有时间和精力去弥补可能的损失。也就是说，随着我们年龄的增长，我们的债务负担应该下降，而我们的资产负债比就自然应该上升。我们没有那么多时间去弥补任何可能的损失了。一旦你实现了财务自由，或是到了某个年龄不再有赚钱的精力或渴望了，这时候，把大部分钱都用来投资潜在收益更高的资产就是不太理想的决定，成功的概率只有30%。

下一页的表是我的目标资产负债比，可以帮助你可靠地增长财富。当你60多岁时，应该努力拥有10∶1，甚至更高的资产负债比。如果你想，你可以想方设法在退休前，甚至更早以前还清所有债务。无债压身的感觉真的太棒了。只不过，你得接受自己无法在牛市期间赚取本可能更高的收益。

表4-2 财富增长所需的目标资产负债比

年龄组	目标比	目标净资产
20s	2∶1	$250,000（30岁前）
30s	3∶1	$650,000（40岁前）
40s	5∶1	$1,250,000（50岁前）
50s	8∶1	$2,200,000（60岁前）
60s+	10∶1	$3,000,000（70岁前）

注释：该净资产数字假定一个人或一户家庭每年工作收入为12.5万美元到30万美元。目标资产负债比与收入无关。
来源：FinancialSamurai.com

从个人角度讲，我喜欢利用低息债务购买会增值的资产。用别人的钱赚钱，感觉就像免费获得了什么似的。同时，用财务武士债务与投资比例的方法还债，也感觉像是赚到了。但是，我之前经历过财富沦为灰烬的过程（2008~2009年全球金融危机的时候），所以我提倡举债要适度。

2009年后才开始投资的人很难知道，在漫长的时间里大量损失财富是一种怎样的体验。是的，2020年3月是投资者的灾难月。但是，仅仅过了几个月，股票的收益就全恢复了，房价也不过冻结了一个月就又重新飙升。但当全球金融危机时，我们在泥沼中整整挣扎了两年，同时还要面对公司大量裁员的压力。

鉴于股票是另一种最受欢迎的资产类别，我们现在就来讨论一下举债购买股票是不是一个好主意。

买这个：风险适当的按揭贷款；不买那个：保证金购股

很多人做梦都没想过，自己会通过举债家财万贯。看看20世纪80年代的杠杆式收购就知道了。比如投资公司KKR（Kohlberg Kravis Roberts & Co. L.P.）举债收购雷诺兹-纳贝斯克公司（RJR Nabisco），后者重新上市后，KKR大赚了一笔。还有，2020年4月，爱彼迎（Airbnb）从银湖资本（Silver Lake）和第六街（Sixth Street）贷款20亿美元作为其在新冠疫情期间的金融缓冲。那时候，爱彼迎的估值为180亿美元。一年后，它市值1000亿美元。

举债购买股票即保证金投资。提前透露：我不推荐这种方式。你已经知道了我喜欢房地产投资，但以防你想冒险尝试保证金投资，我最好还是让你了解一下它是如何运作的。

就像你拥有一定的房屋净值，银行就会借钱给你一样，你的经纪公司也会以你投资组合中的某些股票、债券和共同基金的价值作为抵押，把钱借给你。借来的钱称为保证金贷款。保证金贷款可以用来购买额外的证券，或是满足与投资无关的短期借贷需求。

一般来说，对于可融资的投资，经纪客户在签完保证金协议后就可获得高达投资买入价50%的借款。当人们说他们的保证金比例为50%时，就意味着他们买入的股票是他们现金购买力的两倍。

50%保证金的术语可能令人困惑，那就让我来分享一个简单的例子。

假设你有一个支持保证金交易的经纪账户，里面有10万美元现金。你的保证金协议表示，对于可融资的投资项目，你最高可获得投资买入价50%的借款。你很喜欢苹果公司的股票，想要买入超过10万美元。你的保证金协议表示，你最高可买20万美元的苹果公司股票，你自己承担50%买入价，经纪公司借给你剩下的50%。所以，50%就是这么来的。投资中保证金占比50%意味着你的经纪账户拥有双倍现金购买力。你能获得两倍的资金保证。

你可借入的金额（保证金贷款）每天都在变化，因为抵押品，即你的可融资证券，它的价值每天都在波动。因此，不要仅仅设想你拥有了两倍的购买力。在投资之前，请先进行检查。如果你以最高比例进行保证金贷款，那么投资组合贬值时，你的保证金购买力也会随之下降，反之亦然。你可能会在最不合时宜的时间被经纪公司强行平仓。

好比通过按揭贷款买房

50%的保证金就像买房时50%的贷款价值比。

人们在买房时完全接受80%的贷款价值比（即首付20%，贷款80%），但认为用保证金购买股票会让风险高出很多，这是不是很有趣？了解这个差异是了解风险、了解自身想要如何进行净资产配置的重要一环（详情请看第5章）。

比起利用保证金买股票，通过风险适当的按揭贷款买房安全多了。而且讽刺的是，由于风险较低，你通过房地产赚到的钱实际上会比股票高得多。我们是怎么知道这些的？让我来解释一下。

1. **政府相信如此**。根据美国联邦储备委员会制定的条例T，在购买可用保证金交易的证券时，你最高可借证券买入价的50%，这被称为"初始保证金"。有些公司甚至会要求你支付50%以上的买入价。

通过保证金购买股票后，金融业监管局要求在任何时候，你的保证金账户上都至少存有25%的证券总市值。这部分钱叫作"维持保证金"。很多经纪公司的维持保证金更高，通常都在30%~50%。你账户上的资产净值等于你证券的价值减去你欠经纪公司的钱。

另一方面，政府也积极鼓励首次置业人士首付仅需0~3.5%，然后通过以下几种方式贷款剩余的部分：

- VA贷款，美国退伍军人事务部提供，符合条件的借款人可以选择零首付。
- USDA贷款，美国农业部提供，符合条件的借款人可以选择零首付。
- FHA贷款，联邦住房管理局提供，首付可以低至3.5%。

2. **金融机构认同**。和你我一样，金融机构的目标就是冒适当的风险尽可能多赚钱。

如果经纪公司认为股票风险低，它们一定会努力游说，提高保证金贷款最高限额，让客户借得更多。毕竟，经纪公司赚取的保证金贷款利息比它为客户的现金库存所支付的利息要高得多。但经纪公司知道有些客户可能会赔光保证金，且没有能力在急转直下的经济形势中偿还保证金贷款。

多数按揭贷款机构很乐意放出最高可达房产价值80%的贷款。如果你信誉很高，有些贷方甚至会借给你高达房产价值90%的贷款（首付10%，贷款90%）。

如果贷方认为房地产比股票风险更高，它们就会降低客户的贷款比例。很多金融机构既经营经纪业务，又办理按揭贷款。所以，它们两者都了解。

3. **房屋购买价格中值高多了**。2022年，美国房屋购买价格的中值是40万美元左右，这明显比买入一只股票的中值价格高多了。《2019年美国消费者金融调查报告》（2019 Survey of Consumer Finances）显示，2019年退休账户的余额中值（不是平均值）为6.5万美元，其中包括了个人股票和基金。

尽管房价中值几乎约等于退休账户余额中值的6倍，但房地产投资者最高可获得房屋购价90%的贷款，而保证金购股者最高却只能获得证券买入价格50%的贷款。

这个事实也说明了金融机构认为房地产的风险低于股票。购买价格越高，金融机构损失越大。所以，降低客户的贷款金额是明智之举。但如果是购买房产，事实就正好相反。

4. **平均按揭贷款利率低于平均保证金贷款利率**。按揭贷款利率与最新的十年期国债收益率最为接近。你得到的按揭贷款利率最终是由你的信誉决定的。同时，你的保证金贷款利率取决于你与经纪人共同持有的资产数量。多数时候，你与经纪人拥有的钱越多，保证金贷款利率就越低。

但是，总体而言，普通购房者的贷款利率要低于普通保证金购股者。基于个人信誉和账户余额，你的平均按揭贷款利率比平均保证金贷款利率低3%是很正常的事情。鉴于利率无时无刻不在发生变化，请在每次借钱前都做一个简单的在线调查。

如果股票的历史回报率为10%，那6%+的保证金贷款利率就算高了。如

表4-3　富达投资的保证金贷款利率

借方余额	保证金贷款利率
$1,000,000 +	4.250%（低于基准利率 3.075%）
$500,000—$999,999	4.500%（低于基准利率 2.825%）
$250,000—$499,999	6.825%（低于基准利率 0.500%）
$100,000—$249,999	7.075%（低于基准利率 0.250%）
$50,000—$99,999	7.125%（低于基准利率 0.200%）
$25,000—$49,999	8.075%（高于基准利率 0.750%）
$0—$24,999	8.575%（高于基准利率 1.250%）

借方余额超过 100 万美元的，保证金贷款利率为 4.25%。富达当前的基本保证金贷款利率为 7.325%，该基准自 2022 年 3 月 18 日起生效。
来源：富达投资

果先锋领航、美国银行和其他众多投资公司对于未来股票和债券会有更低回报率的猜想成真的话，那6%+的保证金贷款利率就过高了。

你最不想做的事应该就是通过保证金购买股票，支付了高昂的保证金贷款利息，然后因为股票贬值又追加保证金。如果你因为无力支付追加保证金而被迫出售股票，那就会是双重损失。

一般来说，房地产没有股票这么动荡。有些股票可能因为一场糟糕的财报电话会议就在一日内暴跌30%，但房地产估值的波动程度却小很多。

从根本上讲，房地产的价值是以房产可收到的租金为基础的。市场萧条时，租金反而更稳定，因为租赁合同往往长达一年，且这时候搬家会很痛苦，所以房地产的价值并不会下降太多。另外，熊市期间，按揭贷款利率往往会降低，会吸引更多人购房。

只要你按时偿还按揭贷款，银行也不会真的在乎，毕竟它不拥有，也不想拥有你的房产。但经纪公司设置了维持保证金，一旦保证金账户里的数额低于它，就需要追加资金。经纪公司知道股票投资者常常会在不恰当的时机卖出股票，但是房地产很难出现恐慌性抛售。

如果你仍然坚持要通过保证金购买股票，我不建议你以超过你年龄段所推荐的资产负债比去贷款。也就是说，你20多岁时，保证金贷款最多50%（资产负债比2∶1），也就是你用价值10万美元的投资组合最多可以买到20万美元的股票，这也是大部分经纪公司能给你的最高保证金贷款比例了。当你40多岁时，把你的保证金贷款降至20%，60多岁时降至0~10%。随着年龄增长，降低你的保证金负债。当你的财富增长时，就不再需要保证金了。

拥抱债务的优点

并非所有的债务都是坏的。学会利用债务,相比起只会利用现金购买东西,债务能帮助你积累更多的财富,过上更好的生活。

把信用卡当作购物时的便捷支付方式,同时积攒奖励积分、预防欺诈是很不错的,只要能保证每月还清欠款就行。通过按揭贷款买个房子来抚养小孩也很棒,尤其是当你的房子还能升值时,只要保证能一直有钱按时支付房贷、保险和房产税就行。

餐刀能够帮助你为家人朋友准备最惊艳的菜肴,但如果使用不当,它也会割伤你。债务也一样。只要你是利用债务投资曾经增值过的资产,从长远来看,你就有很大可能性获利。

财务武士之路

·利用财务武士债务与投资比例的策略,让偿还债务与投资同时进行。只要你一直还债且投资的时机合乎情理,你就很难有所损失。

·循环信用卡债务是除发薪日贷款和高利贷外最坏的债务类型。原因不仅是信用卡利率太高,还有它几乎都用于购买正在贬值的资产。永远记得按时还清所有消费债务。

·利用债务购买曾经有过增值的资产,而不是必然会贬值的资产。债务的最佳利用方式就是购买房地产,其次是股票,但是后者较前者差多了。

·争取在你退休的时候达到10∶1或是更高的资产负债比。一旦你赢得了这场比赛,你就没有理由再去过多冒险了。

第二部分
别让钱闲着

　　成功的投资即冒着适当的风险，把辛苦赚来的资金投入使用。你的大部分财富都是通过投资股票、房地产、债券和其他资产类别，以及做自己喜欢的工作积累而来的。

　　我会为你详细展示，你的金钱应该投入何处、何时投入，才能让它尽可能长久、努力地为你效劳。我也会揭示某些生活决策——如定居何方——是如何深刻地影响你的财富潜力的，远远超乎人们的想象。

　　把这些讯息了解到位，你的脚下自会铺开康庄大道，带领你创造意想不到的财富。

第5章

学会合理配置财务

还记得吗，我在前几章有讲过，每个人都应该为这个最佳储蓄方案努力：

首先，存满你退休投资账户的税前存款上限。

其次，把至少20%的税后收入存进应税投资里。

一旦你制定好还债策略，下一步就是计划把储蓄该投资何处、何时投资，以让自己有最高概率获得最强的财富潜力。

所以，我们来继续讨论你的计划。

最能影响你实现财务自由速度的变量是你存入应税投资的金额。通常情况下，除非缴纳罚金，否则你要到59.5岁才能提取税前退休账户里的资金。在那之前，只有你应税投资产生的被动收入可以支撑你的生活。

我说至少把你税后收入的20%存起来，但如果你想更早实现财务自由，你确实需要存更多的钱。

下一页的表格提供了一个基础方案，向你展示了想要过上舒适的财务自由生活，你需要在应税投资里存多少钱。当然，很多变量会影响你对被动收入的需求。但这个表格可以作为一个很好的出发点，来看看你到底需要多努力地储蓄。

它表示你的应税投资额应与税前退休存款呈倍数关系。两者的比值越高，就越容易实现财务自由。

最后，我鼓励每个人应税投资账户里积累的资金都要达到其税收优惠账户资金的3倍。401（k）或IRA有存款上限，但其他投资没有上限。换言之，如果你401（k）账户里有20万美元，那就努力让你的应税经纪账户、房产净值或其他投资加起来有60万美元。

请注意，如果你在加拿大工作，税收优惠账户即为注册养老储蓄计划（RRSP）；如果你在英国工作，即为自助投资个人养老金（SIPP）和公司赞助的固定收益养老金；如果你在澳大利亚工作，即为澳大利亚退休金制度（the Superannuation System）；如果你在中国香港工作，即为强制性公积金（the Mandatory Provident Fund）。不管你是在哪里阅读这本书，你的目标就是存满你所在国家或地区的税收优惠退休账户，并尽可能地扩充应税账户。

一旦你攒到了第一个100万，再多攒几百万就容易多了。但同时，你也很容易损失掉大量美元，所以就必须进行合理的多样化投资和资产配置。100万美元的目标看起来令人生畏，但好消息是一旦你有了25万美元左右的可投资资产，就会开始发现巨大的潜在收益。当你的可投资资产达到25万美元时，其收益甚至可能开始超越你存入税收优惠账户里的金额。

大部分人会通过投资股市开启财富积累之旅。它的入门门槛很低——你只需一个银行账户外加一小笔资金就行，而潜在收益很高。

表5-1 不同年龄段的应税投资目标（基本方案）

年龄	工作年限	倍数	税收优惠账户	应税账户	应税账户中 4% 的总收入	净资产总额
22	0	0	$0	$0	$0	$0
23	1	0.5	$10,000	$5000	$200	$15,000
24	2	0.6	$30,000	$18,000	$720	$48,000
25	3	0.7	$50,000	$3,5000	$1400	$85,000
27	5	0.8	$100,000	$80,000	$3200	$180,000
30	8	1.0	$150,000	$150,000	$6000	$300,000
35	13	1.5	$300,000	$450,000	$18,000	$750,000
40	18	2.0	$500,000	$1,000,000	$40,000	$1,500,000
45	23	2.5	$750,000	$1,875,000	$75,000	$2,625,000
50	28	3.0	$1000,000	$3,000,000	$120,000	$4,000,000
55	33	3.0	$1,500,000	$4,500,000	$180,000	$6,000,000
60	38	3.0	$2,500,000	$7,500,000	$300,000	$10,000,000

应税投资包括经纪账户、出租房产、存款证明书、商业、私募股权、艺术等。
税收优惠账户包括401（k）、403（b）、457（b）、IRA、罗斯IRA、SEP IRA、HSA等。
来源：FinancialSamurai.com

但有个不幸的事实：只有53%~56%的美国人投资股市。当然，有些不参与股市的人是故意选择退出的。没准他们正坐在够花一辈子的遗产金山上，或是在持股公司、房产所产生的利润海洋里畅游。让这些人一边待着去吧！实际上，很多人不投资股市是因为以下某个原因：认为自己没有足够的钱，或是不知从何开始，也有很多人是两种都有。

这听起来令人沮丧，因为他们正在错失从长远来看最能积累财富的途径之一。我在20多岁时没能投资罗斯IRA，因为我认为一年投资几千美元是在浪费时间。但我现在后悔了，哪怕我23～33岁每年只投资2000美元并从此再也不往里面存钱，我如今也能拥有超过7.1万美元的储备金，而且还能继续免税增值。到了60岁时，我就能拥有一个价值超过24.3万美元的罗斯IRA了，而这还是在保守估计年回报率只有8%的情况下。

我错失了机会，没有投资罗斯IRA，但它给我上了重要的一课：冒适当的风险，趁早投资，能够给我们未来的财富带来意想不到的影响。不要小瞧复利的力量。

在那之后的几年里，我也亲眼见证了把股市投资融入更大的净资产配置战略里是多么重要。股票，或是其他任何投资，都应该只是财富积累计划中的一个组成部分，而那个计划需要与你的风险容忍度、生活阶段和目标相匹配。如果拥有一个高风险投资组合让你夜不能寐、成天提心吊胆，那就真的没有任何意义了。你的财富应该让你感到安心，而不是时刻忧心忡忡。

想要明智投资，你不必成为一名专家，也不必手持大把资金；你只需一个井井有条、行之有效的策略，然后让时间见证它的魔力。

股票投资之美

虽然我很喜欢房地产，但普通的美国人要么过分沉醉于它，要么就是净资产组合太过单一化。单一化是因为大部分普通美国人的净资产都与其主要住所捆绑在一起。

想一下2008~2009年全球金融危机期间发生了什么。截至2010年，净资产中值由2005年的10.7万美元高度暴跌35%，至6.9万美元左右。同一时期，房屋净值中值也由8.7万美元左右暴跌至5.2万美元。也就是说，中产阶级美国人的净资产几乎完全由房屋净值构成（占比75%~81%）。难怪美国人在2008~2010年期间过得如此痛苦。

这也是为什么我推荐投资者要努力将他们主要住所的价值限制在净资产的30%以内。这一开始会很困难，但30%甚至更低是最终要达成的目标。

有了30%的限制，除去自己的主要住所，投资者也还有足够的净资产来创造投资收入。在主要住所外积累更多的财富是必需的，因为那些投资能够为你提供必要的被动收入，让你活得更加自由。同时，有30%左右的净资产是主要住所可以保证你至少能享受总体财富中很大的一部分。

对多数人来讲，最佳的方法就是把绝大部分投资分给股票、债券和房地产。当然，一些非传统的投资方式也呈上升趋势，如加密货币、艺术品、耕地和葡萄酒，我建议最多分配10%的净资产投资它们。你分配多少资金给每种资产类别取决于你的个人目标、兴趣和环境，没有万全之策。

等下我会与你分享三种资产配置模式，告诉你如何操作。首先，重点是明白为什么对于一个强大的财富积累策略来说，股市投资在其中发挥着举足轻重的作用。

简单来说，它的历史表现非常强悍。如果你长期投资股市——我的意思是投资几十年，那么据其历史表现，你的收益或许会在10%左右。而且，股票是彻底的被动投资。但是你的同比表现不大可能与历史平均水平相似，股市的短期表现波动性极强。

比如，标准普尔500指数的回报率既在1931年创过可怕的-43%，又在1933年出现过辉煌的+54%。近些年的回报率也同样疯狂：2008年的-37%、2013年的+32%、2018年的-4%、2019年的+31%、2020年的+18%，以及2021年的+27%。但只要你坚守标准普尔500指数ETF或类似VTI、SPY或VTSAX之类的指数基金足够长久，那么即使是最具灾难性的熊市亏损，最终也会被牛市收益给填补回来。这就是股市的规律。

你早些年的努力储蓄对帮助你实现这样的长久坚守至关重要。你存钱不仅是为了充实净资产和被动收入，也是为了支付主要住所的首付。你的目标就是花费适当的积蓄尽快拥有自己的主要住所，成为中性的房产拥有者（不要担心，我会在第7章解释我所说的房地产空头、中性房地产拥有者和房地产多头是什么）。

拥有房产后，你就能把触角伸向其他投资了。

不同年龄段的净资产配置

我们现在来谈一下应该把资金投入哪里。

你的方案很大程度上取决于你的生活阶段和环境。同样都是30岁，梦想50岁能在纽约退休并拥有一家四口的人，他的财务计划肯定与一个没有孩子、想要40岁在蒙大拿州的比林斯退休的人大不相同。不管你的梦想是什么，以年龄为基础设置目标都能帮助你保持正轨。

你的基本策略是长期拥有股票、债券和房地产。如果你做到了，你就很可能超过大多数没有投资这些的美国人。股票和房地产是通货膨胀的巨大受益者。

- **股票**包括个人股票、指数基金、共同基金、ETF和股权结构性票据。
- **债券**包括政府国债、公司债券、市政债券、高收益债券、储蓄债券和通货膨胀保值债券。债券更多是用于防御目的。
- **房地产**包括主要住所、出租房产、商业地产、房地产ETFs、私募和公募eREITs（译者注：全称"electronic Real Estate Investment Trusts"，即电子版房地产投资信托基金）、私人房地产联合交易。

你资产中的一小部分要通过无风险的储蓄方式进行储存，如存款证明书、货币市场账户和现金形式。财务旅途中，你会不可避免地遇到挫折。你的零风险储蓄或"应急资金"会帮助你在人生的动荡时期也能一夜好眠。

你也可以通过非传统投资进一步分散净资产。非传统投资是除股票、债券和房地产外一切投资方式的笼统用语。艺术品、音乐版权、葡萄酒、耕地、商品、加密货币、收藏品、私募股权、天使投资、风险债权投资都可视作非传统投资。

很多人也对开创副业充满热情，这样有朝一日就能摆脱全日性工作，或是现在就辞职，直接放手一搏。我把这称为X要素。我强烈建议你也搞一个。

现在，让我们集中注意力，想想要如何在这众多资产类别中分配你的净资产。我整合出了三种亲测有效的模式供你考虑。从财务武士开创以来吸引的数千万读者中收到的一些反馈，也给我的这三种模式带来了不少灵感。它们是：

- **保守型**：只需承担基础风险
- **新生活型**：更为激进的风险偏好；通过更高的风险争取更多的财富
- **财务武士型**：最为激进的风险偏好

我相信绝大多数想要实现财务自由的人都能从某种模式中受益。

保守型净资产配置

保守型模式包括了股票、债券、房地产和无风险资产投资。它是最基本的净资产配置模式，也是几十年来公认最有效的模式之一。

保守型模式适合那些喜欢简单、不排斥工作、愿意干到60多岁传统退休年龄的人。

表5-2 不同年龄段的推荐净资产配置：保守型

风险等级		中	中低	无	中	中	
控制权		低	高	低	低	高	
年龄	工作年限	股票和债券	房地产	无风险资产	非传统投资	X要素	总计
23	1	100%	0	0	0	0	100%
27	5	50%	50%	0	0	0	100%
30	8	40%	55%	5%	0	0	100%
33	11	45%	50%	5%	0	0	100%
35	13	50%	45%	5%	0	0	100%
40	18	55%	40%	5%	0	0	100%
45	23	50%	45%	5%	0	0	100%
50	28	60%	35%	5%	0	0	100%
55	33	65%	30%	5%	0	0	100%
60	38	65%	30%	5%	0	0	100%
65	43	70%	25%	5%	0	0	100%
70+	48+	75%	20%	5%	0	0	100%

来源：FinancialSamurai.com

保守型净资产配置模式的要点：

- 20岁出头时，它建议你投资组合中100%的资金都在股票和债券里，因为这是个努力存钱、可以承受最高投资风险的年龄。工作收入可以轻而易举地弥补任何损失。你的投资组合中的绝大部分是股票。

- 30岁时，它建议你购买一套主要住所，并把5%的净资产投在无风险资产上。你的一个主要目标应是在了解自己想住哪里、想做什么之后尽快成为中性的房产拥有者。

- 40岁时，它建议你在股票和债券上分配的净资产要大于房地产。随着净资产的增加，你的主要住所在总净资产中所占的比例会越来越小。同时，你可能也会对投资出租房产、传统REITs或是私募eREITs感兴趣。你会想成为房地产多头，而不仅仅是中性的房产拥有者。

- 60岁时，它建议你在股票上的净资产比重约为房地产的两倍，而无风险资产的投资大概在5%。随着你进入传统的退休年龄，你的目标是让大部分的投资都完全被动，毕竟你的时间非常宝贵。当然，除了一套已经还清所有贷款、在净资产中占比不超过30%的主要住所，你还可以投资在线房地产来代替实体出租房产，以增加投资的被动性。

- 所有的百分比都是基于净资产为正的情况。如果你一毕业就背上学生贷款，或是由于资不抵债，导致净资产为负，那可以把这些表格用于资产负债表等式中的资产那方。随着你用来积累财富的资产越来越多，也要同时系统性地尝试减少按揭贷款外的债务。

- 非传统投资和X要素始终占比为0。储蓄20%以上的收入并存满自己的退休账户，然后再买套房，这对普通民众来说就已经够难了。还要叫他们再去投资非传统资产可能对遵循保守型模式的人来说太过分了。投资这事，简单一点儿往往是最好的。

新生活型净资产配置

新生活型净资产配置模式在40岁左右时开始变得不一样（中年时期）。高中或大学毕业后，你以保守的方式生活了将近20年，而在人生的下半场里，你可能想体验一种"新生活"。我保证你们中的很多人都想知道，如果做点儿其他事情，生活会变成什么模样。

自2009年创立财务武士以来，我就发现很多人到了40岁时都开始想要做点儿新鲜事。在之前的人生里，你花了几乎20年的时间学习、积累财富、磨炼新技能，所以你可能渴望尝试一个新的职业、投资新的资产或自主创业。对我来说，大学毕业后的14年里都在做同样一件事已经让我了无兴致，所以选择了离开。

有人把它称为中年危机。但我更愿意把这段时间看作是一个充满探索与激情的过程。因为有了更多的财务保障和经验，到了这个时期，我们会决定冒更多的险。当我2012年决定放手一搏时，我再次感受到了未知带来的激动与战栗。

新生活模式的框架本质上包括了更为另类的资产投资，如风险资本、私募股权和加密货币。它也鼓励你在中年时期探索新的创业机会，即X要素。

表5-3 不同年龄段的推荐净资产配置：新生活型

年龄	工作年限	风险等级 高 控制权 低 股票和债券	中 高 房地产	无 低 无风险资产	中 低 非传统投资	中 高 X要素	总计
23	1	100%	0	0	0	0	100%
27	5	100%	0	0	0	0	100%
30	8	40%	55%	5%	0	0	100%
33	11	45%	50%	5%	0	0	100%
35	13	50%	45%	5%	0	0	100%
40	18	45%	40%	5%	5%	5%	100%
45	23	45%	35%	5%	5%	10%	100%
50	28	40%	35%	5%	10%	10%	100%
55	33	40%	30%	5%	10%	15%	100%
60	38	40%	25%	5%	10%	20%	100%
65	43	45%	20%	5%	10%	20%	100%
70+	48+	45%	20%	5%	10%	20%	100%

来源：FinancialSamurai.com

新生活型净资产配置模式的要点：

- 30岁时，你购买了第一套房产。因为有按揭贷款，所以你分配了5%的净资产投资无风险资产。你也一直坚持存满你的401（k）或其他的税收优惠退休账户，同时额外投资20%在应税经纪账户。

- 40岁时，你的净资产已大幅扩张。与普通美国人房地产在净资产中占比高达90%+相比，你的房地产占比只有40%，更易于管理。你最后还是把一部分风险资产分散到了非传统投资里。

- 40岁时，你在拥有一份稳定工作的同时也开创了自己的副业。你一直想在网上做咨询，想写博客、开网店或是在线教学。不管你的X要素是什么，你最后都会在稳定薪资给予的安全庇护下追求你的副业。你已经开启了新生活！

- 40岁时，你开始好奇人生是否还有其他可能。几乎20年如一日地重复着相同且刻板的工作早已让你精疲力竭。或许你会协商一笔遣散费然后投奔新的行业。或许你只是给自己放个长假然后换个部门工作。又或许你会决定在这个国家或是世界的另一个角落与他人同台竞争一个加薪和升职的机会。

- 60岁时，你的X要素在净资产中的占比涨到了20%。20年时间足够你把副业办得有声有色。同时，股票和房地产仍占净资产的绝大部分（65%）。但你的快乐主要来自X要素。因为有了X要素与主业的结合，相比只有一份主业的普通人，你要富裕得多。

- 退休以后，如果你计划活到110岁，那么一个多样化的净资产配置模式能够为你提供坚实的后盾与保障。

财务武士型净资产配置

财务武士型净资产配置模式要求你野心勃勃地为自己下注。你认为传统的财富积累道路早已过时，你也没有兴趣40岁之后还要替人卖命。相反，你想拥有自己的一片天，想更早获得更多的自由。

尽管渴望拥有更高的自主权，你仍要在20至30岁出头的年龄兢兢业业地打牢财务基础。20多岁是学习的年龄，这样你才能在30岁以后自创天地。在这段时间里，你要积极创造被动投资收入来源。一旦你的副业为你带来足够的收入，可以覆盖基本生活开支时，你就可以放手一搏，全心全意经营你的事业，就像34岁的我在2012年所做的那样。

理想情况下，你会与雇主协商一笔遣散费，给财务建立一个不错的缓冲带。毕竟，如果你铁了心要走，倒不如尝试协商一笔遣散费。

你的终极目标是在60岁前创造一份足足占净资产一半甚至更高比例的资产。让我们来看看下面的表格。

表5-4　不同年龄段的推荐净资产配置：财务武士型

年龄	工作年限	风险等级 高 控制权 低 股票和债券	中 高 房地产	无 低 无风险资产	中 低 非传统投资	中 高 X要素	总计
23	1	100%	0	0	0	0	100%
27	5	40%	55%	5%	0	0	100%
30	8	40%	50%	5%	0	5%	100%
33	11	40%	45%	5%	0	10%	100%
35	13	40%	30%	5%	10%	15%	100%
40	18	35%	30%	5%	10%	20%	100%
45	23	35%	25%	5%	10%	25%	100%
50	28	30%	20%	5%	10%	35%	100%
55	33	25%	20%	5%	10%	40%	100%
60	38	20%	15%	5%	10%	50%	100%
65	43	20%	15%	5%	10%	50%	100%
70+	48+	20%	15%	5%	10%	50%	100%

来源：FinancialSamurai.com

财务武士型净资产配置模式的要点：

• 它假定你比之前的投资模式都更能掌控自己的财务未来。当你投资股票、债券、房地产和非传统资产时，你实际上是在依靠别人、依靠有利的宏观环境来为自己赚钱。但当你投资自己时，你会相信自己更有能力创造财富。

• 在你快30岁时，你已经通过拥有自己的主要住所成为中性的房产拥有者。你明白了房屋出租并不是对抗通货膨胀的长久之计。你的房地产投资能够在你冒更多投资风险和打拼副业时减少你人生的波折与动荡。

• 30岁时，你为副业而努力打拼。在中规中矩地上了十年班后，你已经明白自己不想一辈子就只做这一件事。于是，你开始规划常规工作后的生活。你一开始的目标是通过副业赚足够多的钱来承担基本生活开支。一旦实现了这个目标，你就可以超越自我，勇敢向前。

• 在辞掉主业前，你会尝试着协商一笔遣散费。这笔遣散费能给你的财务一个喘息的空间，让你可以随心所欲地开创自己的事业，而无须时刻承受赚钱的压力。在辞掉主业前，你还可以将房贷重新贷款，然后提前尝试依靠现有投资收入过活。10~15年的储蓄和投资后，你的现有投资收入可能不会太多，但是模拟失去固定薪资后的生活很重要。

• 尽管开创了自己的事业，你仍要努力创造尽可能多的被动收入来源。你的目标是建立一个足够庞大的被动投资组合，来承担你的基本生活开支。一旦你的投资收入可以负担住房、饮食、交通和上网的费用，你就可以真正开始冒更多的险了。

• 同时，你也在努力让自己的事业创造尽可能多的利润。你的事业越是利润丰厚，你就越能将这些利润再投资，用于扩张你的事业版图。此外，你也能把所获利润进行投资，帮助你创造更多的被动收入。

- 如果你的自主创业大获成功，那光是X要素一栏就能轻松甩其他资产好几条街了。你的创业不仅能带来主动收入，没准有一天它还能以高于收益或利润好几倍的价格卖出。

要旨：恰当的净资产配置即充分多元化

遵循以上任何一种净资产配置模式都能让你在60岁时积累的财富远超普通人。问题在于哪种模式最适合你的个性。

上一辈子班当然没问题，尤其是如果你还非常享受这份工作的话。工作福利、稳定薪资和同事情谊都很值得。如果这趟旅程的最后还有一笔可观的退休金，那简直更棒了。在普遍低息的环境里，拥有一笔退休金真的就像找到了一罐金子。如果选择保守型的净资产配置路线，你最后可能不会拥有最多的财富，但也许会经历最少的波折，拥有最高的安全感。

你越是热爱风险、看好自己的能力，越应该在自己身上下赌注。世界上最有钱的那批人，其中很多都是企业家。他们身上存在着X要素，能够驱使他们冒更多的险。如果你相信自己能造出更棒的捕鼠器，那你当然应该尝试一下。即使你失败了，也永远不会后悔曾经尝试过。你几乎什么时候想回去再谋份正职都可以。

你的投资永远为你服务，让你余生都不必为工作烦忧。你的投资也为你提供了更多的财务保障，让你更敢于在职场冒险闯荡。

来，让我们都坦诚面对现实：美国最有钱的一些人，他们很多都来自非常富裕的家庭，这绝非偶然。如果你爸是大名鼎鼎的律师，你妈是银行的董事会成员，你爷爷是银行行长，那你当然可以辍学去冒更多的险。如果你失败了，大不了在你家的度假别墅里放松玩乐，然后再卷土重来。

无论你背景如何，都请保持足够的谦逊，明白财务收益是无法保证的，你的创业尝试也是一样。你的财务之旅会充满荆棘与曲折。所以，最好保持多元化的净资产组合，以抵挡经济低迷的境遇。同时，多元化的净资产也能从多年的牛市中获利。

谈到财富积累，我鼓励每个人都要对悲观情况有所计划。预计一下你的风险资产会偶然暴跌30%。通过这种方式，你就能解决最大的恐惧，然后带着对财务自由的追求一往无前。

你既可以选择严格遵循我推荐的净资产配置指南，也可以完全不把它当

财务武士之路：股市投资

在你制定净资产配置战略时，让这个指南帮助你保持冷静。

- 只要你在这场游戏里足够持久，投资股市一定会为你带来长远的财富。关键是要遵循适当的资产配置模式，最大限度地保持投资中的客观心态，这样无论是经济繁荣还是萧条，你都能坚持投资。

- 接受你会在股市投资路上亏钱的现实。这是必经的过程。恐慌性抛售虽然诱人，但它不是理想选项。

- 保持谦虚。即使你的投资组合多年以来都收益丰硕，但根据均值回归理论，你的斐然战绩不可能永远持续下去。记住：熊市、牛市都能获利，唯独贪婪的猪只有待宰的份。

- 你可以通过投资股市积累大量财富，但你不能把全部身家都押在这一条路上。关键是要把你的投资能力分散到一系列资产类别上，无论是在股市里还是股市外。

- 考虑到你作为一名积极投资者，投资的股票随时间推移可能会逊于整体市场表现，你可以把大部分的（80%+）股票投资分配给低成本的被动指数ETF或指数基金。

一回事，这都随你便。这些百分比不可能永远精确，只有你知道自己的财务目标和抵抗冲击的能力。不管你的信仰是什么，你至少必须想出适用于自己的那套净资产配置框架，然后以此为指导。只不过要记得享受这一路旅程哟！

不管你遵循的是哪种模式（如果有的话），我都不建议你在40岁后把超过50%的净资产押在任何一种资产类别上。一旦你积累了大量财富，你的目标就应该更多地转向资本保值。你最不想做的事应该就是明明已经年老体衰，却还要为了弥补损失的财富而重操旧业。

不同年龄段所适合的股票、债券配置

你会注意到，在我的净资产配置表格中，股票和债券是归并在一起的。现在让我们更近距离地观察这两个类别，它们需要各自专属的配置策略。

以年龄为基础的配置基准在这里同样奏效，因为你的途径在很大程度上取决于你的人生阶段。如果你在想要退休的前一年分配了太多资金给股票，然后遇上了股市崩溃，那你岂不是烦透了。如果你在职业生涯中分配了太多资金给债券，你可能根本无法积累到足够的钱退休。每个人的途径都会根据各自的赚钱能力、风险容忍度和需求有所差异。

这个股票和债券配置建议既适用于税前投资账户，也适用于税后投资账户。比如，如果你今年30岁，那在力争以推荐的股票和债券配置模式存满你的401（k）账户后，再用同样的模式配置你的应税投资账户。

除了年龄，股票与债券间的资产配置还取决于以下三个因素：

你的风险容忍度。 你是风险规避型、风险中立型还是风险追求型？你是年轻有活力，还是极度年老体衰？你越是热爱风险，越是开心将公共投资组合中的更大份额分配给股票。反之亦然。

你各类投资组合的重要性。比如，大多数人可能把401（k）或IRA账户视为他们退休策略中至关重要的一部分。对大多数员工来说，这些税收优惠退休账户会成为他们最大的投资组合。但是，那些还同时拥有应税投资账户、出租房产和非传统资产的人可能就不会把他们的401（k）、罗斯IRA和IRA投资组合看得那么重要了。

你的净资产总构成。你的公共投资组合在总净资产所占比例越低，你的股票配置就可以越激进。也就是说，如果你是60岁的风险规避型投资者，你的公共投资组合在总净资产中只占10%，那么这个投资组合中100%都是股票也是不错的。你净资产中剩下的90%可能都在一家能产生大量现金收益的大型自助洗衣店集团里。另一种情况，如果你55岁，是个日常上班族，你99%的净资产都在公共投资里，那么你把投资组合100%的比例都分给股票恐怕不是一个明智之举。

现在让我们看看三种适用于大部分读者的股票、债券资产配置模式。为保持一致，我也把它们分为了保守型、新生活型和财务武士型。

保守型股票、债券资产配置模式

典型的保守型资产配置建议是用100减去年龄，所得数目就是你应该分配给股票的百分比。其基本前提是我们随着年龄增长会开始规避风险，因为我们已经没有那么多能力和时间再去创造收入了。鉴于经济低迷时期，债券的波动性和亏损量比股票更低，所以随着年龄增长拥有更高份额的债券很有意义。

我们也不想到了晚年还要过多工作。所以，我们情愿用可能更低的回报率换取更多的收入和更高的确定性。下面的表格展示了不同年龄段所对应的保守型资产配置。

今天，你可以很容易地以0.14%或是更少的合理费用比率来投资目标日期指数基金，以此来复制保守型资产配置模式。目标日期基金可以随着时间自动调整资产配置，使其恢复平衡，也不用你亲自操作。你要做的就是选择合适的目标日期———一般来说就是你想退休的年份，然后坚持定期往里投入资金。如果你选择主动式运营的目标日期基金，那费用比率就要高很多，但无法保证收益更高。因此，如果你不想主动管理股票和债券市场配置，那我推荐你选择指数期权。

表5-5　不同年龄段所适合的股票&债券资产配置
保守型模式

年龄	股票	债券
0—25	100%	0
30	70%	30%
35	65%	35%
40	60%	40%
45	55%	45%
50	50%	50%
55	45%	55%
60	40%	60%
65	35%	65%
70	30%	70%
75+	25%	75%

来源：FinancialSamurai.com

新生活型股票、债券资产配置模式

新生活型的推荐资产配置是用120减去你的年龄，所得数目即投资组合中你应当分配给股票的比例。研究显示，由于科技进步、我们更加关注健康饮食和身体锻炼，如今的预期寿命正在逐步增长。具体来说，美国男性的预期寿命中值为75岁左右，而美国女性则是80岁左右。

鉴于股票的长期收益高于债券，我们需要配置更多的股票，来让这更为漫长的人生得到关照。我们的风险容忍度仍会随着年龄的增长而下降，只不过这一天会来得晚一点儿。大概60岁就可以开启60%股票+40%债券的投资组合模式了。

财务武士型股票、债券资产配置模式

股票在财务武士型模式中所占的权重最高。财务武士不仅在职场中最爱冒险，在投资时也一样。但是，这种在投资中热爱冒险的精神，其背后是强健的财务依托以及各种收入来源带来的强劲现金流。

财务武士型资产配置模式的候选人拥有很多收入来源，他们私底下都是热衷阅读金融著作的财务狂热分子。相比最新的奇幻小说，他们宁可阅读最新的纪实书籍，书中会告诉你如何改善生活的方方面面。他们认为观看美国商业频道的节目和看网飞上的大热综艺一样有趣。

当前的利率如此之低，投资债券不是很有吸引力。财务武士都投资房地产，房地产也因此成了"升级版债券"类型的投资。也就是说，房地产已经让股票投资者实现了投资组合多元化，因为当股票抛售时，房地产往往表现更好。股票抛售时，资金一般会涌向债券，利率也会随之降低。在利息降

表5-6 不同年龄段所适合的股票&债券资产配置
新生活型模式

年龄	股票	债券
0—25	100%	0
30	90%	10%
35	85%	15%
40	80%	20%
45	75%	25%
50	70%	30%
55	65%	35%
60	60%	40%
65	55%	45%
70	50%	50%
75+	45%	55%

来源：FinancialSamurai.com

低、人们渴望拥有更多实物资产的大背景下，房地产有助于降低整体投资组合的波动性。

升级版债券的升级部分体现在房地产在价格上涨方面的潜在表现优于债券。在牛市环境下，投资者往往远离风险较低的债券，转而购买风险较高且上涨潜力更大的资产。房地产就是其中之一，其价值会随着租金上涨而上升。无论在经济繁荣时期还是萧条时期，房地产都更有可能获得高于债券的收益。有鉴于此，相对于投资债券，财务武士往往更偏向于房地产。

表5-7 不同年龄段所适合的股票&债券资产配置
财务武士型模式

年龄	股票	债券
0—25	100%	0
30	100%	0
35	100%	0
40	90%	10%
45	90%	10%
50	80%	20%
55	80%	20%
60	80%	20%
65	70%	30%
70	60%	40%
75+	60%	40%

来源：FinancialSamurai.com

合适的资产配置取决于你的风险容忍度

通过提供这三种不同的资产配置模式，我希望你能从中找出满足自身需求和风险容忍度的那个。不要因为任何人的逼迫而陷入不适的境地。

理想情况下，你的资产配置模式应该让你每晚都安然入梦，每天早晨醒来都活力四射。但该模式也不是一劳永逸的，你可能会想根据环境的变化上下调整自己的配置。我鼓励每个人都以积极主动的态度对待投资组合。先思考以下几个问题，再决定哪种资产配置模式更适合你：

- 从0到10，我给自己的风险容忍度打几分？
- 如果投资组合一年内暴跌35%，我的财务能支撑得住吗？

- 我愿意工作几个月来弥补可能的损失？
- 我的主要收入来源稳定度有多高？
- 我有几个收入来源？
- 我是否有X要素为我创造额外的主动收入？
- 我对股票、债券和其他投资方式的了解有多少？
- 我的投资期限有多长？
- 我从哪里获取投资建议？这些建议的质量如何？

回答完这些问题后，请你与亲人坐下来讨论，你目前的投资状况与你的回答是否一致。

在投资时，千万不要过分高估自己的能力，这很重要。我们最后必然都会亏钱，只是或早或晚、或多或少的问题。关键是要选择一个框架，然后长期坚持下去。

回归思维模式

看了这么久的数字和百分比，我想提醒自己，我们的思维模式是影响财富积累潜能的最大因素之一。投资需要理性思维。所以，你在设计资产配置计划、决定投资方向时，请记住这些事实。

你并不比市场精明。我不在乎这些年你的股市战绩如何之高，从中长期角度看，你的表现会趋于普通化。大多数专业的基金经理都无法跑赢各自管理板块的指数，所以不要妄想自己可以，要保持谦逊！

当资产逐渐积累到几十万或几百万美元时，你就无法再像以前那样随心所欲地运作你的资金了。你的风险容忍度很可能下降，尤其是如果你还有孩子和年迈的父母需要照顾的话。换言之，你的风险容忍度通常不会随着财富的增加而上升，除非你未来家财万贯，有很多钱可以挥霍。

最危险的投资者是只经历过一次牛市的人。他们认为自己所向披靡，明明是牛市的功劳，却认为是自己的智慧使然。直到下一波无法避免的衰退袭来，他们因为缺乏正确的风险控制而倾家荡产。如果你是2009年之后才开始投资的，请咨询那些经历过2008~2009年全球金融危机、2000年互联网泡沫以及更早期熊市的人，在那些日子里，他们的巨额资金都处于崩塌边缘。

记住，你必然会在某些时候亏钱。没有无风险的投资，除非你只是购买国债或是把25万美元以内的资金放在存款证明书或货币市场里。1995年以来我就一直坚持投资，但偶尔还是会在自认为必是全垒打的投资中亏钱。所以后来，我就遵循着净资产配置模式来最大限度地减少损失。

你的风险容忍度会随时间而改变。 如果你今年25岁，名下只有2万美元资产，那你的风险容忍度应该是非常高的。就算把这2万美元都输光了，你还是能够相对轻松地把它们赚回来。但当你57岁，名下有100万美元资产且离退休只有3年时，你的风险容忍度可能就会低很多。你已经如此接近终点线了，再也承担不起巨大的损失了。

年轻时，你天真烂漫地以为自己能一份工作做好几年。这种无敌的感觉简直不可思议。你之所以能够快速积累财富，全凭你那旺盛的精力。但是，你活得越久，坏事（和好事）发生的概率就越大。你的精力会慢慢消退，兴趣也必然会发生改变。关键是要能预测到这些变化，并且提前做好准备。

不要沉浸于妄想之中，不要认为自己能永葆青春。每个月都检查一下自己的财务状况，及时评估和调整自己的目标。要接受人生总是起起伏伏。

黑天鹅事件时刻都在发生。 人们以为这种事情很少发生，但如果你过去几十年都有关注的话，应该知道翻天覆地的金融震荡时刻都在发生。如果经济领域的黑天鹅事件离你太远，那可能职场政治、突如其来的健康问题、离婚纠纷或疫情会让你感受到它的存在。我们都应该做最坏的打算，怀最好的愿望。

没人知道好日子过久了，什么时候又会发生一场金融危机引发恐慌。没人知道什么时候你的公司总裁会载着一车荒谬的新产品冲下悬崖。如果世界大战发生，那除开政府担保的那些，剩余的一切事物几乎都会灰飞烟灭。所以，你要始终保证无风险资产在总净资产中占取一定比例，这非常重要。

另外，你应该考虑把时间和金钱投资在自己可控的事物上。如果你想要证据证明有些人根本不知道自己那张嘴里吐出的是什么屁话，打开电视就行了。看看电视台里供奉的那群专家，他们在市场上涨时夸夸其谈，在市场下跌时唉声叹气。

永远为黑天鹅事件做好准备，尤其是当你已经取得了财务自由之后。一旦积累了足够的资本，你的主要任务就是保护好自己的财富。

充分利用牛市大有裨益。牛市一般会持续5~10年，你可以在这段时间里变得腰缠万贯。你的目标是知道自己处于牛市之中，并据此配置你的净资产。

想要实现财务自由，你最不愿做的事应该就是在牛市期间把大部分净资产都分配给无风险或低风险的投资。我遇到过很多读者，他们勤勤恳恳攒钱，最后却只是让自己的储蓄堆在一边。因为没有任何投资，他们落后同龄人一大截。

牛市期间，你也应该在职场上更加拼搏，提出加薪和升职的要求。如果你不提，通货膨胀会蚕食掉你的实际收入。寻找可以瞬间提升薪水和职位的新工作机会。牛市期间，对劳动力的需求是很高的。要抓紧机会。

这几个点很重要，它们能让你在积累财富的过程中保持理性思维。归根结底，长期创造财富的关键在于拥有一个合理的净资产配置，以及一个既能充分利用经济增长，又能经受住任何金融风暴考验的适当职业。

有了合理的净资产配置之后，你就能慢慢开始钻研你想要投资的基金、ETF和个人投资项目类型。但你大部分的财富收益还是要归功于合理的净资产配置。

财务武士之路

· 你的应税投资可以为你带来足够当下生活的被动投资收入。因此，你的目标应该是让应税投资产生的收益达到税收优惠账户的3倍。

· 遵循以下某种净资产配置模式：保守型、新生活型或财务武士型。这三个模式的差异取决于不同的风险容忍度、投资兴趣和职业理想。你越相信自己创造财富的能力，就越应该为自己下赌注。不管你遵循这三种模式中的哪一个，你都很可能在60岁时比普通人富裕很多。

· 在低利率的环境中，与其投资债券，不如分一点儿资金给房地产。房地产被视作"升级版债券"类型的投资，它能让你处于攻守兼备的位置。

· 你的70：30决策即长期坚持某种投资模式。这能帮助你度过困难时期。作为投资者，你的情绪是最大的恶魔之一。如果一生都能坚持合理的资金配置模式，那么相比于那些没有系统战略的人来说，你就能极大地提高自己财务成功的概率。

第6章

优化你的投资

学习如何优化你的投资可能难度很高。即使你知道要先把退休账户存满,要把X量的净资产分配给股票、X量分配给房地产、X量分配给非传统投资,但还是有连珠炮似的选项等着你决定:

你应该买哪种股票?
你应该买个人股还是投资基金?
你应该投资朋友创办的酿酒厂吗?
如果没有投资加密货币,你是否会彻底错失良机?

深呼吸一下。
你会做得很好的——就算不好,只要你的资产配置没问题,你就不会伤得太惨。在你想退休的时候，你所拥有的财富很可能会比最初想象的多上很多。复利的作用总在不易察觉之时悄悄惊艳我们所有人。

我希望阅读本书的所有人能从今天就行动起来，以合理的方式积累净资产。目标是在经济繁荣的时期多赚点儿钱，在经济萧条的时期少亏点儿钱。想象你是自己资产的首席投资官和首席风险官。

把自己的储蓄扔在货币市场账户里是一种不太理想的做法，它只有30%的概率能获得你想要的结果。你可能难以相信，2009年以来与我交流的许多读者从来没有投资过自己的储蓄，他们中有人是因为过分畏惧，有人则是单纯地不知从何入手。同时，还有更多的读者回来告诉我，他们现阶段人生所拥有的财富比曾经想象的要多出多少。说到底，不入虎穴，焉得虎子！

我们先从股权投资说起。股权即一家公司的所有权。你可以通过自主创业创造股权，也可以投资其他公司的股权。当今世界上，绝大多数商贾巨富都是在两头同时拥有巨额股权。理想情况下，你也应该这样。

如果你没有兴趣自主创业，那当然要投资其他企业。你能赚钱的时间就这么多，但投资其他公司的股权，让它们的员工努力工作为你创造收益，这就要高效多了。你个人的劳动力毕竟有限，而股权投资则大大扩展了你的财富积累潜力。

决定投资何处很关键，你需要在应税账户和税收优惠账户之间做选择。现在，让我们来了解一些基本的知识概念，并牢记，我们要始终把努力存满税收优惠账户，同时创建比其大好几倍的应税投资组合放在第一位。

应税账户vs税收优惠账户

经纪账户是最常见的一种应税账户。你可以在线开一个巨头公司的经纪账户，如富达资本或嘉信理财（Schwab）。此外，数字化投资顾问，也叫作机器人投资顾问，是收费为你管理财富的经纪账户。规模比较大的有先锋领航个人投顾服务（Vanguard Personal Advisor Services）、嘉信理财智能投资组合（Schwab Intelligent Portfolios）、Betterment机器人投顾、Wealthfront机器人投顾和个人资本理财平台（Personal Capital）。

应税账户优势

应税账户没有税收优惠。但是，相比于税收优惠账户，它的限制条件更少、灵活性更高。你可以随时存款或取钱，无须缴纳任何罚金。存取款金额也没有任何限制。

如果持有应税账户里的投资超过一年然后卖出，你所需支付的长期资本利得税率会更优惠，如0、15%或20%，具体税率取决于你的纳税等级。如果持有投资不超过一年就卖出，那你就需要支付更高的短期资本利得税率，其税率与你普通所得税等级相对应。

如果你计划在59.5岁或是法定社会保障金申领年龄前退休，那么应税账户将是你被动收入和流动资金的主要来源。因此，即使没有税收优惠，尽可能地扩充应税账户仍是财务武士的一大重要目标。

税收优惠账户优势

税收优惠账户包括401（k）、403（b）、401（a）、457（b）、传统IRA、罗斯IRA、简易式雇员IRA（SEP IRA）、简易式IRA（SIMPLE

IRA）、简易式401（k）［SIMPLE 401（k）］和罗斯401（k）［Roth 401（k）］。有人甚至把健康储蓄账户（health savings account，简称HSA）当作退休工具。税收优惠账户要么延期纳税，要么免税。

401（k）和传统IRA是最受欢迎的延税账户类型。人们把税前收入存入其中，就意味着事先获得了税收减免。到了退休取钱的时候再缴税，就意味着延期纳税。

与之相反的是免税账户，如罗斯IRA和罗斯401（k），人们存入其中的是税后收入。但是，你的投资可以免税，退休时符合取款资格的也可以免税。所以人们把这些账户视作免税账户。

节税投资策略：投资何处

你的目标是尽可能存满所有的税收优惠账户。税收减少了投资的收益，也是目前多数人需要长期承担的最大义务。因此，我们很有必要了解纳税策略，掌握最新税法，并遵循以下投资准则：

1. **自动把钱存入所有税收优惠账户。**鉴于所有税收优惠账户都有最高存款限额，你应该随着自身收入和储蓄欲望的上升，最终存到这些上限。遵循每个年龄段适用的资产配置框架，看着自己的税收优惠账户不断扩充。

2. **尽可能地扩充应税账户，创造被动投资收入。**它是你自动存满所有税收优惠账户之后最大的目标。在存储了税收优惠退休账户后，所剩的税后收入中至少有20%要存入应税账户并用于投资。大致说来，就是把你所剩的自由现金流储蓄起来。如果你想尽快实现财务自由，那储蓄的比例越高越好。

假定你的工资为10万美元。把总收入的25%存下来就是2.5万美元。如果你能做到，这是个不错的目标。但是，你仍要想办法存下30,500美元或是更多，其中20,500美元存入你的401（k）账户，然后扣除生活开支，再存下1万美元，就如此例所示：

表6-1 工资10万美元时，如何存款

$100000	工资
$20500	401（k）税前存款
$79500	扣除401（k）存款后的应税收入，忽略标准扣税额
$67575	税后收入（税率15%）
$27575	支出
$40000	扣除401（k）存款、税收和支出后的收入
$10000	存款金额——4万美元存25%
$30500	存款总额——20,500美元401（k）存款+1万美元自由现金流存款

随着你收入的增加，自由现金流能存下的金额也应不断增加。比如，你的工资总额涨到了20万美元，而你的支出和储蓄率保持不变，那你最终应该存20,500美元到401（k）账户，然后再存下3万美元的自由现金流。提高收入的同时保持支出稳定，两者结合，效果卓越。

应税账户价值与税收优惠账户价值的主要目标比值是3∶1。也就是说，存入应税账户的钱应为税收优惠账户的3倍。虽然这听起来可能很难，但你的应税账户是没有存款上限的。所以，只要坚持不懈地存款，再加上复利的力量，你的应税账户余额终有一天会超过税收优惠账户。这个交叉周期大概是8~10年。

即使你应税账户和税收优惠账户的余额还未达到协调的比例，了解这两种账户各自最适合的投资类型仍有益处。理想情况下，你的应税账户里应该持有更多的节税投资，而税收优惠账户里则应少些节税投资。

以下表格分享了一些例子，展现了这两种账户各自最适合什么样的投资类型。

表6-2 节税投资：投资何处可以获得更多收益

应税账户	税收优惠账户
市政债券、国债、I系列债券	计划持有时间在一年以内的个人股和个人基金
合资格的派息股票和基金	高周转率的主动管理型基金
ETF和指数基金	应税债券基金、无息债券、高收益债券
计划持有时间超过一年的个人股和个人基金	REITs、eREITs、房地产众筹
低周转率基金	结构性票据、收益分配时间不定的投资

来源：FinancialSamurai.com

如果你是一个喜欢频繁交易的人，那最好使用税收优惠账户。在一个应税经纪账户上核查所有交易简直是场噩梦。相信我，我有过血的教训！20多岁的时候，有一年我的交易量超过了1000笔，因为那段时间我频繁地进行日内交易。我要花数小时来确认每笔交易的成本基础是合理的，然后才能开始报税。这些焦虑和头痛并不值得。

请别消耗时间做当日买卖股票或ETF的投机生意，这严重浪费了时间和精力。如果你在工作日浪费时间做这些，还会影响你的主业工作。有一年，国际证券部的领导把我拉进会议室，质问我为什么每天都在上班时间频繁交易。他们能看见我在电脑上做的所有事情。自那以后，我就被领导盯上了。

今天，我所有的市政债券和大部分的无息增长股都在我的应税账户里。我竭尽所能利用我的转存IRA去投资那些收益分配时间不定的、更私人化的项目。

我税收优惠账户的投资也变得更加激进，因为未来将近20年的时间我无法动用里面的资金。出于这个原因，你可能也希望税收优惠账户能更多地用于投资股票和其他风险等级更高的资产，而应税账户的投资则相对保守一点儿。这样一来，经济下滑就更容易接受了，反正那些投资组合里的钱你也取不出来，除非缴纳罚金。

预测未来收入来减轻税务负担

除了节税投资，计算预期的全年投资收入以及主业、副业带来的主动收入至关重要。你的投资所得税要由你持仓的时间长度、你的投资所得和整体收入决定。如果你有投资收入，且你在单身情况下个人的修改调整后总收入超过20万美元，或是已婚状态下夫妻二人的修改调整后总收入超过25万美元，那可能还要再交3.8%的净投资所得税。

你越是可以准确预测预期的投资所得，就能越好地管理自己的税收事务。下列表格能够帮助你了解短期资本利得税率和长期资本利得税率之间的差别。由表格可知，投资所得更节税（但是本来就该如此，因为你用来投资的钱已经纳过税了）。

假设你知道自己结构性票据或个人投资中的很大一部分收益会在某一年兑现，如果可能的话，你会想尽量减少那一年的主动收入来最大程度减轻你的税务负担。如果你是一名员工，你可能会把一定比例的工资或奖金推迟到下一年或好几年后接收。如果你是企业家，你可以增加该年度的资本支出并延迟到新的一年再开年终发票。

表6-3　不同收入所对应的短期和长期资本利得税率（单身人士）

收入	短期资本利得税率 （即一般所得税税率）	长期资本利得税率
$0~$10,275	10%	0
$10,276~$41,775	12%	0（$10,276~$41,675）
$41,776~$89,075	22%	15%（$41,675~$89,075）
$89,076~$170,050	24%	15%
$170,051~$215,950	32%	15%
$215,951~$539,900	35%	15%（$215,951~$459,750）
$539,900+	37%	20%（$459,750+）

注释：以2022年国税局颁布的税率为基础。短期资本利得税是对出售持有时间不超过1年的资产所获的收益征收的税，其税率等于你的联邦边际所得税率。长期资本利得税是对出售持有时间超过1年的资产所获的收益征收的税。

来源：美国国税局、FinancialSamurai.com

表6-4　不同收入所对应的短期和长期资本利得税率（夫妻合并申报）

总收入	短期资本利得税率 （即一般所得税税率）	长期资本利得税率
$0~$20,550	10%	0
$20,551~$83,550	12%	0（$20,551~$83,350）
$83,551~$178,150	22%	15%
$178,151~$340,100	24%	15%
$340,101~$431,900	32%	15%
$431,901~$647,850	35%	15%（$431,901~$517,200）
$647,850+	37%	20%（$517,200+）

注释：以2022年国税局颁布的税率为基础。短期资本利得税是对出售持有时间不超过1年的资产所获的收益征收的税，其税率等于你的联邦边际所得税率。长期资本利得税是对出售持有时间超过1年的资产所获的收益征收的税。

来源：美国国税局、FinancialSamurai.com

你了解得越多，财务优化的空间就越大

随着净资产的增长和配置的复杂化，跟踪财务各方面的信息就变得更加重要。你可以通过设置日历来提醒自己何时会分配收益。使用电子表格或是类似个人资本理财平台提供的那种免费在线工具来跟踪自己的财务状况。你越是充分地掌握自己的财务状况，就越能对它进行优化。

并且，永远想办法让收入更平均化来压低可能的税率。比如，从纳税角度来说，每年赚13万美元，连赚两年，要比第一年猛赚26万美元、第二年颗粒无收来得好。13万美元所对应的联邦边际所得税率会相对较低，为24%，同时，你还能享受更高的税收抵免与更低的替代性最低税。而26万美元就要面临35%的联邦边际所得税率，其享受的税收优惠和减免政策也要少很多。

在决定把钱投放何处时，要记得关注税法和相关的税收优惠政策。从长期来看，同样一种投资，在税收优惠账户里所获的收益会与在应税账户里对其进行快速交易而获得的收益天差地别。结果取决于多重因素，而你的总体纳税情况占其中很大一块。

罗斯IRA还是传统IRA？

你已经知道了，如果你有401（k）账户，那我建议你把它存满。对于没有退休金的人来说，401（k）是最重要的税收优惠退休账户。你每年不仅可以存满401（k）账户，还能享受公司的匹配金额和利润分成。好消息是，退休账户储蓄者可以同时存储IRA和401（k），这样即使收入超出了401（k）的限额也没关系。

现在先听我快速介绍一下IRA账户，以防你对它不太了解。传统IRA的功

能和401（k）很像：它是一个能够让你储蓄税前收入的退休账户。和401（k）一样，年满59.5岁后，你就可以从IRA账户里免罚金提款，并在那时再就你的分配金支付所得税。

传统IRA和401（k）账户之间最大的区别在于两者存款抵税的收入限制和存款上限不同、401（k）账户只能由雇主提供，以及IRA里的投资选择更多（不仅限于雇主的退休经纪公司所提供的选择）。在传统IRA里储蓄税前收入是有收入门槛的，你不得超越这个门槛。但是，401（k）账户就没有此类门槛。不过，401（k）账户有收入限制，它决定了你的雇主最多能匹配多少金额。请查询国税局官网，以获取当前的限额规定。

罗斯IRA和传统IRA对你能否存款的收入限制不同，且罗斯IRA要求你存入的是税后收入（这些存款之后会获得免税的复利收益）。

而在59.5岁前免罚金提款的条件上，传统IRA和罗斯IRA都比401（k）更具灵活性。两者都允许你因以下支出而提前提款时免缴纳通常的10%罚金：

- 合资格之高等教育经费；
- 合资格之首次置业（最高提款额1万美元）；
- 失业后的医疗保险费用。

在传统IRA和罗斯IRA间择其一很重要，因为国税局每年规定的存款上限是同时包括这两种IRA的。也就是说，如果年存款上限是6000美元，那么即使你同时拥有传统IRA和罗斯IRA，这两个账户加起来的年存款额也不得超过6000美元。为赶上通货膨胀，该限额会随着时间而上涨。

所以你会选择哪个？

首先，假定你的修改调整后总收入有资格向罗斯IRA供款，要知道很多收入太高的人甚至没有这个选择。

呼唤所有的自由职业者和个体经营者！

  无法拥有401（k）账户的自由职业者和个体经营者肯定会考虑简易式雇员IRA（SEP IRA）或单独401（k）[solo 401（k）]。SEP代表Simplified Employee Pension，即简易式雇员退休金。国税局允许你将最高20%的个体经营全年净收入存入简易式雇员IRA中。如果开立单独401（k）账户，自由职业者可同时作为雇员和雇主往里存款。2022年，简易式雇员IRA和单独401（k）账户的最高存款限额都是6.1万美元。

  我在2013年犯下的一个财务错误就是没有开立单独401（k）账户。2012年离职后，我甚至没有想过我还能继续把税前收入存入一个401（k）账户。作为个体经营者，我拥有在线收入，本可以轻轻松松存起当时雇员存款的最高限额——1.7万美元。而且，我也本可以同时作为雇主再额外将收入的25%存入其中。

  如果你有401（k）账户，那你的首要最佳举措是存满这个账户。如果没法存满，那至少也要存足够的钱来全额获取公司的匹配金额，如果公司有提供的话。下一页会展示401（k）账户雇员和雇主的历史存款限额。

  如果你确实存满了你的401（k）账户，且还能储蓄更多，那你下一步的最佳举措应该是储蓄罗斯IRA账户。当你支付的边际所得税率较低时，储蓄罗斯IRA就很有意义。虽然你在罗斯IRA里已经预先纳税了，但存款会随时间不断地产生免税的复利收益，且提款也都是免税的（如果你退休时比预想的更加富有，那么这个免税优惠将会有巨大作用）。

  根据最低取款要求，你要从72岁开始提取你IRA和所有雇主赞助的退休账户里的资金，这最终意味着你的税务负担会上升。如果你有办法熬到执行最低取款要求的前一年，那你就有可能获得更高的收入和或净资产。因此，拥有一个罗斯IRA，退休后取出其中存款，很有益于你分散税务负担。你也

买这个，不买那个

表6-5 不同年龄段的应税投资目标（基本方案）

年份	员工存款	雇主存款	存款总额	追加存款（50岁以上）
2022	$20,500	$40,500	$61,000	$6500
2021	$19,500	$38,500	$58,000	$6500
2020	$19,500	$37,500	$57,000	$6500
2019	$19,000	$37,000	$56,000	$6000
2018	$18,500	$36,500	$55,000	$6000
2017	$18,000	$36,000	$54,000	$6000
2016	$18,000	$35,000	$53,000	$6000
2015	$18,000	$35,000	$53,000	$5500
2014	$17,500	$34,500	$52,000	$5500
2013	$17,000	$34,000	$51,000	$5500
2012	$17,000	$33,000	$50,000	$5500
2011—2009	$16,500	$32,500	$49,000	$5500
2008	$15,500	$30,500	$46,000	$5000
2007	$15,500	$29,500	$45,000	$5000
2006	$15,000	$29,000	$44,000	$5000
2005	$14,000	$28,000	$42,000	$4000
2004	$13,000	$28,000	$41,000	$3000
2003	$12,000	$28,000	$40,000	$2000
2002	$11,000	$29,000	$40,000	$1000
2001	$10,500	$24,500	$35,000	
2000	$10,500	$19,500	$30,000	
1999—1998	$10,000	$20,000	$30,000	
1997—1996	$9500	$20,500	$30,000	
1995—1994	$9240	$20,760	$30,000	
1993	$8994	$21,006	$30,000	
1992	$8728	$21,272	$30,000	
1991	$8475	$21,525	$30,000	
1990	$7979	$22,021	$30,000	
1989	$7627	$22,373	$30,000	
1988	$7313	$22,687	$30,000	
1987—1986	$7000	$23,000	$30,000	
1985—1982	$30,000	$30,000	$60,000	
1981—1978	$45,575	$45,575	$91,150	

来源：美国国税局、FinancialSamurai.com

可以把你的罗斯IRA账户转给指定受益人。

毋庸置疑的决定：为孩子开立罗斯IRA

大部分人只把IRA与自己的退休联想起来。但是，如果你有孩子，为其开立一个保管罗斯IRA账户会有很大的意义。你不仅可以鼓励孩子提早建立强烈的职业道德，还能教导他们认识到节税投资的力量。既然国税局允许人们因教育与首次置业等合资格的支出而提前取款，他们的罗斯IRA就能帮助他们在传统退休年龄到来前经济无忧。最后，你的孩子会感谢你让他们小小年纪就体验工作并开立罗斯IRA账户。

如果你是一个小生意人，你可以用合理的工钱雇用孩子。你付给他们的薪水可以用作商业减扣，这样就减少了商业经营的应税收入。同时，你存入他们罗斯IRA的钱也可以免税（如果他们的收入低于标准扣税额）或仅需缴纳很低的税，然后这些存款又可以获取免税复利收益。但我要明确一点：你的孩子必须在你的生意上有实际工作付出，且必须与其他雇员或自由职业者受到同等对待。你的孩子也必须赚取"合理的工钱"。你不能以时薪1000美元让他们帮你整理家庭办公室。

如果没有自己的小生意，你还可以鼓励孩子去修剪邻居家的草坪、洗车、在商场里做工资最低的工作，或是干任何一种可以从别人那里赚钱的活。这样他们就能把所赚的钱存下来，然后把它放在罗斯IRA里投资。

就说个人的标准扣税额是12,950美元、罗斯IRA的最高存款限额是6000美元吧，那如果一个人最高就赚12,950美元，这个收入就可以完全免税，然后再从中拨6000元，即可免税存满罗斯IRA的上限。如果他从16岁开始，每年都这么存6000美元，那假定复利率为8%，到了26岁他们的罗斯IRA里就能有

10万美元左右的存款。不赖啊！

罗斯IRA的另一个好处就是其存入的金钱可以随时取出并用于任何目的。所以，如果你的孩子想要用自己赚来的钱买第一部车或与大学朋友一起去国外旅游，那罗斯IRA就能帮助他们支付这些费用。

鉴于复利率是金融里最强大的力量之一，你越早开立罗斯IRA越好。假定投资收益率为6.1%并按月计算复利，如果你只是一次性存入6000美元到罗斯IRA，那60年后账户余额就会涨到21万美元左右。

如果你要为孩子开立保管罗斯IRA账户，那你需要了解两个关键信息：

1. **没有最低年龄限制。** 任何年龄段的孩子都能把钱存入罗斯IRA。
2. **孩子必须有劳动收入。** 国税局定义的劳动收入即应税收入和工钱，比如通过主业或个体经营的散活赚来的钱，如照看幼儿或遛狗。婴儿可以当模特儿来赚取收入，即使只是为你的博客或其他商业活动拍个照。但是，无论何时都请记得向税务专家核实最新的税务规则。

很多家长想知道，付给孩子做家务的钱能不能存入罗斯IRA并用作收入抵扣。很抱歉，不能。你当然可以付钱给孩子做家务，但那些钱不能存入罗斯IRA，除非孩子实实在在地为你的商业经营付出过劳动。不过，你可以为孩子开立保管投资账户，但这个账户就没有税收优惠了。

如果你打算付钱给孩子为你的商业经营劳动，那首先要确定你自己的退休储蓄已经准备好了。毕竟，你现在处于更高的纳税等级。如果可以，先存满你的单独401（k）、简易式雇员IRA或罗斯IRA。在你的孩子能够自力更生前，你不会希望家人的经济保障有任何闪失。

还有一个风险，就是你的孩子成年后可能会把罗斯IRA里的所有钱挥霍在无用的事物上。但是，你这么多年以来一直努力经营自己的财富，浪费金钱反而更有难度。概率更大的情况是你的孩子会想要知道如何赚取更多的钱，因为他们重视努力工作的价值。关键是要从小教育你的孩子，让储蓄和投资成为一种自然的生活方式。

主动型基金还是被动型指数基金和ETF？

选择还在继续！

在决定了是把钱存入401（k）、罗斯IRA，还是基础的应税经纪账户后，你还要决定投资什么。让我们把注意力集中在基金上。基金主要有两种类型：（1）主动型基金；（2）被动型指数基金和ETF（交易所交易基金）。

主动型基金由主动尝试挑选最佳个人投资的人运作。只做多头的主动型基金经理，其主要目标是超越各自所在板块的指数。

被动型指数基金不挑选任何的个人投资。相反，它选取所跟踪的特定指数的成分股作为投资对象。最常见的一个指数基金就是标准普尔500指数，它由美国最大的500家公司组成。一个被动型指数基金可以只是等权重地投资标准普尔500指数所覆盖的所有股票。

ETF是一篮子资产，交易方式与证券相似。它们可以和普通股票一样，在开放式交易所买进和卖出，而不是像共同基金那样在每日结束时才计算价格。另外，ETF和共同基金之间可能还会有成本差异。你可以择其一拥有。它们或多或少都服务于同一个目的，即投资一个特定的指数。就个人而言，我主要拥有的是ETF。

主动型基金管理产业非常庞大，因为每个人都希望自己能够跑赢市场的平均收益率，而且确实有一小部分人做到了。但数据一次又一次地表明，大多数人都只能败兴而归。大多数主动型基金不仅表现不佳，它们更高的费用也削减了收益。这简直就是双重打击。从长期来看，把绝大多数股票投资组合都置于被动型指数基金或指数ETF中，是更为可靠的财富积累方式。

"指数+"策略

考虑到超越指数是一件很困难的事，你的70∶30决策应该是分配80%+的股权投资给指数基金或指数ETF。剩余的则分配给主动型管理基金和（或）你所使用、信任和钟爱公司的个人股。毕竟，如果只投资指数基金和ETF，你将永远无法超越也如此操作的普通民众，而尽早实现财务自由的一大关键在于超越多数群众。我把这种股权投资策略称为"指数+"策略。

如果你至少符合以下内容的其中两点，那你就适合主动型投资：

- 检查期货市场走势
- 至少比股市开盘时间提早30分钟起床，阅读所有新闻
- 喜欢与管理层一起开季度电话会议
- 喜欢研读股市投资留言板
- 理财行业工作者
- 写文章讨论股票和市场

投资是场长期的游戏，几十年积累下来的复利收益熠熠生辉，但最大限度减少遗憾也是投资的重点。可以想象一下，如果我们10年前或20年前曾经投资了某家公司，现在得有多么富有！我们很难通过单只股票赚到足以改变一生的收益，但即使只有10%的投资组合表现卓越，你也能大赚一笔。这

也是为什么我喜欢这种10%策略：10%足以带来不错的收获，却不足以摧毁你，即便你做出了很多糟糕决策。

主动投资还具有一定的教育意义。一旦你把钱投入某个资产并持仓，你就会突然开始特别关注经济新闻、股市和走势了。你会自行研究该公司或资产，也会开始更加深入地了解投资的整体运作方式、各种数据的内涵，以及这些数据对你投资账户余额的影响。即使亏钱了，你也会获得一笔知识财富，它可能会让你在长远的未来成为一个更有见地的投资者。

如果你对挑选胜者没什么热情，那就倾尽全力把股票投资100%放在各种指数基金或某个指数目标日期基金上吧。一个简单的双或三指数基金投资组合就可以了。你永远不会大赚，但和一般市场价格的差距也永远不会多于你买这些指数基金和ETF所花的丁点儿费用。

如今，我尝试投资有着优秀管理层和见识卓越领导者的公司。作为一家小型生活方式型企业的运营者，每每看到那些永无止境渴望胜利的人，他们的聪颖和职业道德都会令我叹为观止。一旦你在一个正不断成长的行业里识别到了优秀的领袖，剩下的一切你就都可以放任自流，奇迹自会诞生。

增长股还是派息股票？

如果"指数+"策略有吸引到你，那下一步举措就是找出属于你的那个"+"。如果你想投资股票，那么一个大问题就是，是投资派息股票（有时也叫作价值股）还是增长股？

对比较年轻的投资者（40岁以下的）来说，你们的70∶30举措就是大比例投资增长股，小比例投资派息股票。投资增长股能增加你快速积累更多财富的可能性，但你也会经历更多的波折和更大规模的抛售。刚开始工作时，你最重要的事就是建立一个尽可能大的后备资金库。拥有增长股是实现这个目的的理想途径。而派息股票就比较次要了，毕竟这时你有工作收入。

增长股的发行公司会把绝大部分的收益进行再投资，以促进自身的进一步扩张。相比于派息3%，增长股发行公司的管理层更相信投资新产品和新商机才能潜在地提高未来的利润和股东价值。增长股更多地赌未来，而派息股票则更多地赌当下的确定性。

对派息股票的一大误解是认为股息是白送的钱。股息不是白送的钱。派息会减少公司资产负债表上的现金金额，而这反过来会降低公司的整体价值。你就想想，如果你有一家公司，然后它猛地分发了100万美元给股东。如果你第二天想把公司卖了，那买方的出价可能会低100万美元。

派息股票在派完季度或年度股息后，股价一般会回归到派息前，这主要是因为人们希望公司能够继续盈利，并保持原有的派息率。比如，人们都高度期望可口可乐这样的公司能够继续产生足够的现金流来再度派息，就像它在过去几十年中做的那样。

如果随着时间的流逝，股票的涨幅无法弥补派息带来的价值损失，该公司的价值就很有可能会下降。如果你恰巧投资了一家停止增长并削减股息的公司，那你就会发现自己将一无所获。另外，如果一家成长中的公司突然决定开始派息，你也要格外小心，因为这可能预示着该公司的管理层没有发现足够多的机会来利用手头不断增加的现金流。

如果你在年轻的时候投资了派息股票，你可能会一边吃着汉堡好帮手（Hamburger Helper），一边期盼着几十年后能吃上菲力牛排。但当你终于到了理想中的退休年龄时，你可能只会问自己一句："大餐到底在哪里？"

在我1995年以来所拥有的少数几只涨了数倍的股票里，没有一只是派息股票。从长期来看，派息股票能够提供稳健的收益，尤其是当你所投资的公司其收益和派息率都在不断上涨时。但如果你想要短期内快速积累财富，派息股票的作用就比较有限了。

不同年龄段增长股的投资比例

你可能会想起我在第3章中把派息股票列为我最喜欢的被动收入来源。但是，把它们当作一个收入来源的最佳时间是退休或接近退休的时候。如下是不同年龄段所对应的增长股投资比例指南：

表6-6 增长股与派息股的权重

0~25 岁	100% 增长股，0 派息股
26~30 岁	100% 增长股，0 派息股
31~35 岁	90% 增长股，10% 派息股
36~40 岁	80% 增长股，20% 派息股
41~45 岁	70% 增长股，30% 派息股
46~50 岁	60% 增长股，40% 派息股
51~55 岁	50% 增长股，50% 派息股
56 岁以上	40% 增长股，60% 派息股

既然派息股票派了股息，你就得为该收入纳税。如果你的主业收入已经很高了，赚取更多的股息收入并不是理想选择，即便股息的税率比较低。从税务的角度来看，当你的边际税率达到最高时，就主要投资增长股；当你的边际税率达到最低时，就主要投资派息股。

当你的主动收入很高时，你就有能力承担更多的风险。而当你的主动收入在最低点时，派息股票才能体现出最大的价值。所以，我推荐从50岁出头开始，增长股和派息股的投资比例各占一半。

把一定比例的股票投资放在增长股上永远是有好处的。但是，随着年龄

> **用房地产代替派息股票**
>
> 　　有一种强大的投资策略可以考虑，那就是购买增长股并用房地产投资代替派息股票或债券。在牛市期间，增长股和房地产的强强联合可以激发出两者的最佳优势：高增长率与高收益。房地产的收益率甚至高于标准普尔500指数中的65家股息贵族，即65家最具盛名的派息公司。并且，在经济繁荣时期，房价更是飞升猛涨。
>
> 　　而熊市期间，你的增长股可能会表现不佳。但是，你从房地产投资里获得的收益可能会超过派息股票。在经济萧条时期，投资者们会涌向安全系数高的债券和既具有实用性又能创造收入的实物资产。
>
> 　　最后，还有一种从收入角度看待派息股票和出租房产的有趣方式。当房产创造租金收入时，每月的租金不仅不会使房产的价值等额下降，反而能给它增添一份附加价值，或是一份"升级版股息"。另一方面，当公司派息时，有一阵子它的价值会随着派出的股息等额下降。虽然该公司的股价在派息结束后可能会迅速回升，但房地产投资者永远不必担心自己的房产在每次创造租金后都会遭遇贬值。只有当预期的租金收入发生改变时，房地产投资者才需要重新计算房产的预估价值。

的增长和财富的增加，你投资组合的绝对美元价值也很有可能会上涨。如果60岁时，你投资组合的"指数+"部分暴涨到了100万美元，你重新调整，把其中的60%拿去投资增长股，那投资额也达到了60万美元。

天使投资：要还是不要？

不要。

如果你是一个既没优势又没人脉的循规蹈矩之人，天使投资并不值得你冒险。

在过去20年间，我陆陆续续做过一些天使投资，经验告诉我，投资由人脉广阔的人打理的天使基金，绝对好过单枪匹马、孤军奋战。

简单来说，天使投资就是早期的风险投资。但是，天使投资的定义已经由前种子轮投资延展到了同时包括种子投资，甚至是A轮投资。

就算投资真的实现了，数据也基本不会像你所想的那样好看。我会用2010年我投资6万美元给一家杜松子酒公司的例子为你说明。10年后，我的投资终于分红了，但收益很是惨淡。最初，考虑到扣除各项支出后公司卖了490万美元左右，而我投资它时它的交易后估值为100万美元，所以我当时认为自己赚了约有3倍的收益（18万美元）。由于后续融资轮次中股东的股权被逐渐稀释，我认为我的猜想是很合理的。嗯，最终我没有获得那么多收益。相反，我得到的是：

总收益：98,425.88美元

代扣联邦税：0美元

代扣州税：6523.82美元

净收益：91,902.06美元

啊？过了几乎10年，我得到的总收益只有98,425.88美元，等于说收益率只有64%。而且，这些年我根本取不回这笔钱，甚至已经绝望，心想这6

万美元怕是彻底打了水漂。算过一遍后我发现这笔投资的内部收益率[①]只有5.1%，也就勉强比我刚刚过期的七年期存款证明书的4.1%保证收益率好一丁点儿。

但是该公司卖出的价格是我买它时的5倍，那中间这么多的钱都去哪儿了呢？根据我收到的一份内部文件，我们要支付大量的银行手续费、律师费、托管费、会计费和一般管理费。我们还要给所有在其被新母公司接管过去时惨遭裁员的员工支付遣散费（这是理所应当的）。当然，新投资者稀释现有股权也有所影响，但作为一名天使投资者或后几轮的私募股权投资者，你也不是什么风险都会经历到。

不要被天使投资者的表面风光欺骗了，以下都是你应该拒绝天使投资的真实理由：

1. 你没有任何优势。 有一天我与红杉资本（Sequoia Capital）的一个工作伙伴一起吃生鱼片，喝日本清酒。红杉资本是业内最强大的风投公司之一。它为苹果、谷歌、甲骨文、PayPal、YouTube、雅虎和WhatsApp投资了数十亿。我的伙伴说，红杉资本争取的成功率是每失败7次赢一次。换句话说，按照红杉资本的成功率，你要愿意下8个尺度相似的赌注才行。而且，你还得接受87.5%的投资都会亏钱，然后期望着有一单至少是个十倍股！除非你家财万贯、运气很好，即使知道可能凶多吉少，也无所畏惧。

最强的风投公司永远都能第一时间获得情报。它们拥有最精英的团队，每周花50多个小时一家公司一家公司地收集信息。这些人经常会看到竞争对手的相关信息，并从中评估出哪家公司可能占上风。他们还会与同行一起交流其他公司和风险投资人的最新动态。对比之下，你我没有任何资源，留给

[①] 内部收益率即某个项目的净现值等于零时的折现率。换句话说，它是一个项目或投资渴望达到的年复利收益率。

个人天使投资者的只有被风险投资人抛弃的公司。这种优势很不公平。

2. **你的钱比他人的钱更神圣**。风险投资人是史上最好的工作之一，因为你一年工资能达到25万~100万美元，还可以拿别人的钱投资。如果投资失败了，对你也没有什么负面影响，你仍能通过8~10年期的基金赚取基本工资。如果投资表现优异，你还能从他人的收益里获取一定提成，赚到更多的钱。

天使投资者将自己的资金置于风险之中。如果遵循红杉资本的模式，我就得一个人投资8家尚处于萌芽阶段的公司，每家投资6万美元，总共48万美元。其他收益较差的风险投资人，他们成功与失败的目标比率则是1∶9。也就是说，如果我想赚钱，就得投60万美元。就算我们每笔交易只能投25万美元，大多数人也不愿意冒险把这25万美元放在风险投资里。

3. **你的股份会被稀释**。作为中小型投资者，你在管理层决策或融资活动中没有发言权。如果公司的现金开始短缺，它可能会损失你的利益，与未来的投资者进行私下交易。优先清算权就是其中之一。

比如，假定一个风投公司投资了100万美元获得了某公司50%的股份，然后它获得了两倍的优先清算权。公司的创办人拥有30%的股份，而你在投资了10万美元后拥有了20%的股份。如果该公司以200万美元的价格卖出，你可能会认为自己能拿回40万美元。但事实上，你一毛钱也拿不到，因为在清偿事件中，风投公司会拿到初始100万投资额的两倍收益。同时，创办人也血本无归。

要明白，无论你投资的私营企业何时展开新一轮的融资，你的股份都会平均被稀释20%。

4. **你资金的流动性为零**。但愿你在8~10年的典型持股期不会遇到紧急用钱的情况，因为真的很抱歉，除非公司被卖或是首次公开募股，否则你绝无可能把钱拿回来。而且考虑到90%左右的公司都破产了，9%的公司只能勉强苟活，你可能等个50年都拿不回钱。

5. **收益没有想象中那么高**。相对于天使投资和风险投资的美丽传闻，其投资者能拿到的真实收益却普遍非常惨淡。我们说的是2001年至今0~2%的年收益率中值。但由于同时期一些顶级风投公司获得了巨大的成功，所以年平均收益率（算术平均值）达到了8%左右。不过和标准普尔500指数的收益率相比，这也没什么特别的。

如果你确实想投资早期的初创公司，那就把资金交给安德森·霍洛维茨（Andreeseen Horowitz）、红杉资本、凯鹏华盈（Kleiner Perkins）和基准资本（Benchmark）这类的顶级风险基金吧。从前种子轮中获得分配是一大难点。这些基金的历史业绩优异多了，融资渠道也更强。

我把天使投资归在非传统投资那类。在我的净资产配置框架中，非传统投资应占净资产的0~20%。如果你要进行天使投资，那只能投资你愿意100%全额损失的钱。

非传统投资是一个飞速发展的资产类别。但是，我们也应该认识到自己没有超高净值户、捐赠基金和机构基金那样大的优势。所以，你的70∶30举措应是把你的非传统投资资金交给人脉资源广阔的人打理。是的，你需要支付比拥有指数基金高出更多的管理费——每年收取你资本承担额1%~2%的费用以及最高20%的利润提成。但是，如果它的收益远高于指数基金，你也不会在乎这点儿钱的。

就我个人而言，我总是在猎寻独角兽、极具野心的项目以及多倍股。我会永远尝试将5%左右的投资资金分配给最具投机性的投资，其中就包括加密货币。这个比例已够我体验收益颇丰带来的狂喜和好处。落后于潮流是最糟糕的感觉之一。但是，最高只分配5%的投资资金给那些极具野心的项目并不足以改变你的财务命运。

财务武士之路

·进行节税投资。应税账户里应多些节税投资，税收优惠账户里则少些节税投资。

·如果有机会，存满你的税收优惠账户。这包括了你的401（k）账户和罗斯IRA账户。如果你退休时比预期的富有很多，你的罗斯IRA账户和罗斯401（k）账户会很好地帮助你分散税务负担。

·把你的公共投资组合（股票和债券）里80%或是更多的比例投给被动型指数基金或ETF。大部分主动型基金经理无法在十年内超越各自所在板块的指数。根据你个人的信念和感兴趣程度，投资最多20%的投资组合给个人证券、主动型基金和非传统资产。如果你想超越只投资指数ETF或指数基金的普通民众，那就遵循"指数+"策略。

·为了增加你更快建立更大后备资金库的机会，你在年轻的时候（40岁以下）应主要投资增长股。随着你年龄增长、愈发渴望收入，你应逐渐转向投资派息股票。你的投资不仅愈发节税，还反映了个人成长阶段的变化。

·拒绝天使投资。如果你想投资早期的公司，那就投资那些由优势巨大的人管理的天使基金。

·多倍股投资时刻都在发生。所以，你可能会想分配高达5%的投资资金给最具投机性的方案。

第7章

搞懂房地产，更快致富

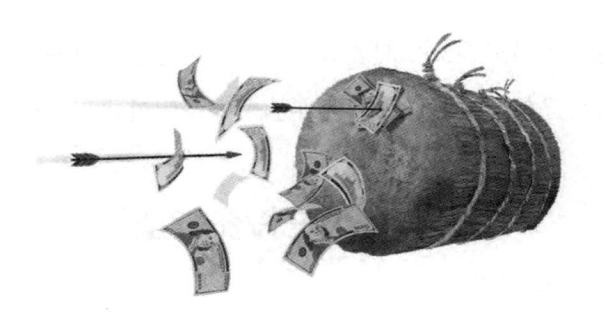

关于房地产，能说的可以写满一本书，但记住我们现在的目标是尽早实现财务自由。接下来几章会从帮助你积累财富的特别角度带你了解一遍房地产。当然，这些内容不只是与钱有关。我们讨论的是最佳决策，而一般来说，房地产的最佳选项并非最终所得利润最高的那个，而是会让你在过好当下生活的同时还能朝财务自由目标前进的那个。

也就是说，我们会先从房地产的金钱部分入手，因为人们很容易在这部分走偏，掉进财务的沟渠。无论你现在是租房还是买房，都是如此。感情会蒙蔽你的判断，分不清什么才是自己真正可以负担得起的东西。贷款看起来总比真实情况更具吸引力——或是更令人恐惧。而某些选择对财富的影响之大常常超出了我们的想象，如是否要将现有房贷重新贷款。

当你开始为居住地花钱的那一刻起，就要做出很多财务选择，本章会就你的财务选择之旅给出指引。这些决定都很重要，即使你离首次置业还有很长一段路要走，房地产还是会深深影响着你的财富。嗯，毕竟我们都得在某个地方生活。比如，通货膨胀对租金的影响关系着每一个人，除开那些免费与父母同住的人。这种影响到底是对我们有利还是有害取决于我们的房屋拥有情况。

我推荐每个人最迟在30岁时要有一定份额的净资产在房地产上。我希望你至少能拥有自己的主要住所，即便你从来都没想过要当房东。

三种房地产投资类型

请理解这个重要的概念：如果你是一位租客，你就是房地产市场的空头，因为你是价格的接受者。你（一般来说）只能任由房租在通货膨胀、就业增长和家庭数量增长的影响下不断飞升。如果你有了自己的主要住所，你就成为中性的房产拥有者，而你的房屋价值会随着市场起起落落。但租金的上涨影响不到你，因为你已经有了固定的按揭贷款利率或现款要支付（但愿如此）。但你也无法将任何增加了的房屋净值转换为现金，无法赚取租金，除非你进行套现再融资和/或是将你房屋的一部分租出去。只有当你购买两套及以上的房产时，你才能成为房地产多头。从这时开始你就能通过上涨租金和销售所投资的房产（如果你愿意的话）来赚取收益。

毋庸置疑，从短期来讲，租房是很好的选择。你是否刚从大学毕业，有了新工作，得找一个暂时的安家之地？如果你想尽可能地拥有最好的工作，那就让自己的选项保持开放。你可以去另一座城市生活，寻找更好的工作机会。但是，如果你发现自己在一个地方生活了五年，甚至更久，那我推荐你购买自己的住所，成为中性的房产拥有者。就像从长期来看，做空标准普尔

500指数是不太理想的财务决策，通过长期租房做空房地产市场也是如此。

现在，我们来一起看看如何利用我的三个法则购买你的首套房产，这三个法则统称30/30/3购房法则。

了解你真实可承受的按揭贷款：我的30/30/3购房法则

首次置业可能是有史以来最让你头疼的经历之一，可能仅次于准备你的首次分娩。从害怕到希望，你在购买可能是此生最贵的一件商品时，会把所有的感觉都体会过一遍。所以，有一套购房法则作为指导很重要，这样你就不会败于一时冲动。

想法较好的买家通常会尝试着遵循某种准则，以弄清自己可承受的范围。但他们常常无法把握自己财务的全貌，而只是聚焦于等式的一部分，比如存钱首付或是保证月供等于或少于之前的月租。这是一个很好的开始，但在计算自己可承担的范围时，把财务的方方面面连同房屋的价格一起考虑进去是很重要的。

在2008年全球金融危机之前，潜在的购房者会在激情的驱使下决定要买多少套房。购房者认为未来房价只会涨得更高。同时，他们本该仔细计算数字，却草草了事，因为他们认为自己理应拥有一套房子，就算自己当下的财务状况并不允许。同时，银行像发万圣节的糖果般往外撒钱。这种种因素叠加在一起带来了糟糕的结果，最终导致房地产市场异常低迷，对数百万人的生活造成了恶劣影响。

2009年，我提出了30/30/3购房法则，让人们在买房时能够保持自律。它是一个基础的框架，能够帮助任何背景的人确定自己的购房花销没有超支。即使你还没准备买房，这个法则也能帮助你建立精细的储蓄和收入目标，让你拥有强大的财务储备，以实现购房目标。

你最不愿意发生的事应该是买了房子却夜不能寐，总是担心着自己的财务状况。这样就适得其反了！有很多帮助首次置业者买房的项目，比如联邦住房管理局贷款、退伍军人事务部贷款、低收入政府补助等。但是，要小心只付最低首付、支付私人按揭贷款保险和更高贷款利率所带来的风险。

我听到了一些人的反对声音，他们认为我的30/30/3购房法则太严苛了。但他们并没有看清事实的全貌。财务纪律在你第一次举债购买昂贵商品的时候必不可少。如果你遵循这些法则——至少遵循其中两条，但最好三条都遵循——那你就会有70%+的概率能够享受自己的房产，而无须承担任何的财务压力。你也很可能熬过经济低迷的时期，而不至于流离失所。如果你觉得这些法则太严苛了，那你可能需要继续攒钱，努力赚更多的钱，然后再考虑买房。

所以，如果你把房地产视为自己财富积累策略的一部分——不管你是现在就打算买房还是仍旧处于攒钱阶段——那就让这三个法则作为你的指南。

法则一：月供不能超过总收入的30%

我指的是按揭贷款的本金、利息、税费和保险。你也可能选择性地加上潜在的房屋维护费用和其他开支。

传统的业内建议是月供不能超过总收入的28%。所以我的第一条法则很保守，而且30%比28%更易于记忆和计算。比如，如果你一个月总收入1万美元，那你的最高月供就是3000美元。30%法则也取决于贷方借给你的金额。可能你的贷款最高就占总收入的28%，也可能远远超过总收入的30%。不管怎样，保持自律。

好消息是，现在的利率较低，你不仅有能力遵循这条法则，还能比利率高的时候买到更多的房子。更低的利率=更低的月供=更多的现金拿来买房。但要记得把月供限制在月总收入的30%以内，法则三会进一步解释为什么这点很重要。

尤其是中低收入人群，他们如果打破了这条规则，会更容易遭遇风险，因为这样一来他们可供生存的现金就更少了。如果你的月总收入是5万美元，花40%用来还贷，你也还剩3万美元。你还是能过得很滋润，除非你其他地方的开销非常巨大。但是，如果你月总收入只有5000美元，因为贷方比较激进，你需要把其中的40%用来还贷，那就只剩3000美元的财务储备了，少了太多。你必须保证剩下的钱能够满足基本生活需求，并在发生任何飞来横祸时可以周转开来。所以，你的收入越少，就越要遵循月供占月总收入比例更小的法则，但反之不成立。

法则二：现金或半流动资产储备至少达到房屋价值的30%

30%法则有两个部分：（1）指导你决定要存多少首付款；（2）指导你确认自己有足够的钱应付任何可能的紧急情况。

在你所存下的30%房屋价值中，有20%是用来付首付的，这样你能获得可能范围内最低的贷款利率，而且不用支付私人按揭贷款保险。另外10%现金可以起到稳固的缓冲作用，以防万一你陷入了财务困境。理想情况下，你必须得拥有相当于房价10%的现金或半流动资产储备，以供家庭救急使用。如果这10%还是叠加在手头应有的6个月应急资金上，那就更好了，这样即使不小心失业或遇上了类似的财务意外，也可以应付得过来。如果后一种情况不可能的话，那至少得存有房价的10%现金。

比如，如果你想买一套50万美元的房子，那就努力存10万美元现金付首付，存5万美元现金和流动性证券专门当作你的财务缓冲器。你希望因为买房而感到快乐，而不是担忧自己会因此捉襟见肘。

我发现有些按揭贷款项目允许你首付低于20%，请不要被它们诱惑。在之前的经济衰退期中，最先倒下的房主就是首付款最低且没有后备储蓄的那些人。

想象一下，50万美元的房子，你的首付只有10%，因为你最多只能付这么多了。然后房地产市场突然大幅贬值，你的房屋价格猛地降低20%，只剩40万美元。同时你又丢了工作。你5万美元的房屋净值（首付款）现在变成了-5万美元，这已经够惨了。在接下来的几年里，你会一边困于房屋资不抵债的状态无法自拔，一边为自己为何如此拮据而痛不欲生。但凡你多点儿耐心，攒够20%首付，都不至于如此。没准在你攒钱的过程中，房价就已经下跌了，这样相比在价格最高时买入，你就给自己省了一大笔。就算最后仍然在价格最高时买入，你也能顺利熬过低谷期。

当然，也有可能发生相反的情况。你的10%首付款可能会在房地产牛市期间价值暴涨。然后你就会开始贪婪，想着要是当时再多贷点儿款，买套更大的房子就好了。这就是人之本性。但是，在购买第一套房子或是主要住所时，你的主要目的应该是量力而行，让自己尽可能过得自在逍遥。

当你拥有的房屋净值最小时，想要摆脱房贷的欲望就会暴涨。数千个在2008年至2012年间抛售房产的人后来错过了有史以来最大的房地产复苏之一。如果首付达到20%，甚至更高，你就会更加忠于自己的房产。这样，你就有更高的概率能够安全度过经济衰退期，因为你不希望自己之前拥有的所有房屋净值全部沦为泡影。最后，房价终会回升，到达新的高点。你保住房产的时间越久，迎接升值的概率就越大。

而且，因为是按揭贷款购房，你要一直分期偿还贷款本金，所以在保留房产的期间，你所拥有的房屋净值也会不断增加。按揭贷款作为一个强制性的储蓄账户，很适合普通人使用。从长期来看，你的房子会不断升值，所以拥有一套主要住所通常会胜过在这期间一直租房生活。很多人认为租户可以把省下的钱用作其他投资，来赚取更高的收益。但是，从租户和房主的净资产数据差异中，我们却能发现事实并非如此——房主的平均净资产几乎等于租户的40倍。《2019美国消费者金融调查报告》（2019 Survey of Consumer Finances）显示，房主的平均净资产为25万美元，租户为6500美元。

如果你打算在未来6个月内买房，那至少要存20%的现金付首付。如果你距离购房的时间已经所剩无几，那就不要把自己的首付款拿去投资股票和其他风险资产，那样很不明智。

法则三：你的房屋价值不得超过你全年家庭总收入的3倍

这条法则能帮助你实现两件事：第一，它像法则一一样能够让你每月的现金流控制在合理范围内。如果你的全年总收入为10万美元（每月8333美元），那你的房屋购买价格就要限制在30万以内，这样月供就能在你的可承受范围内。支付了20%首付款后，还有24万美元贷款，利率3.25%，分30年还清，每月需还1044美元。如果是分15年还清，利率3.25%，每月就要还1686美元。这完全在法则一所规定的月收入30%的范围内。从这也能看出，利率的作用很大。利率越低，你能买的房子就越多。

在低利率的环境中，你可以把房屋价值的上限扩张到全年家庭总收入的5倍，以扩大你的选择范围。但是，你只有在遵循其他两条法则且看好自己未来收入潜力的前提下才能将上限提到全年家庭总收入的5倍。

购房能力是与你的所有住房开销有关的函数。购买一套相当于你年收入5倍甚至更高的房子不仅仅意味着更多的绝对债务，还意味着房产税、房屋维护、保洁、园艺、电热、无线网络中继器等等的费用支出也同时增加。如果你遵循的上限是全年总收入的3倍（最高5倍），那其他所有的费用都基本能与你的预算相匹配。请别只考虑房屋的价格。你永远都得预估后续会一直产生的财产维持费用，并把这些费用计算进去。

如果你所在的州税率很高的话，房产税就尤其会对你的购房能力产生影响。往低了说，像夏威夷和亚拉巴马州，它们的税率约为房屋估定价值的0.3%。往高了说，像新泽西州和伊利诺伊州的房产税超过了2%。有些州不征收州所得税，比如得克萨斯州，这听起来很棒。但它们不可避免地要通过某种方式增加税收，所以最后常常就是多征房产税。

我的30/30/3法则适用于所有的房屋购买。所以如果你已经有了主要住所，想再买一套投资房产，30/30/3法则也同样适用。一旦你出租了某套房产，你最好能用租金抵消所有费用，创造理想的被动现金流。第二套房产的按揭贷款也不能超过你每月总收入的30%。你应该存有相当于房屋价值30%的现金，而其中作为家庭应急基金的那10%则应是一个新的现金储备，只用于新房产。至于你的首套房产，其价格不要超过你全年总收入的3~5倍。

所以，如果你想买更多的房产，你就得赚更多的钱和/或找到可以承担房产每年拥有成本至少130%的租客。你的租客必须承担超过100%的年拥有成本，要把潜在的租客空缺情况计算进去。即使这样，你还是可能会有不走运的时候。并且，银行在斟酌你出租房产的按揭贷款金额时，一般也会把实际产生的不超过70%的租金收入考虑在内。

以下是我的购房者指南。通过它给出的建议，你能得知在购买不同价位的房产前，你应该拥有的收入和净资产。理想情况下，购房者花在一个房子

表7-1　买一套房子所需的收入和资产净值
以30/30/3法则和净资产法则为基础

房价	最低收入要求	合理收入	理想收入	最低净资产要求	合理净资产	理想净资产
$200,000	$40,000	$50,000	$66,667	$60,000	$100,000	$666,667
$300,000	$60,000	$75,000	$100,000	$90,000	$150,000	$1,000,000
$400,000	$80,000	$100,000	$133,333	$120,000	$200,000	$1,333,333
$500,000	$100,000	$125,000	$166,667	$150,000	$250,000	$1,666,667
$750,000	$150,000	$187,500	$250,000	$225,000	$375,000	$2,500,000
$1,000,000	$200,000	$250,000	$333,333	$300,000	$500,000	$3,333,333
$1,500,000	$300,000	$375,000	$500,000	$450,000	$1,050,000	$5,000,000
$2,000,000	$400,000	$500,000	$666,667	$600,000	$1,400,000	$6,666,667
$2,500,000	$500,000	$625,000	$833,333	$750,000	$1,750,000	$8,333,333
$3,000,000	$600,000	$750,000	$1,000,000	$900,000	$3,000,000	$10,000,000
$3,500,000	$700,000	$875,000	$1,166,667	$1,050,000	$3,500,000	$11,666,667
$4,000,000	$800,000	$1,000,000	$1,333,333	$1,200,000	$4,000,000	$13,333,333
$4,500,000	$900,000	$1,125,000	$1,500,000	$1,350,000	$4,500,000	$15,000,000
$5,000,000	$1,000,000	$1,250,000	$1,666,667	$1,500,000	$5,000,000	$16,666,667
$6,000,000	$1,200,000	$1,500,000	$2,000,000	$1,800,000	$9,000,000	$20,000,000
$7,000,000	$1,400,000	$1,750,000	$2,333,333	$2,100,000	$10,500,000	$23,333,333
$8,000,000	$1,600,000	$2,000,000	$2,666,667	$2,400,000	$12,000,000	$26,666,667
$9,000,000	$1,800,000	$2,250,000	$3,000,000	$2,700,000	$13,500,000	$30,000,000
$10,000,000	$2,000,000	$2,500,000	$3,333,333	$3,000,000	$15,000,000	$33,333,333
$15,000,000	$3,000,000	$3,750,000	$5,000,000	$4,500,000	$30,000,000	$50,000,000
$20,000,000	$4,000,000	$5,000,000	$6,666,667	$6,000,000	$40,000,000	$66,666,667
$25,000,000	$5,000,000	$6,250,000	$8,333,333	$7,500,000	$50,000,000	$83,333,333
$30,000,000	$6,000,000	$7,500,000	$10,000,000	$9,000,000	$60,000,000	$100,000,000
$35,000,000	$7,000,000	$8,750,000	$11,666,667	$10,500,000	$70,000,000	$116,666,667
$40,000,000	$8,000,000	$10,000,000	$13,333,333	$12,000,000	$80,000,000	$133,333,333
$50,000,000	$10,000,000	$12,500,000	$16,666,667	$15,000,000	$100,000,000	$166,666,667

最低收入要求 = 1/5 房屋价格。理想收入 = 1/3 房屋价格。

最低净资产要求 =30% 房屋价格。理想净资产 =3.34× 房屋价格。

来源：美国国税局、FinancialSamurai.com

上的钱不应超过他们总收入的3倍。但是，在特定情况下，买房的费用高达总收入的5倍也是可行的。

至于净资产，理想情况下，房价不应超过买方净资产的30%。在对净资产进行多样化配置的过程中，30%已经是一个很远大的奋斗目标了。考虑到对于大部分首次置业者来说，30%是基本无法企及的比例，我又列出了一栏，展现购房前所需要的最低净资产。从这一栏中可以看出，你买房所花的钱最多可以相当于你净资产的3.3倍。但我不推荐这样。

任何一种收入与净资产的搭配都应是可行的。但是，很显然，风险最高的一种搭配就是在收入和净资产都只达到最低要求的情况下买房。

30/30/3法则实操

接下来，让我们通过几个例子探索一下，遵守，或者说严格遵守30/30/3法则会是什么样的。

情形一——稳扎稳打型购房：你一年收入10万美元，已存现金12万美元。你想买一套30万美元的房子。在付了20%首付后，你还有24万美元的30年定期按揭贷款，利率为4%。月供为1146美元，占月总收入的13.8%（$1146÷$8333）。在付了6万美元首付后，你还剩6万美元的缓冲资金，足够4年零4个月左右的房贷支出。

但看看其他数目不变、只有利率变化的情况下会发生什么。如果你的信誉非常好，你在按揭贷款利率较低的时候买了房，那就可以获得3%左右的固定按揭贷款利率，期限还是30年。这种情况下，24万美元的按揭贷款，月供就只需1012美元，只占月收入的12.1%，非常合理，完全在30/30/3法则所规定的范围内。

情形二——更加激进型购房：在收入和现金储蓄相同的情况下，你决定提高住房标准，购买40万美元的房子。在付了20%也就是8万美元的首付后，你还有32万美元的按揭贷款和4万美元的缓冲资金，刚好符合法则二所规定的要存有相当于房屋价值10%的现金或半流动证券作为缓冲。就算贷款利率达到5%，你的月供也只有1718美元，只占你8333美元月收入的20.6%，这看起来仍然不错。

如果你在贷款利率接近史低时买房，且你信誉非常好，那么同样32万美元的贷款只要3%的利率，你的月供就只有1349美元了。这比在贷款利率为5%时买房整整锐减了369美元的月供。所以你还好奇为什么贷款利率降低时房地产的需求会上涨吗？

如果你想再咬咬牙提高预算，购买相当于你家庭收入5倍，也就是50万的房子，你就得存15万的现金或半流动证券（即房屋价值的30%）。但是，由于你现在只有12万美元储蓄，你还得再存3万美元才能满足30/30/3购房法则中的第二条。

现在让我们看看想要偏离30/30/3购房法则有多容易。

情形三——不负责任型购房：你今年32岁，年收入12万美元，现金储蓄10万美元。非常好！但是，你非常渴望购买一套85万美元的房子，这相当于你年收入的7倍。

你付不起20%的首付（还差7万美元），所以你只付了10%（8.5万美元）。然后你只剩下1.5万美元的缓冲资金，却背上76.5万美元的房贷。

因为首付较低，你能获得的最优惠贷款利率为4.25%，虽然你信誉非常好。从历史标准来看，这个贷款利率也还算低的了。但是，3763美元的月供占了你1万美元月总收入的37.6%，如果加上私人按揭贷款保险，就很有可能

161

接近40%。你现在已经全部违反了我那三条购房法则。

如果你丢了工作，光是那3763美元的月供就会在四个月内耗空剩下的1.5万美元现金。你可能可以靠着政府发放的失业救济金再多撑一小段时间，但想一想，你的压力会有多大。而且别忘了，除了按揭贷款，按照大多数州的标准，你那85万美元的房子一年要交1万美元以上的房产税。如果这时一棵树碰巧压坏了你屋顶的一部分，那你可能真的就玩完了。

如果你就是死心塌地要买一套85万的房子，那就再存15.5万美元，直到你拥有25.5万美元的现金和半流动投资储备。当你拥有相当于房价30%的储蓄时，你可以付20%的首付，剩下8.5万美元的缓冲资金，很是宽裕。而且，你的按揭贷款还会降低到68万美元。贷款利率下降了0.25%，只剩4%（现在利率降低了，一部分是因为你首付付了20%），这样月供就只有3246美元，占月总收入的32.46%，只差一点点就可以降到30%以内了！你只需要每年赚13万，也就是比现在多赚1万就能将这个比例降至30%以内了。去争取加薪！或者你也可以等到贷款利率降到3.3%甚至更低的时候再买。

不过，即使年收入达到13万美元，你也还是违反了法则三，因为房屋的购买价格超过了年收入的5倍。我不推荐这样，但如果你对自己未来的赚钱能力很有自信，也有钱承担剩余的生活开支，那也还过得去，毕竟你还是遵守了其中的两条法则。

是租还是买？

正如我的30/30/3购房法则适用于每个想买房的人，"是租还是买"的问题也同样困扰着普通民众。即使你已经有了主要住所，时常练习着询问自己以下内容也很有帮助：住在这里是否是最符合你生活方式、最有益于你净资产的理想举措？

举债购买风险资产永远是场赌博。你的目标是利用债务过上更好的生活，要比之前只能用手头现金购买东西时过得更好。一般来说，举债买房的最初几年风险最高。我的目标是帮助你安全度过那段时期，而且没准还能让你更加富有。

与之相反，你所付租金带来的收益率永远都是-100%。是的，你用租金换到了栖身之地，但你住到最后也没有任何机会通过这个房子积累任何净资产。

在刚毕业的5~10年里，当你决定好了自己要做什么、要住在哪之后，租房还是买房的决定可能就像抛硬币一般，利弊各占一半。你甚至可以再去读个研究生，也算是另辟蹊径地获得了财务自由。租房可以让你拥有最大的灵活性，如果你想找到心目中最理想的工作，这点尤其重要，毕竟在最开始，工作是你收入的第一来源。如果这个国家或世界的另一个地方为你提供了一个绝佳的工作机会，而你却因为已经有了一套房且不想在市场较差的情况下把它卖掉，所以无法接受这个机会，那就真的太可惜了。

但是，大约10年之后，租房和买房的呼声就从五五开猛地倾向了买房这边。你在30岁出头的时候，应该已经很好地了解了自己到底想做什么。毕竟，你的人生可能已经过了三分之一！如果你此时背上一个30年的固定利率房贷，那最晚能在60岁出头的时候还清贷款，挺不错了。如果你想生个孩子，那你的70∶30决策应该是拥有一套主要住所，以此打造一些基础，成为中性的房地产拥有者。到了最后，我们终究要向时间低头。

在通货膨胀的环境里，作为房主，你按揭贷款的实际成本会削减很多，而与此同时，你资产的价值还在不断攀升。而作为租客，你的租金可能会不断上涨，与此同时，你也错失了房产增值带来的收益。

全美房地产经纪人协会（National Association of Realtors）的数据显示，2019年首次置业者的年龄中值为33岁。你越早确定此生的追求，就能越快拥有自己的首套主要住所。谈到投资，从长计议永远是你最好的朋友。

现在，让我们来聊一聊做多房地产投资。记住，你只有在拥有两套及以上的房产时才算得上是真正的房地产多头。能为你带来被动收入和资本利得的，是除开第一套以外的房产。

"买房要实惠，租房要奢侈"：要遵守的房地产投资法则

在投资房地产时，你可以遵循"买房要实惠，租房要奢侈"的法则。

该法则帮助你充分利用在房地产上花的每一分钱。"实惠"可以定义为在你的需求范围内买东西，保证物尽所用。"奢侈"可以定义为消费需求范围外的东西，比如空出来的第三间卧室、一个连通隐藏热水浴缸的无边泳池。

该法则帮助我们了解，在自有住房里居住的真实成本不只是我们为它付出的日常开销。它实际上是未将其以市场利率租出而导致的机会成本。

我们来看一个财务武士案例，它研究了生活成本高昂的旧金山。那的一个房主决定再买一个小点儿的房子，因为他现有的这套房可以以每月7500美元的价格租出去。该房子有四间卧室和三间半浴室，总面积为2600平方英尺，但只有他和他妻子居住。

他发现自购买该住宅以来，它的租金已经涨了50%。考虑到自己不愿意让一个月7500美元的收入白白溜走，他理性地决定把房子租给别人，然后换套小的住。新房子比这套便宜了40%，只有三间卧室和两间浴室。通过购买这套月租金为4500美元的小房子，他从奢侈型住房转向了实惠型住房，同时

让自己的每月现金流增加了3000美元（$7500-$4500）。他终于不再觉得自己明明只需要一辆摩托车就能上班，却每天开着一辆空了40个座位的公交车了。

如果你是你现有住所的房主，也做一下这个练习。如果你没有把房子租出去过，可能会很惊讶你的主要住所原来在公开市场上值这么多租金。比如，在2021年，全国的租金中值上涨了10%以上。多亏了通货膨胀，租金可能会无限期地增长下去。

该法则直接触及了"是租还是买"问题的中心，因为通过计算市场价格——不管要租还是要买——我们会发现，从现金流的角度来说，租一套奢侈住宅比拥有它经济多了，而拥有一套实惠住宅则比租它节省多了。原因如下。

精明的房地产投资者往往会遵循房屋购买价格不超过其月租金100倍的法则。就拿刚才旧金山案例中的大房子来说，一个遵循月租金100倍法则的投资者不会花超过75万美元的价格购买它，因为它的市场月租金为7500美元。

但挑战就在于，在生活成本高昂的城市，如纽约、圣地亚哥、洛杉矶或旧金山（它们被视为"豪华市场"），想要在买房时遵循这条法则根本不可能。但美国几乎一半的人口都生活在成本昂贵的沿海城市。

在这些豪华市场里，想要找到标价只相当于其月租金150~200倍的房产都很困难，因为这里有太多人为了生活方式和资本增值而买房，市场已经供不应求了。房屋已不只是人们遮风避雨的地方，它成了一个奢侈选项。而且，很多沿海城市的市场面对的不仅是国人的需求，还有来自世界各地想要来此买下一个美国梦的愿望。

对你来说，本田思域就足够你到处玩耍，但有的人就喜欢开法拉利。按照"买房要实惠,租房要奢侈"的法则,可以购买本田思域,然后在周末租法拉利。

一个月花7500美元(一年9万美元)租房听起来好像很贵,但它实际上挺物有所值的,因为那套房当时的市场价格为270万美元左右,如果你想买下它,你得花差不多360倍的月租金才能将它拿下。

也就是说,投资者们在购买主要住所或出租房产时想要遵循的月租金100~200倍法则在这个案例中根本无法奏效。相反,从现金角度来看,花270万美元买那套房子并不值当。但是,毕竟那套房子处于一个国际化大城市里,按照惯例,它可能会一直升值。若果真如此,那买它可能还挺值的。

我们来看看,如果以首付26%、按揭贷款200万美元、利率3.5%的方案买下这套价格为270万美元的房子会是怎样。那这套房子的年拥有成本为:

7万美元按揭贷款利息

33,750美元房产税(270万美元×1.25%预估加利福尼亚州房产税税率)

2500美元保险费

5000美元房屋维护费

年成本共为111,250美元

同时,70万美元的首付款每年本可以获得至少2.5%的无风险收益率(即当时的十年期国债收益率),折合现金也就是17,500美元。如果把这部分加入111,250美元的年成本中计算,那总拥有成本还要更上一层:$111,250+$17,500=$128,750。

和128,750美元的年拥有成本相比,"仅仅"花9万美元租它确实便宜多了。房主只有在本金增值和税收抵扣方面有优势,但这两者也都不容忽视。

对很多人来说，凑齐首付才是挑战。

归根结底，是租还是买这个问题的答案就是：如果你有钱给一个"奢华房子"付首付，同时又想避免经济浪费，那就把它买下并入住其中，但前提是你要愿意放弃它本能产生的合理市场租金。如果你想过得奢侈，又没有钱付首付，那你就可以放宽心做个租客。你知道相比于这套出租房屋或公寓的主人，你的这笔交易划算多了。

现在我们来看看"买房要实惠，租房要奢侈"法则的另一面。在美国中西部地区，偶尔也有一些每月租金可达2000美元、总价为20万美元左右的房子挂牌销售，这些房子正好符合月租金100倍的法则。这种房子的价值对于投资者来说非常高，但对于租客来说就比较一般，虽然租金的绝对美元数额很低。如果你打算以4万美元的首付、16万美元的按揭贷款和3.5%的贷款利率买下这样一套房子，那全年的拥有成本大约是：

5600美元按揭贷款利息

2400美元房产税

1200美元保险费

3000美元房屋维护费

年成本共为12,200美元

那4万美元首付款每年本可以获取2%的无风险收益，也就是800美元，但现在没能获取，所以要在机会成本里再加800美元，也就是说该房产的年拥有成本只有1.3万美元，而如果租它的话，年租金要2.4万美元。就算房主一个月只收租1200美元，20万美元的房屋购买价格相当于月租金的167倍，拥有这套房产也仍然是更好的价值主张，尤其是这套房产还会继续增值。毕竟，14,400美元的年租金要高于预计的12,200美元年拥有成本。

所以，如果你正居住或想要居住的地区，其市场价格和这个类似，你就应该用买代替租。如果有天你把这个房产租出去了，就能马上获得正向的现金流。你应该在这个地区拥有自己的主要住所，并在你可以轻松支付和管理的范围内尽可能多地购买出租房产。随着居家办公的接受度越来越高，这类房产的需求正不断上涨。

归根结底，住在哪里是非常私人的选择，奢侈和实惠的定义也因人而异。说到底，我们都想住得离自己的好朋友和亲爱的家人近一点，也都想住在一个美食云集、娱乐设施丰富且气候宜人的地方。但是，鱼和熊掌不能兼得！我们能做的就只是充分利用好手头的金钱，做出最佳选择。

选择浮动利率按揭贷款还是固定利率按揭贷款？

一旦你准备买房，你所选的按揭贷款种类就会对财务产生重要影响。你有两个主要选项：浮动利率按揭贷款或固定利率按揭贷款。

从这些名称中就能看出它们的含义。浮动利率按揭贷款，其贷款利率是可以调整的。贷款利率在开始的特定几年里是固定不变的，而在后续的贷款期里，其利率会根据贷款条例有所浮动。比如，5/1浮动利率按揭贷款即贷款最初5年里的利率是固定的，在此之后，利率会每年重新调整一遍。而固定利率按揭贷款则是从始至终都按照同一个利率计算。一般来说，贷款期限越短，利率越低。浮动利率按揭贷款和30年期固定利率按揭贷款一样，通常都是30年分期还款。

2009年之后，我一直认为选择浮动利率按揭贷款最划算，因为我相信利率会持续下降或是保持在较低水平。因此，30年期固定利率按揭贷款不是理

利用"买房要实惠，租房要奢侈"的法则进行房地产套利

如果你住在一个房价奇高无比的神奇城市，那就考虑在国内其他房价低点儿的城市租房和买房，以赚取更高的收入。这样一来，你最终就能用你出租房产的现金收入来支付当前居住地的房租。

假定你在纽约以每年8万的价格租住在一套豪华公寓里。假设该房屋的资本回报率为2.5%，那它的购买价格就要达到320万美元左右。与其花320万美元购买这套豪华公寓，不如遵循"买房要优惠，租房要奢侈"的法则，花320万美元在得梅因买一套资本回报率为8%的房产。换言之，得梅因的房产可以给你带来25.6万美元的租金收入，你可以用它轻轻松松地支付纽约豪华公寓的8万美元年租金，然后还能剩下17.6万美元（想更多地了解资本回报率，请阅读第9章）。

"买房要优惠，租房要奢侈"的思维能够帮助房地产投资者始终思考如何最大程度地优化自己的生活方式并扩大资本。

想选项，因为它的利率更高。由于货币的时间价值，浮动利率按揭贷款的平均利率低于平均的30年期固定利率。而通货膨胀则会驱使长期贷款的贷方设定更高的利率来应对更高的风险，并防止通膨蚕食金钱的购买力。但如果你向朋友借10美元，明天就还，他就基本不会要求你付任何利息，因为他知道你有能力还上这钱，而且到了明天，10美元也依然能买到相同数量的商品。

此外，把贷款利率的固定期与你计划拥有房屋的时间长度相匹配会更加高效。

根据ATTOM数据解决方案公司（ATTOM Data Solutions）提供的数据，2009年，美国房主的平均房屋保有期为4年左右。因此，在利率走低的环境里选择5/1浮动利率按揭贷款就有很大作用。在第六年开始调整贷款利率的时候，一般的美国房主就已经把房出售了。所以，即使重新设定后的贷款利

率相比之前上涨了也无所谓。但是，很多时候，重设后的贷款利率与之前一致，或有所降低。

现在，美国房主的平均保有期已经超过了之前的两倍。虽然贷款利率仍旧维持在较低水平，房主可能还是会选择7/1和10/1浮动利率按揭贷款来与自身可能的房屋保有期相匹配，以防万一未来贷款利率真的上涨了。但是，在全球化、科技、生产力和中央银行决策优化的影响下，最有可能发生的情况是，我们后半生都会处于利率持续较低的环境里。

大部分人回避浮动利率按揭贷款的理由是，他们害怕自己的贷款利率会在重新调整后飞升猛涨。贷方也很喜欢说服借方选择30年期固定按揭贷款（对贷方来说，这是利润最高的选项），手段是让借方相信，如果他们的贷款利率在重设后不可避免地飙高，会使他们陷入财务困难的危险之中。但事实上，未来的利率可能会长久地维持在较低水平，重设后的贷款利率极大可能还是维持在一个近似值上。

专业意见：浮动利率按揭贷款有利率重设上限

即使重设后的贷款利率有所上涨，其每年的上涨幅度也是有上限的。比如，我在2014年选择的5/1浮动利率按揭贷款在固定利率期限结束后，每年最高只能上涨2%。不要被那些胡说八道给强行洗脑了！在开始行动前，确保自己已调查清楚浮动利率按揭贷款的利率重设上限。

15年期固定利率的好处

现在让我们回到15年期固定利率按揭贷款，随着年龄和财富的增长，它对我的吸引力越来越强。我们的时间终有一天会用尽，所以选择15年期固定利率按揭贷款能让内心更舒坦一点儿，它让你更可能快速地还清贷款。如果你今年45岁，打算在60岁时退休，那15年期贷款肯定好于30年期，因为后者要到75岁才能还清，除非你每月额外多偿还一点儿本金。

正如《推销员之死》（*Death of a Salesman*）里的威利·洛曼（Willy Loman）所说："一辈子做牛做马，只为还清一套房子的贷款。你最后终于拥有了它，但屋里也早已没有了你活着的气息。"理想情况下，你想在退休前还清贷款。这样一来，你就能免去后顾之忧，省去诸多不便，把房子完整地交付给在乎的人。

如果你能承担更高的月供，那15年期贷款将更具优势，原因是它除了对心理有一定益处，还有一个很重要的数学因素——其平均贷款利率几乎总是低于30年期的平均贷款利率。而且，因为它是分15年还款，而不是30年，所以你总体支付的利息会少很多。现在，想象一下你获得了一个15年期的固定利率，它比5/1浮动利率按揭贷款的平均贷款利率还低，那你就真的是中了头奖。

一般情况下，低于平均5/1浮动利率按揭贷款的15年期固定利率按揭贷款不经常出现。但如果真的遇到了这种机会，且月供加上纳税和保险仍能控制在月总收入30%以内，那就要好好珍惜它。即使无法控制在30%以内，你也还有资格贷款。如果是我的话，只要这个百分比不超过40%，我就仍会选择15年期固定利率贷款。你的流动性风险会随着现金流的减少而升高。但是，每偿清一笔月供，都会让你离一个摆脱所有债务烦恼的房子更近一步。

更低的利率、更长的固定利率期、更短的分期，这三个因素结合在一起能大大降低所需支付的利息总额。为了证明这个观点，我们来看看三种条款下100万美元按揭贷款在整个借贷期所需支付的利息总额：

30年期3%固定利率按揭贷款：利息总额517,777美元

15年期2.3%固定利率按揭贷款：利息总额183,347美元

15年期5%固定利率按揭贷款：利息总额423,428美元

即使你选择的15年期按揭贷款其利率比30年期的还高2%，你最终支付的利息总额还是比30年期的少了94,349美元。两个方案都体现了复利的力量。

15年期贷款的另一大好处是它强制你快速存钱。强制储蓄是房主平均净资产远远高于租客平均净资产的一大原因。

由于分期较短，15年期贷款的月供远远高于30年期5/1浮动利率按揭贷款或30年期固定利率按揭贷款。此外，如果选择15年期贷款，那你将会有更大比例的还款是用来偿还本金。

你要有足够的现金流应付15年期贷款。比如100万美元的15年期贷款，固定利率3%，那么月供就要6906美元，换作是30年期贷款，同等利率下每月就仅需还款4216美元。

然后说说15年期固定利率贷款的缺点：

1. 可负担性更低。
2. 可供储蓄或其他投资的钱更少。

15年期固定利率贷款是快速还清贷款、节省利息的理想选择，但前提是

你的收入要能够负担得起。如果不能，那浮动利率按揭贷款就是仅次于其的最佳选择。一旦你积累了一定的房屋净值和储蓄，就可以尝试重新贷款，换成15年期贷款，或是在买下一套房子的时候选择它。

15年如白驹过隙，转眼即逝。假定你在32岁时买了第二套主要住所，并永远保有它，那你无须额外偿还本金就能在47岁时拥有一个全额付清贷款的房子，真的很快乐。然后你就有了足够的现金流，想投资想消费都随你所愿。

现金才是王道……但如果现金不足怎么办？

为了尽可能获得最划算的交易，要尽量用现金支付。精明的买家都知道：房地产公司红鳍（Redfin）的数据显示，2021上半年，30%的房屋购买都是用现金全款支付的。现款支付的主要好处如下：

- 正向体现你是一个真诚的买家
- 降低第三方支付过程中交易落空的概率
- 更快结束交易

当然，不是所有人都有能力用现金全款支付。这种情况下，你可以尝试获批非融资应急贷款，银行基本上会答应借你全额的房屋购买资金。想要符合条件，你要在找到自己的理想房产前通过一个非常严格的担保程序。然后你要在很短的期限内（通常是两个月）找到自己想要的房产，且房屋购买价格最高不得超过非融资应急贷款的金额。两个月后，你的贷方很可能会要求你更新财务文件，因为在这段时间内，很多事情都可能发生变化。

从卖方的角度看，非融资应急贷款支付听起来几乎和全额现金支付一样好。如果借钱的银行还是一个信誉良好的大行，那就更好了。

在低利率、高通膨的环境里取得按揭贷款具有十足的吸引力。但是，你越想买一套房子、买卖的竞争越激烈，你的首付款就应该越高。作为谈判专家，卖方关心什么，你就要首先关心什么。

重新贷款还是维持现有贷款？

贷款的一大好处就是你永远都能寻找更好的方案。在低利率的环境里，更好的方案常常就在面前。所以，如果你一开始申请的是30年期固定利率按揭贷款，那等到收入增加后，你可以转为15年期固定利率按揭贷款或是浮动利率按揭贷款。要始终关注利率，即使你的收入没有变化，即使你近期刚刚结算完一个新的按揭贷款。

即使有各种附加费用，重新贷款也常常是很好的选择。根据经验法则，如果通过重新贷款省下来的钱可以在18个月内覆盖这些附加费用，那它们就花得值得。该收支平衡期越短越好。比如，如果你花了3000美元重新贷款，那你每月至少要省下167美元利息。收支平衡期过后，你拥有房子的每个月都是在省钱。

你计划居住或拥有房子的时间越长，你就能以越高的代价违背18个月收支平衡期法则。鉴于一般的房主只会居住10年左右，我推荐收支平衡期最长为24个月。你可能认为自己会永远拥有并居住在你的房子里，但事情时刻都会发生变化。

毋庸置疑，重新贷款很麻烦。你需要在担保程序进行期间给银行提供自己过去两年的纳税申报单、过去两月的工资单和其他无穷无尽的财务文件。然后你要签署满满一活页夹的文件，并设置新的自动付款。但如果你能在18个月内覆盖重新贷款产生的费用，那就完全可以为之努力。

还有一种选择是"无成本重新贷款"，银行会承担所有费用。作为回报，银行会收取你更高的利率。如果你可以不花任何费用重新贷款，马上降低自己的月供，那当然不能错失良机。你唯一要注意的就是每次重新贷款后，偿还期都会重新从30年开始计算。所以，你月供里用来偿还本金的比例会有所降低。

下一页是我重新贷款的最终结算单。你可以从借方一栏看到银行承担的所有费用。在交易的最后，银行真的送了我一张220美元的支票。

永远在离职前重新贷款

我总是推荐人们如果要重新贷款，就要在离职、退休、协商遣散费或是单纯延长假期之前办理。一旦银行发现你失去了主要收入来源，你就变得毫无价值了。你就好像那个因为一穷二白而被瞬间抛弃的过往情人。银行不太可能会批准你重新贷款，因为它们会视你为较高风险人群。

如果你无法证明自己拥有稳定的收入——通常就是出示自己的工资支票——那么没有担保人会批准你贷款的。你拥有稳定收入的时间越长，担保人就越心安。银行在放贷前一般想看到你在一家公司里工作了至少一年。当然，工作时间越久越好。

如果你决定自主创业或做自由职业，那申请按揭贷款或重新贷款就会比较困难，甚至可能根本无法获批。通常来说，银行在考虑给你放贷之前需要看到你至少两年的稳定收入证明。在银行眼里，创业者和自由职业者都属于较高风险借款人，因为他们的收入不太稳定。因此，就算创业者和自由职业者真的取得了按揭贷款的资格，他们的贷款利率可能也会更高。

也有例外情况，就是你将大量的其他资产作为抵押，同时，你还拥有一个足够庞大的长期投资收入来源和/或多年稳固的自由职业收入。以抵押为基础的按揭贷款定价对收入可能不高但却比较富有的人来说很常见。

不管你的信用评分多高、之前对银行多么忠心耿耿，也不管你的棒球卡收藏品是不是比你的按揭贷款本身还昂贵，这些都没有用。如果你没有工

表7-2　重新贷款后的最终结算单

		借方（$）	贷方（$）
财务考量			
贷款额			700,711.00
新贷款费用 – 富国银行（北美）			
贷款费用总额：（$1538.32）			
手续费	富国银行（北美）	1350.00	
重新锁定为市场利率	富国银行（北美）	875.89	
税收服务	富国银行（北美）	80.00	
利率锁定延长	富国银行（北美）	875.89	
评估费	核心逻辑估价方案（Corelogic Valuation Solutions）		
借方已于过户结算前支付 $620			
信用报告费	核心逻辑信贷有限公司（Corelogic Credco, LLC）		
借方已于过户结算前支付 $15.43			
预付利息		1410.92	
2019.10.4~2019.11.1，每日 $50.39			
富国银行（北美）			
贷方借款			6131.22
产权及公证费用			
产权 -ALTA 6-06- 浮动利率	富达资本国家产权公司	0.00	
（CLTA 111.5-06）	（Fidelity National Title Company）		
产权 -ALTA 8.1-06- 环保留置权	富达资本国家产权公司	25.00	
（CLTA 110.9-06）			
产权 – 过户公证费	富达资本国家产权公司	475.00	
产权 – 贷方产权保险	富达资本国家产权公司	635.00	
产权 – 移动签署费	公证快运有限公司（Notaries Express, LLC）	150.00	
产权 – 登记服务费	简化文件（Simplifile）	14.00	
政策发布：			
贷款政策			
保险范围：$700,711.00	保险费：$635.00	版本：2006 年 ALTA 贷款政策	
政府收费			
登记费	富达资本国家产权公司	155.00	
结算			
首次按揭贷款结算	中央贷款管理与申报局		
（$704,419.64）			
本金余额		700,711.64	
附加利息（2019.9.1~2019.10.11，每日 $86.600000）		3464.00	
需求费		60.00	
登记费		184.00	
杂项费用			
房主保险费 USAA 保险公司		1267.05	
买方结算资金		5111.17	
小计		711,733.39	711,953.39
应付借方结欠		220.00	
总计		711,953.39	711,953.39

作,那不管是首次贷款还是重新贷款都几乎不可能获批。

什么时候偿还按揭贷款——混合版财务武士债务与投资比例

最后,如果你想知道是否要通过额外偿还本金来提前还清房贷,那你可以先了解一下其中的数学和情感因素,然后再做决定。

如果你按揭贷款的利率与无风险收益率(十年期国债收益率)相等甚至更低,那就不要每月额外偿还本金,这样对整体财务才最有益。你等于是在免费借钱,所以能借多少借多少,能借多久借多久吧。但是,这种情况非常罕见,因为贷方要对房产收取费用,以谋取利润。

当通货膨胀率高于你的贷款利率时,即便这时贷款利率高于无风险收益率,你也不必急着偿还贷款。比如,如果通货膨胀率为7%,而你的贷款利率为3%,那你实际的贷款利率就是-4%了(3%~7%)。通货膨胀削减了你的借贷成本。但是,要小心不要储备太多现金,因为通货膨胀也同样会降低它们的购买力。

最后,当你的贷款利率高于无风险收益率又低于通货膨胀率时,你就该着重考虑践行我的财务武士债务与投资比例框架,或至少践行其混合版本。混合版即用当前的按揭贷款利率减去无风险收益率,然后再乘以10,最终得出的结果就是你每月现金流中应当拿去额外偿还债务的比例。

比如,假定无风险收益率为2%,你的贷款利率为3.5%。使用混合版财务武士债务与投资比例计算就是:(3.5%-2%)×10=15%,即每月把现金流中的15%用来额外偿还本金,剩下的85%用于投资。当然,你也可以始终使用常规版的财务武士债务与投资比例模式,将现金流的35%用于每月额外偿还本金。

就个人而言，我从未后悔还清债务，即便我本可以拿着同样的钱在投资里赚得更多。当然，通过举债赚取更多收益的感觉真的太棒了，但偿还债务也是如此。一旦还清了某项债务，那感觉简直就像逃出生天、重获自由，而且与此同时你的房产还在持续升值。这就是还清债务中只有你自己才能决定的情感因素。

最后，理想情况下，我们要在自己不愿或无法工作前摆脱所有债务。

财务武士之路

· 你在30岁时要着重考虑拥有自己的主要住所，进而成为中性的房地产拥有者。你只有在拥有两套及以上的房产时才算得上是真正的房地产多头。

· 30/30/3购房法则可以帮助你在购房时保持理智。如果你已经符合了其他两条法则的条件，那你在低利率的环境中可以将购房价格提高至全年家庭总收入的5倍。

· "买房要实惠，租房要奢侈"是一个房地产投资法则，它鼓励你更加高效地分配资金，让收益最大化。它也让你考虑了住在当前住宅的真实机会成本，而不只是目前的开销。

· 如果你能把收支平衡期控制在18个月或是更短的时间内，那就重新贷款吧。考虑一下无成本重新贷款，虽然贷款利率可能会更高，但它能让你马上开始省钱。

· 把按揭贷款的固定利率期限与你计划拥有房屋的时间长度相匹配。鉴于一般的房主只会居住10年左右，选择7/1到10/1的浮动利率按揭贷款最划算，而不是选择30年期固定利率按揭贷款。如果你有钱支付15年期固定利率贷款的更高月供，那就选择它，尤其是当它的贷款利率还要低于你能获得的浮动利率按揭贷款时。

· 在你不想再工作之前，努力摆脱按揭贷款和其他所有债务。虽然你应该还有源源不断的被动投资收入，但最好还是在退休时把负债降至最低，让生活更简单一点儿。

第8章

住对地方更招财

在拥有房产前,第一个重要的步骤是算清自己可以买得起多少套房。但如果你希望所买的房子能够帮助自己朝财务自由更近一步的话,你就要考虑更多因素了。选择住在哪里,会对你未来的财富产生巨大的影响。而决定居住地,就要考虑它本身自带的一系列选项。

在决定居住地时,真正的财务武士会考虑工作机会、房屋类型、邻居、计划居留时间等一系列变量。即使你已经对未来几年有了清晰的蓝图,也还是会轻易忽视那些会在很大程度上影响财富的房地产决策。

本章会为你购买房产提供指导,让你在积累工作收入的同时,能尽最大可能从房产中赚取正向收益。既然你在考虑买什么房子、买哪里的房子,那就让我从让当前和未来财富潜力最大化的角度出发,带你一起了解这些选项。

本章主要涉及租房，但我会在第9章详尽地讨论房地产投资。

首先，你要就晚上睡在哪里做出最佳选择。

住在昂贵的沿海城市还是实惠的中心区城市？

先从地理位置说起。

如果你在美国工作和生活，就会发现沿海城市和美国中心区的生活成本差异巨大。在当下远程办公的环境里，这一点值得深思。它对于租客和买房者都很重要。一个房子的标价和其拥有成本不是决定住在哪里的最重要因素，至少不是首要因素。

当你开始踏上财务自由之旅时，最重要的事应当是工作。它是你主要的赚钱途径。**因此，哪里有工作机会就去哪里，这才是你的70：30举措。**即使你要在寒冬腊月去往北达科他州的威利斯顿都没关系。如果那家采页岩油的公司可以让你大大提薪、快速升职，你就该重点考虑那份工作。

就算你因为工作去到了一个生活成本更高的城市，也不要焦虑，要为此欢欣鼓舞！生活成本高昂的城市往往藏着最多机会，你的职业生涯会有更大概率赚到更多的钱。毕竟，是就业增长和工资大大提升了一个城市的生活成本，而不是一个城市的高生活成本造就了更多的就业机会和更高的工资。很多媒体和专家都在谴责高成本城市，可是他们却忽略了这个事实。某些城市的生活成本之所以那么高，是因为人们的收入很高！高成本城市不仅工资更高，由于人口更加密集，那里也有更多你甚至都无法预见到的机会。我们把这种现象称为网络效应。

1999年，当我获得纽约高盛集团的工作时，我激动坏了。我终于有钱带女朋友出去看电影再吃顿烛光晚宴了。再见了，深夜的麦当劳！当然，我当时非常开心能搬到美国最贵的城市之一去工作。不过，我很快就意识到4万美元的基本工资无法供你在曼哈顿生活太久，但我指望自己能获得一份丰厚的年终奖，也想要依靠运营全世界金融资本的职业优势赚一笔钱。

因为我要在凌晨5:30双眼昏花地起床，这可比9:30股市开盘早多了，所以我得住在纽约广场一号附近。要知道，我的工作地点在49楼。所以后来，我在华尔街45号租了一间单房公寓，月租金1800美元。这已经是附近能找到的最便宜的房子了。

但因为纽约的公寓要求租客的年收入至少达到月租金的40倍，所以我拉了一个高中朋友和我同住，这感觉就像是双双回到了大学，共用一个宿舍。均摊后的月租便宜多了，只要900美元一人，这样我就有更多的钱可以拿来储蓄和投资了。我基本不在家，所以也无所谓要与人共享一个房间。

我尽自己所能回忆，想出了1999~2000年我的生活预算。那时候，我的主要目标是存满401（k）账户，然后把剩余现金流全部用于投资。

表8-1　每年4万美元在曼哈顿区生存，同时为退休储蓄

总收入	全年 $40000	每月 $3333
401（k）存款	$10500	$875
纳税（25% 有效联邦税 + 纽约州州税 + 联邦社会保险税）	$10000	$833
扣除 401（k）存款后的税后收入	$19500	$1625
退税	$500	$42
净收入	$20000	$1667
支出	全年	每月
租金（与高中朋友在华尔街 45 号合租公寓）	$10800	$900
公用事业	$240	$20
饮食（待到晚 7 点以后在公司自助餐厅吃免费晚饭）	$3600	$300

续表

支出	全年	每月
衣服、鞋子、配饰（正式工作服）	$600	$50
健康保险费	$840	$70
交通（纽约地铁卡、出租车、公交车、火车）	$960	$80
个人护理用品（肥皂、剃须刀、洗发水等）	$120	$10
度假（连续两年都在纽约市内度假）	$600	$50
有线费、网络费	$0	$0
手机（公司提供的黑莓手机）	$0	$0
健身俱乐部（楼内小健身房）	$0	$0
汽油、汽车维护、车险（无车）	$0	$0
人寿保险（公司提供，价值相当于4倍工资）	$0	$0
总支出	**$17760**	**$1480**
剩余用来支付杂费的现金流	**$2240**	**$187**

来源：FinancialSamurai.com

虽然纽约的生活成本奇高无比，它也给了我意料之外的机会，让我能赚更多的钱。在2000年互联网泡沫的高峰期，我投资了3000美元给中国一家叫作VCSY的互联网公司，最后运气很好，涨到了15万美元左右。我之所以会投资它，是因为我在一家大型投资银行的国际证券部上班。我瞄准了一个投资机会，于是猛扑上去。然后，我把这个想法告诉了朋友们，他们又透露给了自己那些在其他银行交易大厅工作的朋友。于是，爆炸般的信息朝我涌来，得知消息的人全都陷入了狂热。现在，红迪网（Reddit）的留言板也像是被轰炸过一般。

如果我当时去咨询公司工作，比如华盛顿特区的德勤或普华永道，我可能会过得更舒服一点儿，因为它们的起薪和高盛集团差不多，但工作时间会更人性化，城市的生活成本也更低。但我怀疑，我可能就会因此错失那个多倍股投资机会，要知道，它给我带来的收益足够我在多年后想买房子的时候付首付了。

下一页是在华盛顿特区做咨询分析师第一年的生活预算样本。假定第一年的基本工资为7.5万美元，在存满401（k）账户、支付所有生活开销后，该分析师在发年终奖前还剩6690美元现金。但是，这个刚毕业的大学生每月还有额外的500美元副业收入，这500美元全都存进了他的应税投资账户。

在有最佳工作机会的地方生活，去赚最多的钱，不管它在哪个城市。一旦你赚到了足够的钱，只要你想，你就能搬到其他省钱的地方居住。你也可以继续待着不走，因为你已经赚了很多钱，可以负担得起那里的生活开支了，而且还建立起了深厚的朋友关系网。

一旦你找到了适合自己的工作，并发现自己会在某个地方待上至少5年，那努力买套自己喜欢的房子、成为中性的房地产拥有者才是明智的选择。创造财富的终极组合是搬到一个你喜欢的地方，在赚最多钱的同时也投资一套会升值的房产。如果你未来还要搬到另一个喜欢的地方，那这两者的强强结合会在你决定卖房或出租房屋时带给你不菲的收益。

如果你为了赚取最高的收入而长期驻扎在高成本的沿海城市，那也可以考虑投资中心地区或是18小时城市的房产。这样一来，你就遵循了我"买房要实惠，租房要奢侈"的投资战略（见第7章），一举两得，同时享受双方的优势。2016年以来，我一直都在投资美国中心地区的房产，并打算在未来几十年也继续如此。我会在第9章为你展示如何操作。

表8-2　靠常规的单一收入存满你的401（k）账户
（华盛顿特区）

总收入	全年 $75000	每月 $6250
401（k）存款	$20500	$1708
纳税（18% 有效联邦税 + 弗吉尼亚州州税 + 联邦社会保险税）	$13500	$1125
扣除401（k）存款后的税后收入	$41000	$3417
退税	$850	$71
净收入	**$41850**	**$3488**
支出	**全年**	**每月**
租金（与舍友合租不错的双卧室公寓）	$18000	$1500
公用事业（两人均摊）	$720	$60
饮食	$8400	$700
衣服、鞋子、配饰（商务休闲装）	$600	$50
健康保险费	$2400	$200
交通（地铁月卡、拼车）	$1440	$120
个人护理用品（肥皂、剃须刀、洗发水等）	$360	$30
度假	$1800	$150
有线费、网络费、流媒体服务（两人均摊）	$720	$60
手机	$720	$60
健身俱乐部（户外跑步、室内练习俯卧撑和橡皮带）	$0	$0
汽油、汽车维护、车险（无车）	$0	$0
人寿保险（公司提供，价值相当于5倍基本工资）	$0	$0
总支出	**$35160**	**$2930**
剩余用来支付杂费的现金流	**$6690**	**$558**
副业收入（每周5小时自由职业）	**$6000**	**$500**
总剩余收入	**$12690**	**$1058**

来源：FinancialSamurai.com

> ## 硅谷淘金热
>
> 有一天打完网球后，我问Yelp的总裁兼创始人之一杰里米·斯托普尔曼（Jeremy Stoppelman），他认为是什么让他能够打造出这么成功的一家公司。他立马回答："搬到旧金山加上巨大的运气。"
>
> 和我一样，杰里米来自中产阶级家庭。他上的兰里公立高中是我高中的竞争对手，大学是伊利诺伊大学厄巴纳-香槟分校，也是一所公立学校。他本可以和自己的老同学一样，回到北弗吉尼亚州做个工程师。但是，他最后还是决定去旧金山湾区@家庭网络（@Home Network）工作，因为在那可以有一番作为。
>
> 杰里米最后做了PayPal前身X.com的工程师，与麦克斯·列夫金（Max Levchin）、埃隆·马斯克（Elon Musk）、雷德·霍夫曼（Reid Hoffman）、陈士骏（Steve Chen）、基思·拉伯斯（Keith Rabois）等一系列成功的创始人一起共事。2004年创业初期，麦克斯为他的公司提供了100万美元的种子融资。8年之后，Yelp成功上市了。

在高成本城市量入为出

如果你因为工作去到了旧金山或纽约这类的高成本城市生活，为了存钱就要做出更多的牺牲。除了与朋友合租一间单房公寓长达两年，我做出的另一个牺牲就是一天工作14小时，以换取布罗德大街85号不限量自助餐厅的免费晚餐。在大快朵颐之后，我常常会往包里再塞一些水果和谷物，来省下周末的早餐。

活下来是你在高成本城市前2~3年的目标，直到收入水平终于能让你过得稍微宽裕点儿。比如，干完第一年，高盛集团上调了第二年财务分析师的工资，从5万美元升到了6.5万美元。第三年财务分析师的工资又涨到了7.5万美元，然后开始步入第一年经理助理，工资涨到了8.5万美元。再加上年终奖，储蓄和投资就容易多了。关键是要在初始价格冲击中生存下来。

正如我在第1章提到的那样，如果你和你的配偶想要在高成本城市里抚养两个小孩，那年收入就要达到30万~35万美元，才能过上相对舒适的中产阶级生活。因此，如果你来自一个生活成本较低的城市，你在找工作时就要以这样的收入和事业轨迹为目标。现在，大型科技公司、银行和管理咨询公司里的应届毕业生年薪一般能达到15万+美元。所以，等到他们结婚时，年薪达到30万美元应该不成问题。

如果你无法或是不想进入这些高薪的目标领域工作，那降低住房费用至关重要，尤其是在搬迁后的最初几年里。你可能要在努力增加收入和储蓄的同时住在低档社区里，并/或与很多室友合租一套公寓。关键是要能坚持下去，直到你发现更好的工作机会。

下一页是一个家庭年收入40万美元的四口之家现实生活的预算。当然，其中或多或少有些开支是可以省掉的。是的，该家庭正在为退休账户和529计划储蓄，同时也在积累自己的房屋净值，但他们看起来并不像是能在法国南部乘着游艇开水晶香槟的样子。

永远计算好开销。不要假装自己能节衣缩食、活得像个修道士。要对自己的花销实事求是。

再强调一遍，沿海城市之所以生活成本高昂，主要是因为工资很高。所以，去高成本城市干一份高薪工作吧。然后，尽可能长久地坚持节俭的生活，同时努力让收入远远高于支出。你的收入高出支出越多，可以拿去投资的钱也越多。如果你搬去一个低成本的城市，那想要扩张收入与支出之间的差距就难多了，因为收入的上升空间更有限。

如果你打算冒险，在没有高薪工作的情况下搬去一个高成本的城市，那就给自己设下三年的时间限制，如果没有找到高薪工作，那就只能离开了。在高成本城市里干低薪工作太久，会大大延长你实现财务自由的时间。因此，你最终都得为自己的行为负责。

为了省钱搬迁

说了这么多，如果你住在别处赚的钱也能和在高成本城市里一样多的话，那就搬到其他城市吧。通常来说，这样做的前提是你已经有了多年的工作经验，并且已获得经理的信任。

你可以通过地理套利朝财务自由大步迈进，即搬到生活成本更低的地方，同时维持高于你所在城市平均薪资的收入。

疫情后期，工作机会变得更加分散。科技和很多企业文化都让我们得以摆脱办公室，让地理套利更为可行。如果你能灵活变通，在别的城市只需2500美元不到的月供就能开开心心地住上一套带有两间卧室的公寓，同时赚着和大城市差不多的薪资，那确实没必要在大城市花费5000多美元的月供住在类似的房子里。你只要确保自己在生活成本更低的城市里也能过得幸福愉快就好。

在大搬迁前，我强烈建议你先去未来可能居住的新城市度假两周，让自己"在买房前先试住一下"。你可能会发现那里的气候、政治、居民、法律或文化和你期待的完全不同。即使你在度假时对一切都心满意足，如果是我的话，我也还是会为了不出纰漏再去确认一次。

我有一个朋友，他在卖掉自己的软件公司后决定从旧金山搬到东海岸一个生活成本相对较低的郊区生活，因为他想住得离岳父母近一点儿。他和他妻子都是白人，但他们收养的孩子是黑人。短短8个月以后，我的朋友又搬

表8-3　高成本大都市里年收入40万美元的四口之家

总收入	全年 $ 300000	每月 $ 25000
401（k）存款（双职工家庭）	$41,000	$3417
扣除 401（k）存款后的应税收入	$359,000	$29,917
扣除 25900 美元标准扣税额和 401（k）存款后的应税收入	$333,100	$27,758
税单（有效税率 30%，包括州所得税和联邦社会保险税）	$99,930	$8328
净收入 + 4000 美元儿童税务优惠 + 非现金标准扣税额	**$263,070**	**$21,923**
支出	全年	每月
日托班（早上 7:00- 下午 6:00，双职工家庭）	$26,400	$2200
学前班（早上 8:15- 下午 5:00）	$30,000	$2500
四人伙食费（平均一天 65 美元，包括定期外卖）	$24,000	$2000
529 计划（两孩基础教育阶段和大学的教育储蓄）	$18,000	$1500
按揭贷款（首付 20%，贷款 160 万美元，利率 3%）	$80,952	$6746
房产税（4 卧室 2 浴室住宅，总价 200 万美元，税率 1.24%）	$24,804	$2067
财产保险（Policygenius 公司提供）	$1560	$130
房屋维护	$3600	$300
公用事业（电、水、垃圾）	$4200	$350
人寿保险（200 万美元定期寿险，涵盖所有责任 +）	$1440	$120
伞覆式保单（保额 200 万美元）	$600	$50
医疗保健（雇主补贴总费用的 70%）	$9000	$750
婴幼儿用品（尿布、玩具、婴儿床、婴儿车、婴儿围栏等）	$1800	$150
每年三周度假（两次市内游、一次公路旅游）	$8400	$700
娱乐（网飞、迪士尼 +、博物馆、动物园、周末游）	$3600	$300
汽车分期付款（本田 Passport、不是奔驰 G550）	$4200	$350
汽车保险和维修	$2400	$200
汽油（常规）	$4200	$350
手机（家庭计划，每周 20GB 流量）	$1800	$150
四人服装（香蕉共和国、不是普拉达）	$2400	$200
个人护理用品	$1440	$120
慈善事业（儿童抚养院、眼球震颤视力研究、联合国儿童基金会）	$3000	$250
无学生贷款	$0	$0
总支出	**$257,796**	**$21,483**
扣除开支后所剩现金流，用来支付杂费	$5274	$440

相关城市：旧金山、纽约、波士顿、洛杉矶、圣地亚哥、西雅图、华盛顿、迈阿密、丹佛、檀香山、温哥华、多伦多、香港、东京、伦敦、巴黎、悉尼

来源：FinancialSamurai.com

回了旧金山。他说自己的孩子经常被他人嘲笑，而且那里的文化实在与他们之前习惯的旧金山文化差别太大，所以最终决定回"家"。卖了旧房，买了新房，又卖了新房，再买一套房，还要让四个孩子不停地换学校，真的太折磨了。

朋友们，永远要在买房前先试住一阵子。

说到底，美国有无数的好地方可以居住，但最后，最好的地方也许就只是家人和朋友最多的地方。

购买永久住所还是临时住所？

一旦你决定了要在哪里买房，就要弄清要买什么样的房子。购买永久住所不可能是适用于大部分人的最佳选项。只想给你们一个提醒：购买永久住所，然后要明白它大概率是……临时的。

解释一下原因：就像买标准普尔500指数一样，房地产的理想持有期是永远。你持有投资的时间越长，它们的复利期就越久。

积累财富的一个绝佳途径就是购买一套不错的住宅，在那里居住几年，然后把它租出去。按照正常的寿命，我们可以重复这个过程3~5次，以积累财富和被动收入。所以，即便你可能不会永远住在某套房子里，也可以带着永久拥有它以赚取被动收入的理想目的买下它。

五年或是更多年之后，你会很喜欢自己的房子，也很可能已经积累了一定的房屋净值，增加了很多净资产。既然你能这么喜欢自己的房子，那未来可能也会有很多租客很喜欢它。在把自己的房子租出去换取被动租金收入之前，你就已经好好体验过它了。

另一个买房并永远（或是尽可能接近永远）拥有它的理由是卖房会造

成经济损失。卖房要付佣金和各种税费，随随便便就要花掉房屋价值的4%~8%。如果你是在房价较低时买入，在房价高涨时卖出，那你可能会赚钱，但这不好说。假设市场保持稳定，买入一套房，然后几年后就卖掉，这段时间通常来不及让本金有所升值。

所以买房要抱着会长期居住的想法，然后接受你最后大概率会搬走的现实，因为生活中只有变化是永恒不变的。当你认为自己的生活正步入正轨时，有些变化就已在悄悄酝酿。

未曾料到的永久住所

2005年，也就是28岁时，我想我已经找到了自己的永久住所。我当时根本没料到自己未来十年的生命轨迹的变化会如此之大。那个房子有四间卧室、两间浴室，共2070平方英尺。为了买它我掏光了所有积蓄。我当时刚刚升到副总裁，想着收入会继续上涨，但我违反了自己的30/30/3法则（那时还没诞生）。而且我告诉你，在金融危机期间，拥有那套房让我非常焦虑。如果丢了工作，我估计就只能蒙受着巨大的损失把房卖了。

我当时想着，未来十年可能会有一个宝宝，成长为一个家庭，但这个宝宝迟迟未来。所以2014年我们在旧金山一个僻静的地方又买了一套小点儿的房子，然后遵循"买房要实惠，租房要奢侈"的原则，把大套的房子租了出去。新房的价格比我以30/30/3购房法则为基础的预算还低60%左右。它地处价格较低的社区，拥有三间卧室，两间浴室，还有一间面朝大海的办公室。它的总面积为1720平方英尺，搬进去后，我们发现这个面积更适合居住。啊，不用因为房子太多而经济拮据的感觉真是太棒了！这会是我们夫妻新的永久住所。当时我的妻子正在计划离职，并最终于2015年走人。

我想我们注定要因为生理原因而没有孩子。我们当然也试过了。但幸好当时没有孩子，因为我俩都没有正职了。但三年之后，我们的儿子最终还是诞生了。好极了！但是……哎哟。回想当年，我们应该待在大套的老房子里的，它能解决我们的燃眉之急。但它现在有租客了，而且我也不想再管理它了。所以最后，我把那套大房子卖了，把所得收益重新用于被动投资，让一切从简。

我们尽享着自己的温暖小家，直到两年半后，也就是2019年12月，我们的女儿出生了。然后，在2020年4月，也就是封城后的第一个月，我们决定再买一套永久住所，因为想要更大的居住空间。我们瞄准一个机会，将它收入囊中。孩子们在新房子里住到成年应该没问题，但根据过往经验，我还是有些怀疑。

在最佳时间拥有你能买得起的最好的房子

谈了这么多有关购买永久住所的建议和购房时的自律法则，你应该很想知道什么时候才是买入一套好房子的最佳时机吧。

答案很简单。如果你有孩子或是计划生孩子，那拥有梦想之家的最佳时间就是孩子与你一起生活的时候。这样一来，你的房子就会充满更多欢声笑语，花销也会分散开来。

一旦孩子长大成人，除非你打算永远和他们住一起，否则你基本不会再去升级更大的房子了。相反，你可能想要缩小房子的面积。你当然可以花更多的钱在海边买套更好的房子，或是买一个配套设施完善的公寓，但你很可能不会再买更大的房子了，毕竟房子里的人变少了。太大的房子会让人感到孤单，也很浪费。所以，如果你想要实现自己的顶级预算，那大约还有20年的时间可以努力。

除了无法预料的生活变化，不断增长的财富也会让我们的欲望不断改变，所以，永久住所其实很少能够真的住一辈子。我保证，十年后大多数人都会比今天富有很多。毕竟，我们是财务武士！

如果你现在有一套用按揭贷款买来的房子，那在通货膨胀、相对固定的支出和越来越高的净资产的强大联合作用下，它的拥有成本最终会变得微不足道。所以即使你现在认为它会是你的永久住所，但大约十年之后，你的想法可能又会改变了。这都是没关系的，因为如果我们无法始终利用金钱让自己尽可能多地享受最好的生活，那工作、储蓄和投资就统统没有任何意义了。

购买永久住所的最佳方法

有些购房者利用购买永久住所的借口，选择价格超过自己能力范围的房子。他们告诉自己也告诉别人，因为他们打算在那套房子里住好几十年，勒紧裤腰带多花点儿钱也没关系。这就好比有人想买一部更奢华的车，然后用想要开着它行驶20万+英里的理由麻痹自己。但现实是，他们口中的情况很少发生。数据显示，当今房产的平均保有期是10年左右。你看看自己的历史住房记录就知道在一个地方一住一辈子现不现实了。

购买永久住所的最佳方法是买你能力范围内最好的房子，其价格最高可为你家庭年收入的5倍，但前提是你得完全遵循我30/30/3购房法则的剩余两条。不要有任何疑问：购买一套价格相当于你家庭年收入5倍的房子就非常激进了。记住，我的30/30/3法则虽然建议房屋的购买价格不要超过收入的3倍，但只要利率持续偏低，把这个上限提至5倍，你的支付能力也与利率高上1~2倍时差不多。

你在购买自己永久住所之后，就算住不了十几年，也至少要住上5年。

5~10年的时间足够你：

- 好好享受自己的家，充分利用初始首付。最开始两年你的心情会很激动，你会很爱自己的家和社区。一旦定居下来，你就可以充分享受社区环境，爱在那里玩多久就玩多久。
- 积累大量的追加资本。或许你在付完相当于年收入5倍的房款后，财务缓冲资金已所剩无几。你会想要重建现金储备，赢回一些财务上的平和心态。在你拥有房产的期间，努力让你主要住所在总体净资产中的占比不超过30%。十年之后，但愿你已经有了足够庞大的缓冲资金，让你能够在想要的时候再买一套新的永久住所。

在拥有房产十年以后，你会很明确地知道当前的这套房子是不是真的能住一辈子。如果是，那恭喜你！再去找一套新房子然后搬迁真的很痛苦。但如果你在这段时间里创造了足够的财富，又真的想换一套，那就换吧，然后继续过最好的生活。

在黄金地段还是初显发展潜力的地段买房？

即使你已经找到了购买永久住所的最佳城市，也还可以通过很多关键举措来使你的财富潜力最大化。其中一个聪明的策略是探索当下没什么人喜爱、没什么名气但未来大有发展前景的社区。如果你想更快实现财务自由，就得抑制你在自负心驱使下想要买黄金地段豪华独立屋或公寓的冲动。

2014年，我从旧金山北端的独户住宅里搬出，把那套房子租了出去，然后又在其西边仅3英里的地方买了一套独户住宅，这一系列操作让我们每月省下了大约50%的住房支出，也就是4200美元左右。现在我们仍能呼吸着同一片的新鲜空气,真不错!

2014年以来,我们不仅少了50%的住房支出,还同时多了50%的被动收入,这真的大大增加了我们家的经济保障。我们现在的月住房支出直线下跌,还花不到月总收入的10%。

如果你想要实现财务自由,我建议你的住房支出不要超过月总收入的20%。理想情况下,你需要通过增加收入来达到这个目标。

表8-4 住房支出指南,助你实现财务自由

住房支出占总收入的百分比	评价
50%+	你永远无法自由,永远都在殊死竞争的痛苦里无法逃离。
40%	你牺牲的还不够多,即使你明知应该牺牲更多。
30%	不错,但你和普通民众一样正在原地踏步。
20%	非常好!你终于感受到自己的财务动力越来越猛。
<10%	恭喜!你必然会实现财务自由!

拉大收入和支出的差距是实现财务自由的基础。住房永远是最大的支出之一。因此,如果你可以避免住房和其他支出和你的收入一样同步上涨,同时勤奋储蓄和投资扣除支出后剩下来的钱,你就能加快自己实现财务自由的步伐。

请腾出点儿时间看看你所在城市的其他社区,不要只执迷于那些最受欢迎、聚集了所有酷小孩的社区。

搬进人口密度较低的旧金山西区后,我们再度兴奋了起来。那里有新建的公园和博物馆可以游玩,有新开的餐馆可以探索,还有各种各样新奇的人可以认识。

最后,如果你们公司会对那些搬离本市的人降薪,那搬到市内便宜点儿

的地段不仅能给你省钱，还能让你免于降薪。

尽量在最好的地段买房是人们最常引用的购房法则，但问题是，黄金地段都巨贵无比。如果你买不起黄金地段的房子，可以去你认为未来会有很大市场需求、但目前还"尚未开发"或只是"初露头角"的地段找房。关键是其预计开发周期不得超过10年。你应该不想苦苦等待20年，才熬到自己的社区有所发展吧。等到那时，你的人生可能又会完全不一样了。

新开的餐馆、超市和便利店都预示着某个社区未来可能会蓬勃发展。比如，你所在的社区开了一家沃尔格林（药店），就说明那里肯定有需求。你可以拍着胸脯保证，沃尔格林的高管在砸百万修建或翻新一家店面前必然做过了可行性研究。

新公司在某社区或其附近区域建造办公楼也是该社区崭露发展潜质的重

了解疯狂地带

每个城市都有一个定价诱人的区域，那里的需求量最为旺盛。我把这样的区域称为疯狂地带，因为那里的价格区间是绝大多数人都负担得起的。你很难买到疯狂地带的房产，但如果买到了，你就有很大概率能随着城市的整体繁荣而发家致富。同时，你在经济低迷期也基本不会亏损太严重。

疯狂地带的房价区间差不多就是你所在城市中值房价上下20%的范围。比如，如果中值房价为50万美元，那疯狂地带的房价就是40万~60万美元。如果中值房价为180万美元，那么疯狂地带的房价就是144万~216万美元，以此类推。随着时间流逝，疯狂地带的房价涨幅至少应与通货膨胀率相当。

如果经济允许，你可以考虑的一个策略就是购买稍微高于疯狂地带房价、也就是高于中值房价21%~30%的房产。这个价格水平的房产需求量会大大下降，你就有更大概率可以抢占先机，达成交易。

要征兆。比如，当苹果公司决定花50亿美元在加利福尼亚州的库比蒂诺建造一个园区时，那里的房价就开始飞速上涨。你在买房前，一定要调查一下有没有新公司可能会搬进你的理想购买区域。这些公司会带来很大的影响。

再者，拼车、自驾和居家办公的趋势只增不减，市中心也必然会出于必要而做出改变。作为一个寻求收益最大化的房地产投资者，在初显发展潜力的社区买房会获得更高收益。

买有扩建潜力的房产

除了在有发展前景的地段买房，还有一个同样重要但经常被人忽略的法则就是购买有扩建潜力的房产。换言之，即购买有足够土地可供向外扩建的房产，这样就能获得更多的可居住面积。或者，也可以购买能把荒废的空间改造为可居住空间的房产。可居住面积越大，你的房屋就越有价值。

很多人会被房屋的外表诱惑而丧失理智。花里胡哨的美化工程、漂亮的地板和拉丝镍工艺会蒙蔽他们的双眼。但是，只要你改造过房屋，就会知道这一切都是可以替换的。大部分房屋改造工程都收不回改造成本，除非是全屋待整修的房子才可能在改造后获得可观一点儿的投资收益。同时，有些人改造房子只为迎合自己独特的审美，但他们其实应当尽可能多地吸引他人的目光。

赚取最大房地产利润的最佳方式是，在你负担得起的最贵社区购买有扩建潜力的房产。如果你愿意以低于每平方英尺售价的成本扩建和/或翻新房子，就会创造极大的价值。

扩建还是购买已完全建好的房子？

如果你还很年轻，投入"血汗产权"来扩建或改造房子是很值得的一件事。年轻时，你的时薪可能会比较低，而且你要付出更多的耐心和时间才能把房子改造好。在结束了四次房屋改造后，我发誓这辈子都不会再做这件事了。相比起年轻的时候，我现在所拥有的时间已经少了很多，所以也更加珍贵了。

如果你愿意通过扩建房子来增加它的价值，那就重点关注每平方英尺售价与改造成本之间的差价。差价越大，利润越高。去寻找能为你提供扩建案例的未开发土地和更为广阔的社区。

花几小时调查你所在社区房屋每平方英尺的平均售价，要细致到你所在的街区，数据越具体，可比性就越好。一旦你做过了调查，就用实际每平方英尺的售价减去实际每平方英尺的建筑成本，得出的数字就是你的短期利润。

虽然在高成本城市居住很痛苦，但好消息是建筑成本和改造成本一般不会像住房成本那么高。比如，小石头城和洛杉矶的冰箱价格基本是相同的，全国各地的木材和钢铁价格也基本持平。建筑和改造成本中差别最大的是人工费。

谈到房地产的发展，旧金山、华盛顿和纽约这类城市的收益通常会比休斯敦、波特兰或奥兰多这类低成本城市来得高。

扩建也有坏处，比如房产一旦重新估值，就要缴纳更高的房产税。但是，鉴于扩建或改造的成本几乎总是低于买房的成本，相比于购买一个完全改造好的房子，你此时缴纳的房产税会更低。如果你低估了项目的成本，你的现金流也会遭遇一定风险。

当你把扩建策略与你所在城市的地理套利相结合，就会找到那个最佳平衡点，让你不仅能在理想的社区安家，也能最大程度地增加房屋的未来价值。

但要确保一点，那就是不要过度改造。想要拥有性价比最高的改造，先着重扩张可居住空间，然后改造厨房和浴室，接着是门窗，最后有可能的话再改造屋后的木制平台和景观设计。

买独立屋、公寓还是多单元住宅？

和在哪儿买房与何时买房同样重要的是买什么房子，这个决策也会对你的财富产生非常重大的影响。

如果严格从数字计算的角度来说，购买多单元住宅，自住一单元，租掉剩余单元可以最高效有力地积累房地产财富。但是，只有在后勤工作完善的情况下，它才算是一个很好的选择。

选择买什么样的房子时，要考虑两个关键因素：你买得起哪种房子以及你所追求的生活方式——先考虑前者再考虑后者。如果你打算随时出租房屋，那租金收入则是第三个需要优先考虑的选项。

我的30/30/3法则已经说明了你可以承受的房价，而租金收入我会在后续章节为你具体计算，现在先让我们仔细讨论一下生活方式。

想象一下你在独立屋、公寓或多单元住宅的生活

如果你希望未来5~10年都能过上最好的生活，那你可能会想在能力范围内尽可能多地买房，这样就算有了孩子也不怕了。以人均居住面积为基础是决定房屋理想面积的明智方式。我认为理想的人均居住面积是600~800平方英尺左右，也就是说，一家三口的理想房屋面积是1800~2400平方英尺，而一家四口的理想房屋面积是2400~3200平方英尺，以此类推。具体多大面积才能让你过得最为舒服，由你自己决定。当然，每个人的偏好都不一样。

如果你选择住在住房成本高昂的城市，可能就得逼迫自己适应小公寓的生活。是选择独立屋、公寓还是多单元住宅，也要根据不同城市的房价和供给决定。

房屋维修也是生活方式中的重要一环。如果你懒得护理草坪、清扫积雪，那你可能会喜欢公寓胜过独立屋。公寓确实不错，因为业主协会会负责维护所有的公共区域。与此同时，买多单元住宅就意味着所有的维护都至少是两倍量的：租金支票、家用电器、马桶、热水器、电网，等等。

如果你打算终有一日要搬走并把房子租出去，就得从未来房东的视角出发，思考一下你搬离后准备花多少工夫管理这套房子。要深入思考，因为你的答案会随着年月的流逝而改变。如果你现在没有孩子，也没有成堆的重任要操心，你可能不会在意租客管理和房屋维护的问题。但十年后呢？那时你可能已经有了两个孩子、一条狗，要照顾年迈的父母，还想多花点儿时间陪伴自己的配偶。买多单元住宅确实会增加租金收入，但也意味着要花更多的精力维护房子。

相比多单元住宅，独立屋或公寓的维护就轻松多了，这对于像我这样不雇佣物业经理的小房东来说很有吸引力。随着年龄的增长和财富的增加，我们越来越不想和他人打交道，也越来越不愿自己的时间总是塞得满满当当。

然后还有隐私因素。虽然购买多单元住宅是一个理想的财务决策，但如果你打算自住一单元，然后把剩余的租掉，那你要先确保自己愿意主动放弃独立屋的良好私密性。

但是，如果你才刚踏上财务之旅，买多单元住宅会是你的70∶30决策。你只想住在大小适中的房子里，然后让你的资产尽可能多地创造收入。当然，受限于财务状况，你可能也实现不了这个目标。如果你最后买的是独立屋或多卧室公寓，尝试着把没用的房间租出去，以最大程度利用你的房子。

2005年，我在购买独立屋和多单元住宅间最终选择了前者，回想这个财务决策，其实并不十分理想。整整十年的时间里，这个带有四间卧室的房子只有我和我妻子在住，使用率非常之低。如果用同样价格买一套两单元的住宅作为我们的家，每单元配备两间卧室、一间浴室，那就会好很多。我们可以自住一单元，再出租另一单元，赚点儿生活费。然后，如果我们想换一套更大的房子，就能把自住的那单元也租出去，赚取更多的被动收入。

让我来分享一些实际数字，帮你了解为什么拥有多单元住宅性价比最高。

回到2014年，我们的独立屋每月可租6000美元。但是，如果把房子租出去，我们就无家可归了！但如果我们用同样的价格买一个两单元的住宅楼，就能以每月3500美元租掉其中一单元。如果我们最终又买了新房子，这样就能把自住的顶楼单元以大约4000美元的价格租出去。换言之，同样的购买价格，买两单元的住宅楼可以比独立屋多收租1500美元。节省空间、物尽其用的感觉也很好。

从房东的角度看，拥有多套小型出租房产利润最高；从租客的角度看，与多个室友合租大单元房的性价比最高。

你在决定要买独立屋、公寓还是多单元住宅时，请牢记以下几个因素：

- **独立屋**的升值速度比公寓和部分多单元住宅都快。独立屋的很大一部分价值在于土地，所以要寻找有着大片平坦土地、风景优美、靠近好学校和餐馆，同时具备扩建潜力的房子。因为空间更大、邻居较少，独立屋的住户一般会过得更加舒适。缺点是在房屋维护上要更多地亲力亲为，租金收益率也较低。疫情后期，独立屋的需求量达到历史最高，每个人都想离别人远一点儿。

- **公寓**的价格通常会比较便宜，但租金收益率却更高。买不起独立屋或不想花太多时间维护房子的人应该考虑双卧室公寓。单房公寓或单卧室公寓升值速度很慢，因为它们的灵活性较低，类似的供给又太多。公寓的缺点是它的物业费和物业规章制度可能会限制出租自由、减少租金收益。你可以在你的公寓里称王称后，但不能在公共区域如此。在经济低迷期，公寓会遭受更猛烈的打击，因为大量的供给涌入市场，但它们之间却鲜有差别，没有别具一格的特点，无法吸引买家的目光。

- **多单元住宅**拥有最高的租金收益率和高度的租客灵活度（个人、夫妻、家庭、多代同堂均可租）。主要缺点是潜在的换手率更高，而且房东需要更多地参与主动管理，还要核查房租管制法。在旧金山，多单元住宅要接受房租管制，但独立屋和公寓通常不用。多单元住宅适合那些有更多精力和时间的人。

所以重点是什么？攀爬房产阶梯需要时间。关键是，一旦你发现自己在一个地方住了5年甚至更久，就要马上购买主要住所，至少让自己成为一名中性的房产拥有者。一旦你爬上了房产阶梯，随着时间流逝，你就有更大概率拥有更多房产，进而改善生活条件。

财务武士之路

·搬到你能获得最佳工作邀请或拥有最佳工作机会的地方，去获得最高的收入。如果你主要是为了省钱就搬到成本较低的城市，那并不是一个理想举措。相对于努力省钱，你更应该想方设法尽可能多地赚钱。

·带着永远拥有一套房产的念想去买房。理想状况下，给自己买套房，在里面住5~10年，然后把它租出去再买一套。职业生涯的最后，你可以很轻松地拥有3~5个单元房作为你的出租房产投资组合，为你创造被动收入。努力把你的住房支出控制在每月总收入的20%以内，以拉开收入和支出的差距。

·由于居家办公的数量激增，投资初显发展潜力或是远离市中心的社区会越来越有吸引力。

·如果你想提高居住空间的利用效率并赚取更高的收入，请买多单元住宅；如果你想拥有更加舒适的居住体验和可能更快的房价增值速度，请买独立屋。理想状况下，要找到有扩建潜力的独立屋。公寓的价格较低，想要拥有房产，购买公寓是最快捷的手段。但是，在经济低迷期，公寓也贬值得最厉害。

·如果你在成本更高的城市工作并实现财务自由，那只要你想，就能很容易地搬到其他多数城市生活。

第9章

做多房地产

一旦你通过拥有自己的主要住所而成为中性的房地产拥有者，就可以思考投资出租房产和/或在线房地产，进而晋级为房地产多头。

毕竟，如果只拥有自住房产，你很难将其转换为现金收益，除非套现再融资或是出租闲置房间，但实际上还有更好的方法可以让你的房地产收益最大化。

房地产是我积累财富过程中最爱的资产类别，它是有形资产，可以让你处于攻守兼备的位置。

"守"是因为房地产在经济低迷期往往表现卓越。人们那时只求满足最基本的衣食住行，而拥有一只收益惨淡、毫无作用的公司股票在熊市中变得很是次要。随着股票纷纷抛售，债券价格开始上涨，利率开始下跌，借贷成本也就随之下降，结果就是更多资金涌向房地产。

2008~2009年金融危机期间，虽然我在旧金山的出租房产可能贬值了有15%左右，但由于租客没有搬走，我的租金收入保持稳定。在这18个月的经济低迷期，我的租客一直支付着与过往相同的租金。今天，我的出租房产简直就是摇钱树，它们的价值涨了好几倍。

"攻"体现在房地产会受益于强健经济带来的租金和房产价值上涨。如果你拥有房产，那你不仅不用害怕通货膨胀，还会十分欢迎它。多亏了按揭贷款，房地产投资者所投现金的现金回报率非常可观。

最后，在恐惧和贪婪同时盛行的时期，房地产也是非常吸引人的资产类别。疫情时期完美地证明了房地产的魅力。2020年3月股市崩盘的时候，房价仍然保持稳定。对于合理负债的房地产投资者来说，这段时间反而能在家多待一阵子，没什么好惊慌的。随着前景好转，房地产的需求量又开始直线上升。

当然，股票是100%的被动投资，其历史年回报率可达10%左右。但它们的维护成本如此之低，也会造成一定坏处，那就是你无法掌控。你只能对管理人员的决策和外界的随机变故听之任之，无力反抗，但在房地产的世界里，你就是老大。

如果购买得当，房地产就会让你成为人们常常寻找却鲜少发现的独角兽投资者，拥有无敌的"赢了我拿钱，输了你赔钱"技能。再加上政府的减税或税收激励政策，不长期投资房地产未免有些不太明智了。房地产积累财富的途径是其他任何资产都无法效仿的，当然，其中的大部分都与风险并行。

当人们认为某种资产类别风险较低时，其收益往往也不高。举个简单的例子：股票对比债券。债券的安全性更高，但收益也更低。然而，神奇的是，即使人们认为房地产的风险低于股票，投资者有时还是会通过它赚更多的钱。

为什么呢？因为自信。房地产投资者自信房产价值不会像股票那样一夜之间灰飞烟灭，所以他们更愿意举债购买这种美元价值更高的资产。随着时间的流逝，房地产的绝对收益最终可能会比投资股票或其他任何风险资产都高出很多。

房地产如何比股票更能让普通人赚钱

回想一下你最新购买的股票、ETF或指数基金，然后把该购买金额与美国的房价中值（2022年为40万美元左右）或你家房子（如果有的话）的购买价格相比较。这两者的购买金额可谓天差地别。

根据《美国消费者财务调查报告》（Survey of Consumer Finances），2019年所有家庭的持股量中值为3万美元（同期的房价中值为32.7万美元左右）。同时，电子财富顾问个人资本（Personal Capital）的数据显示，2021年其客户退休账户的余额中值为12.3万美元。

也就是说，由于持股量中值较低，一般的美国家庭只有通过极高的股票收益率，才能等额获取房地产创造的绝对美元价值收益。比如，如果2022年房价中值上涨了10%，就相当于涨了4万美元左右。以2019年所有家庭的持股量中值为基数，要涨100%才能升值4万美元，而以个人资本客户退休账户的余额中值为基数，则要涨32%才行。这种情况虽然会发生，但可能性极低。

一般人更愿意多花大价钱买私人房产而不是个人股或指数基金。为什么？因为房地产是一种更保值的有形资产。你的房屋价值不会像某些股票那样，因为没达到几个点的预测盈利百分比就一日之内暴跌25%。

房产不仅能提供居所，还能创造节税收入、不断升值。所以，虽然房地产的平均收益低于股票，但其绝对美元收益却高出很多。

如果你没有足够的信心去投资一个风险资产，那你要么放弃投资，要么投资额少到几乎不起任何作用。我见过很多读者，守着自己的现金多年也不愿拿去投资，原因就是缺乏自信。当然，也有一些投资者全心扑在他们最爱的多倍增长股上，但对于没有信托基金，同时又要肩负养家重任的普通美国人来说，购买具有一定用途的房产能让他们更简单、更安全地积累财富。

　　只要你有能力在30/30/3法则的规定范围内买房，即使它在不断贬值，你也不用始终为其烦扰。相反，你会非常享受房屋提供的实用性，并在此留下美好的回忆。或者，你也可以把房子租给喜欢它的人，来赚取你的日常开支，帮助你安然度过房地产市场的低迷期。房子的实用性大大减轻了人们对潜在投资损失的忧虑。要是换作股票，不管拥有它时有多少快乐，都无法弥补损失带来的痛苦。股票没有任何实用性。

　　房地产的风险低于股票，但普通人从中赚到的钱却远高于股票，这实在令人啼笑皆非。这种反常现象一部分要归功于政府的支持，就像我在第4章所讲的那样，但一部分也要归功于我们自己敢于为了可能的财务荣耀而承担更大的预期风险。

　　综合来看，你的70∶30举措就是以我在第5章提到的净资产配置框架为基础，同时投资房地产和股票。两者各有千秋、并不互斥。

房地产投资为历史边缘群体带来强大力量

　　有一天我突然意识到，我的租户都是白人。老实说，在2020~2022年媒体开始大量播报种族歧视新闻以及反亚裔仇恨犯罪活动高发之前，我从未思考过自己租户的种族构成。

　　作为生活在旧金山的亚裔美国人，我在很大程度上远离了种族歧视的威胁，因为这里是一个"少数族裔占大多数"的城市。但当媒体开始报道越来越多的社会糟粕时，我就越发意识到自己的社会地位，也越来越感叹，房地产真是一份保险单。

或许你是一名残疾人，很难在自己感兴趣的领域得到一份工作？或许你们公司的管理层没有一个人与你性别相同？又或许你仅仅是缺乏足够的人脉关系帮你友好引荐？对于这些没有优势的人来说，房地产是他们增加收入、积累财富特别有力的一个途径。

房地产也能在你面对歧视时提供巨大的安全感，让你由内而外地散发自信。无须细究结构性问题，我想光是通过数字计算就能证明，如果你是边缘群体的一员，就有更大概率会比主流群体少获得很多机会。

比如，假定你的种族占本国人口的6%，而你政治竞选对手的种族占人口的61%。即使你100%赢得了那6%人口的拥护，也会输给那个只在61%人口中获得10%拥护率的竞争对手（6.1%>6%）。

在这个胜者为王、败者为寇的社会里，一旦你意识到局势对自己不利，就会很容易放弃。但是，真正的财务武士永不言弃，他们会想方设法地适应。

我认为人性是一切不平等现象的终极根源。我们倾向于关爱自己身边的人事物胜过一切，尤其是对我们的孩子。机会和权利向来分布不均。所以，房地产是一个有力的防备手段。

我总共拥有三套出租房产作为被动收入退休投资组合的一部分。作为房东，我的目标是尽可能找到最好的租客。在筛选的过程中，我主要看中租客的经济条件、工作年限、之前的租住时长、介绍人还有性格。

我的每个租客月总收入都在2.7万～5万美元，且都在大型科技公司、医疗领域或初创公司里拥有稳定职业。他们可能也都是财务武士的模范读者，遵循着我的住房支出指南，每月花在租房上的费用不超过家庭收入的20%。说到这里，泼个冷水：我几乎没什么机会能从事我的租客们的那些职业。我深知这点，因为我已经试过了。

2012年年初，我在离开金融业前给爱彼迎、谷歌、Facebook和苹果等科技公司投了几十份简历，要么音讯全无，要么尽数遭到拒绝。年复一年，我不断遭到拒绝。2013年，我与一众教授开了无数次会议，最后他们还是拒绝了我的新闻奖学金申请。

2015年，我往几个初创企业孵化基地提交了创业申请，其中一个直接拒绝了我，另一个要求我推销了1小时自己的想法，最后还是拒绝了我。但我曾经看过几家不同的公司都利用我的方案大获成功。

该死。我本可以让所有人都发家致富，包括我自己！没事，我还能坚持，但你懂得。不断的失败是我坚持储蓄50%+被动收入和在线收入的原因之一，也是我搭建出租房产投资组合的关键原因。如果你没有不断失败，就不会坚持尝试。

说白了，我怀疑这么多地方拒绝我的一个原因是我属于少数群体。而我缺乏经验，或是经验太丰富则是主要原因。又或者我只是没有表现出一个典型求职人该有的真正热情。谁能肯定到底是为什么呢？但我至少可以肯定一点，那就是没有爱心人士为我牵线搭桥。而且老实说，能成功获得这些奖学金、进入这些孵化基地、谋得这些工作的人都天赋异禀，他们的简历绚丽非凡，而我客观来说确实资质一般。我唯一过人之处就是特别能吃苦耐劳。

正确分析房地产投资机会并不需要你拥有过人的天赋。如果你因为一些特质而无法获得工作机会或是为自己的公司融资，那房地产可以为你保驾护航。这类特质包括社交能力差、性格无趣、缺乏号召力或自信。

如果你因为残疾而被就业市场排挤，房地产也尤其能够让你受益。全世界大约有15%的人口有某种残疾。我们中的大多数人都能通过努力提升自身的专业技能或自信心，但想要克服无法控制的个体素质就难上加难了。帮助残疾人建立公平的竞争环境是我们应该做的事情。我希望更多的公司能够继续投资无障碍倡议，给残疾人一个公平竞争的机会。

边缘群体面对的另一大真实挑战是，在这个社会，很多成功都是靠人脉关系拼来的。我的租客都是在顶尖的公司工作。一旦你在Facebook这种地方待过，就能轻松跳槽到谷歌和苹果这类公司。然后，你的兄弟姐妹和朋友亲戚想要进入这些公司也就容易多了，毕竟有人引荐，更容易被录取。虽然裙带关系为人诟病，这种现象还是屡见不鲜。

大多数人压根连这些企业的门都摸不到。你可以查看一下Facebook（现在更名为Meta）雇员的种族占比，这家公司的薪资水平全国领先。应届毕业生的薪酬待遇在18万美元左右，工作七八年可升至E6级工程师，年薪能超60万美元。

如果你是一个想要加入Facebook的黑人或是西班牙裔，可以看看你们种族在这家公司所占的比例，然后你压根不会浪费时间申请了。感觉几乎没有人为你撑腰。这比例足以让这些不受重视的少数族裔丧失尝试的希望。

表9-1 Facebook雇员种族占比

	白人	亚裔	西班牙裔	黑人	混血	其他种族
2014	57%	34%	4%	2%	3%	0
2015	55%	36%	4%	2%	3%	0
2016	52%	38%	4%	2%	3%	1%
2017	49%	40%	5%	3%	3%	1%
2018	46.6%	41.4%	4.9%	3.5%	3%	0.6%
2019	44.2%	43%	5.2%	3.8%	3.1%	0.7%
2020	41%	44.4%	6.3%	3.9%	4%	0.4%

过多代表也很要命。作为一个亚裔，你看了Facebook里你们种族的比例，可能认为自己有十足的把握可以拿下这份工作。但是，这些数据也可能让你望而却步。Facebook和其他大型科技公司中亚裔所占比例过高，会给人一种竞争太过激烈、轮不到自己的感觉。作为被过多代表的少数族裔中的一员，你可能感觉自己在其中地位低下，不在Facebook优先考虑的范围内。所以，一开始何必要费尽心思申请呢？

如果机会的大门不向你敞开，或是你感觉如此，那你可以反其道而行之，自己创造机会。当经济的繁荣无法均等地惠及每一位社会成员时，房地产就是你致富的途径。

即便没有一份好的工作，在拥有房产之后，你也能通过不断上涨的租金和房产价值，从飞速发展的经济中分一杯羹；即使你无法加入一家前景辉煌、计划上市的公司，你的房产也会从地方经济的新流动性中受益匪浅。作为房地产投资者，你就是当年淘金热中售卖铁镐和铁锹的人。

重点是要继续尝试预测未来世界的模样，因为在你之后，你孩子的机会可能也会遭受打击。我所经历的连环机会流失也可能在我孩子身上重演。所以，有了房地产投资组合，我就能慰藉自己，不管我的孩子在未来生活和职业生涯中会遭遇多少拒绝，他们也不会饿死。最坏的情况，他们也能做物业经理谋生。

自行繁荣，无须许可

房地产投资是一项无须任何人许可的生意。就好比你会看到大量餐馆、美甲店、自助洗衣店和零售店都是由边缘群体掌控的，这是因为背后有家族力量的保障。做这些生意不需要任何门槛，顶多马马虎虎懂点儿英语就行了。如果你有资金和毅力，也能做小本生意。

在发展生意的同时，你可以安排孩子做点儿工作，比如洗碗、上菜、清扫、刷墙等。孩子有了劳动收入以后，你就能给他们开立罗斯IRA账户了。谁知道呢？有了强烈的职业道德和稳固的投资收益，你的孩子没准年纪轻轻就能成为百万富翁。万一孩子自己的路走不顺，还能随时回来接管家族事业。

我很喜欢经营财务武士，因为没人会来告诉我要做什么。我可以随心所欲，想写什么、想什么时候写，都由我说了算。

个人理财领域相当同质化。虽然我的外表与多数人格格不入，虽然我没有与同族人生活在一起，但我从很久以前就意识到，像谷歌这类的搜索算法是很客观的。他们想要的不过就是为用户呈现最完美的内容。所以，即使不属于多数群体，我也能通过内容质量与他们有效竞争。今天，财务武士每月接收的自然访客仍能达到100万左右人次，他们没人在乎我长什么样，只在乎我能不能帮助他们解决财务问题。

当现行体制于你不利，千万不要认为自己的未来掌握在别人手中，这很重要。我们都希望能有机会在一个不太被非法操纵的体制中竞争。如果你觉得现行体制不公，就要另辟蹊径战胜它。

不要指望这个社会会对你伸出援手，不要等着政府来解救你。专注于自己能控制的事情。如果你能有这样的心态，我保证你一定会比普通人更富有。

我们都渴望获得安全感。通过拥有房产和/或小本生意，你就能为自己和孩子争取到一份安全感。

> **你有了一套房，你有了一套房，你又有了一套房！**
>
> 要考虑一个目标——为每个家庭成员都谋得一套房。这样一来，你所有的家庭成员都不必担心住不起房了。如果你在孩子出生时买了一套房，那到他成年时你可能就已还清所有债务了。为了特定的目的储蓄投资，能够带来强大的动力。
>
> 如果你希望未来能够多参与一点儿成年子女的生活，可以把这个目标再推进一步，在自家周围多买几套房。在一个不断发展的城市里提供实惠的住房是一个绝佳的诱惑。但是，你终有一日要让孩子选择自己的冒险之旅。就算他们不要你的房子，你至少还能通过这些资产获得租金收入。

投资实体房地产还是在线房地产？

不管你来自什么背景，也不管你投资房地产的原因是什么，所有的选项现在都在这里了。

我在第3章提过，实体房地产和在线房地产（私募eREITs、公募REITs、房地产ETFs和房地产众筹）是我最爱的被动收入投资。你可以跳回那一章快速回顾一下原因。

好处就是你不必在这两者间做出抉择。只要资金充足，你可以同时投资它们，而且可以根据意愿自行调整在两者上的资产配置。

比如，随着财富不断增加，你在时间和精力都充裕的条件下会考虑拥有实体房产，并根据实际情况尽可能久地保有它们。如果你把房子卖了，未来也不想再管理出租房产了，就可以把刚获得的流动现金再投资于在线房地产。2017年卖掉旧金山的出租房产后，我就是这么做的。

我把卖房所得的55万美元收益用于再投资，买了一个包含了18套房产的房地产众筹基金、一个叫作VNQ的房地产ETF和几只公募REITs。房地产众筹基金里的大多数房产收益良好，但也有几个血本无归，这就彰显了分散投资的重要性。同时，VNQ始终收益稳定，股息率维持在2%+。2017年后，我的再投资收益不仅带来了100%的被动收入，其表现还优于旧金山的房地产市场。既能参与房地产投资，又无须担心冰箱损坏、房租拖欠、窗户漏雨或租客频繁更替的问题，真是太好了。

不过，这两种投资选项都各有利弊，现在让我们来仔细比较一下它们的差别。

投资实体房产胜过在线房产的理由

实体房产可升值、可带来租金收入，还有减税优惠，它应该占据你投资组合的核心位置。但是，我想强调，出租房产之所以能胜过在线房产，成为最佳投资选项，是因为一个无形却很关键的因素——家族保障。

所有父母都会担心自己孩子的未来。大学教育的投资回报率持续下降。全球化的环境下，一切事物的竞争都异常激烈。像全球疫情这样的黑天鹅事件使得成年子女无法开启职场之旅。

继承派息投资组合毫无乐趣可言。但是，如果有了出租房产，成年子女就能推销房产、筛选租客、做背景调查、确立租约、协调迁入搬出事项、确保所有保单到位、收租、维护或改善房产。在市场价下找到优秀的租客能带来巨大的满足感。而且，就算你的成年子女找到了自己心爱的职业，如果你从小教育他们房地产投资的好处，他们长大后也会更爱惜这些房产。毕竟，你走后他们很有可能会继承这些房产。

我儿子3岁时，我们决定在家附近的一套出租房产前种两棵玉兰树。我跟他解释说，想要让这两棵树成功长出根来，头两年里每周都要浇水。他点了点头。后来，他给那两棵树一个取名叫赫比（Herbie），另一个叫哈吉（Huggie）。此后的每一周，我们都会走到那套出租房产前给赫比和哈吉浇水。慢慢地，他会了解与房地产投资有关的所有知识。我希望，就像这两棵树会与他一起茁壮成长一样，他也会愿意为了自己的人生，不断积累出租房产管理的相关知识。

对于不是父母的人来说，出租房产能为你提供必要的被动收入，让你过上想要的生活。出租房产的收益普遍高于在线房产和其他大多数的资产类别。并且，考虑到我们购入出租房产的美元价格普遍较高，其绝对收入和升值量也可能会高出很多。

投资在线房产的理由

房地产众筹又称为房地产联合交易，它无须我亲身参与出租房产的管理工作，所以一跃成为我最爱的房地产分散投资方式。你的投资100%是被动的，你可以一边投资房地产市场，一边自由自在地生活。你也可以不受地域限制，灵活投资全国各地的房产，尤其是美国的中心或南部区域，那里的房产估值较低，但净租金收益率却更高。

如果你恰巧在高成本的沿海城市拥有了房产，那你可以根据"买房要实惠，租房要奢侈"的原则，通过房地产众筹更加精准地投资全国不同地区的房产。而且，你还能投资不同的房地产资产类别，如办公楼、工业地产、酒店和多户住宅。

比如，疫情来袭时，办公楼和酒店等商业地产会遭受重创。但是，贮存设施和多户住宅却大受欢迎。你可以有策略地在CrowdStreet这样的平台上投资这些房地产资产类别。

就像我在第3章提到的，投资在线房产无须按揭贷款，也不用为了买一套房拼尽全力。比如，你最低只需10美元就能在管理着几十亿资产的Fundrise平台上在线投资。也就是说，通过在线房地产投资，你可以先迈出一小步，然后步步攀升，就像股票投资一样。

你的70∶30举措应是在20~40岁建立起实体出租房产投资组合。在积累首付款的同时，你也应该投资在线房产，以紧跟房地产市场的动态。一旦你进入40岁的年龄段，就要把更多资金用于在线房产的被动投资。你随时都能雇一名物业经理来管理你的实体出租房产投资组合。

理想状况下，你会发现自己最多能管理多少套出租房产才不至于手忙脚乱。一旦你达到那个极限，就把剩下所有专门用于房地产的资金和现金流拿去投资在线房产。

买这个：美国中心地区的房地产

如果你想变得富有，就要关注市场趋势。如果你能正确掌握趋势，剩下的就都不用担心了。在我看来，下一个赚钱的趋势是通过房地产众筹或私人房地产联合交易投资美国的中心地区（作为参考，中心地区包括亚拉巴马州、阿肯色州、伊利诺伊州、印第安纳州、艾奥瓦州、堪萨斯州、肯塔基州、路易斯安那州、密歇根州、明尼苏达州、密西西比州、密苏里州、内布拉斯加州、北达科他州、俄亥俄州、俄克拉何马州、南达科他州、田纳西州和威斯康星州）。

即使无法购买中心地区的实体房产，你也仍可以通过房地产联合交易找到机会。从2022年开始，税收、政治和灵活办公等力量都会大大提升未来十年美国中心地区房地产的价值。引领此趋势的动态有：

1. 由于红州房价较低，可能会有一部分净移民离开蓝州，迁入红州（译者注：红州与蓝州是指美国近年来选举得票数分布的倾向，表示的是共和党和民主党在各州的势力。红色代表美国共和党，蓝色代表美国民主党。西部沿海、东北部沿海州份的选民倾向支持美国民主党，故有蓝州之说。这些州经济发达、人口众多且结构多元化。而南部沿海和中部则倾向于投给美国共和党，故有红州之说）。

2. 随着美国的不断发展，越来越多的退休人员会为了节省退休开支搬离蓝州。

3. 在科技和灵活居家办公选项的作用下，远程办公的趋势只增不减。

4. 人口迁移会带动红州的收入大幅增长。

5. 州和地方税的减免上限会对高税收州的高价房产造成伤害。如果州和地方税的减免上限能有所提高，那在高税收州拥有高价房的房主会更多受益。

6. 由于在全国各地投资房产更具效率，资金会自然流向资本回报率较高的州，并远离资本回报率较低的州。

7. 房地产众筹扩大了房地产的投资群体，这会使得需求和房价同步提升。

8. 越来越多的房地产众筹平台兴起，增加了资本供给，使得之前难以挖掘的投资机会需求增加、价格上涨。

9. 中心地区的外国出生人口比例从2010年的23.5%上涨到2019年的31.1%。该比例还会继续攀升，捎来更多正向的人口顺风，促进该地区房地产需求的暴增。

10. 中心地区的人口多样性不断上升，可能会吸引喜欢与本族人生活在一起的多样化居民。30年后，中心地区会与沿海州更加相似。如果你对中心地区人口多样性的发展感兴趣，可以看看布鲁金斯学会一项名为《中心地区变迁》（The Changing Face of the Heartland）的研究。

11. 疫情期间无法进入美国市场的外国房地产投资者，可能又会开始席卷美国。

如果能够拥有高出2~4倍的租金收益率，还不用费心维护房产，那当然要牢牢抓住这个机会了。

理想状况下，我的目标是把资金大致对半分，一半用于在我计划居住的城市，如旧金山和檀香山里购买实体出租房产，另一半用于投资中心地区的房产，那里房屋估值较低，但租金收益率却更高。

投资本地还是外地实体房？

住在高房价地区的朋友们会特别想在房价便宜但租金收益率更高的地方买房。但飞到某个城市买实体房产，然后再远程管理它是非常困难的。

我的建议是，如果你有可以信赖的人帮忙管理房产，就可以投资远距离城市的实体房。但要想保证投资的价值，扣除雇佣这个人的费用，你还得有足够的盈余。物业经理通常会收取一个月左右的租金。所以，如果11个月的租金收入仍然足以为你带来正向的现金流，那应该就没什么问题，尤其是当你的房产还在不断增值中。如果没有值得信赖的物业经理，那从水管爆裂到租客惹事，管理出租房产过程中的所有麻烦事都会被放大，因为你离得太远，很难解决这些问题。即使有物业经理帮忙，你感受到的压力也会耗尽收益带来的所有乐趣。

而且，购买外地房产时，你还要投资足够高的金额才对得起你所付出的时间和忙碌。比如，假定你的净资产为100万美元，每年收入15万美元，那在其他州花20万美元买一套每月只有600美元净租金收入的独立屋一点儿也不值得你为它奔劳。更明智的做法是通过多样化的REIT、私募eREIT、房地产ETF或众筹精准地投资远距离房地产。REIT的经理和众筹平台会帮助你审查交易，而赞助商则负责管理交易，所以你什么都不用做。而且最好的部分在于：你不用追着别人讨房租，不用扫雪，也不用在洗碗机把厨房地板变成一个戏水池时打电话给水电工。

投资度假屋还是天南地北自由玩乐？

对大部分人来说，买度假屋就是在浪费钱。你压根不会住几次，所以没必要花这钱。最佳的财务决策应是保持自由，去你想去的地方旅游。度假的一大魅力在于探索新地点。老是回到自己的度假屋，总有一天会开始厌倦。

你在买房前要先诚实回答，这套房子多久会住一次。度假屋完全属于奢侈性开销，只是为了让自己过得更舒适，而非为了投资增值。

你要遵守的基础准则是绝对不要带着依靠租金收入来还房贷的心态买度假屋。从经济低迷到天气影响，各种各样的因素都会使得这份收入永远无法稳定。你要是指望依靠租金收入来偿还房贷，就算遵循我的30/30/3法则，拥有相当于房屋购买价格10%的资金储备，随便一个旅游淡季也能让你陷入财务困境。

再者，维护度假屋很麻烦，给你带来的压力常常大过它的价值。按理想来说，你的投资应该尽可能被动。拥有一套一年到头都有租客的房产已经够难了，再想想这些租客每周都要更替一拨，简直像是干了一份兼职。当然，你可以请一个物业管理公司来处理这些琐事，但这样一来你的利润就降低了，而且出租淡季带来的风险并不会减少，拥有房屋惯有的麻烦事也一个不落。

我明白，有一个完整的亚文化群体通过爱彼迎和VRBO这类的平台提供短租服务，赚了大钱（译者注：VRBO是美国一个全球领先的在线市场短期租房平台，由业主提供度假租赁服务，适合家庭度假、聚会和团体旅游）。但现实是这些房产要么需要耗费时间和精力去打理，要么需要大量额外现金流来雇佣其他人替你干活。这是年轻人的游戏。纯粹从被动收入的角度来看，度假屋不仅维护成本高，经济回报还差，属实是两边都不讨好。

了解了这些，我就设置了一个严格的度假屋购买法则：生活方式第一，收入第二。

这条法则的灵感来自于一位投资者的智慧，他的经历和我很像，但他比我多走了好几十年的路。回到2017年2月，我在斯阔溪度假村（Resort at Squaw Creek）的一个热浴派对上认识了一位与我相同的度假屋房主（我在那里有一套度假屋——但这不是最佳的财务决策，我一会儿会详细说明）。他五年前就已经退休了，此前是一家大型律师事务所的合伙人。我问他未来对自己的那套房产有什么计划，他的回答让我十分惊讶。他说："继续享受它就好了。我永远不会把它卖掉，反正它现在在我净资产中所占的比例不足挂齿。我会把这套房子留给我的孩子继续享受。"

考虑到那是个热浴派对，不是一对一的个人理财咨询会，我没有再对他的财务状况刨根问底。但因为那位退休的律师比我年长20岁，而且孩子都已成年，我感觉看到了自己想给家人创造的未来。

自从2001年第一次来到斯阔溪〔现在叫作帕利塞兹塔霍（Palisades Tahoe）〕，我总是想象自己未来会带孩子来这过假期。暑假期间，我们可以徒步旅行、骑山地自行车、漂流、划皮艇、滑水。到了寒假，我们可以看看谁的雪天使做得最好，然后再一起滑雪橇。塔霍湖（Lake Tahoe）是个神奇的地方。

如果我能实现这个愿景，与小崽子们一起在度假村玩玩乐乐，度过整个童年，那这个度假屋的内在价值就会极大地提高。即使我有些金钱损失，那也是次要的，反正这房子的贷款已经还清了，而且在我的净资产中只占很小的比例。

梦想与我们真实的财务状况并不总是一致，所以我提出以下这条法则，防止我们在支付能力不足的情况下一时脑热做出荒谬的决定。为了避免度假屋成为你的负担，我的法则是度假屋的购买价格（不是首付价）不得超过你净资产的10%。

比如，如果你的净资产是300万美元，那最多只能花30万美元买度假屋。如果你的净资产只有50万美元，那就不要想着买度假屋了。下面这张便利表格可以当作你的度假屋购买101指南：

表9-2 度假屋购买指南
度假屋的购买价格不得超过净资产的10%，同时至少首付20%。

净资产	度假屋价格上限	评价
$500,000	$50,000	避免瘟疫一般的分时度假屋
$1,000,000	$100,000	你可以在树林里拥有一个小木屋
$2,000,000	$200,000	通电且装有室内管道的豪华小木屋
$4,000,000	$400,000	约等于美国房价的中值
$5,000,000	$500,000	选项范围开始打开
$10,000,000	$1,000,000	你可以开始真正放飞自我、自在逍遥

来源：FinancialSamurai.com

该指南的基本含义是，你至少要有100万美元的净资产才能考虑购买度假屋。即便有了100万美元，你的选项还是非常有限，除非你的净资产达到500万美元以上。

如果我当初遵循这个度假屋购买指南，就不会在2007年买那套度假屋，也就能给自己省去一大笔钱和一大堆麻烦事。2007年，我的净资产约为220万美元，但我花了71.5万美元购买度假屋（净资产的32.5%）。在接下来几年的全球金融危机中，我的净资产缩水到了150万美元左右，这就意味着我的度假屋购买价格在净资产中的占比上升到了可怕的48%。

任何资产，一旦在总净资产中占比低于10%，你就会开始觉得它相对没那么贵重了。而一套房产的价值占你总财富的比例一旦只有这么一点，你就更多只是为了生活方式而选择买它了。

即使你有钱买度假屋，也还要从各个角度思考一下这笔买卖。挑战一下自我，如实回答以下几个问题：

1. 你会经常使用它吗？
2. 你是否更喜欢看新的风景？
3. 买这套度假屋会让你过得更好吗？
4. 你打算一辈子拥有这套度假屋吗？

在经济低迷期，度假屋往往首先受到攻击，因为那时没有人需要它了。拥有多套房产的房主首先考虑的是卖度假屋，然后才是卖自己的主要住所。而且，在困难时期，更没什么人会愿意浪费钱度假了。所以，度假屋的租金收入也会随之减少。

八个步骤，正确估计潜在投资房产的价值

在鼓励你投资实体房产前，我要教你如何估计并分析房产的价值。2003年首次置业后我学到了很多，我想帮你避免我走过的弯路，并从我学到的一些智慧中得到启发。

在结束对房地产的讨论前，我想告诉你，我是如何一步一步厘清一套投资房产是否值得自己耗费宝贵的时间和精力的。无论何时你想买房，都要回来快速查阅这些必要的数学计算。记住：所得的利润必须值得你为拥有这套实体房产付出的时间和精力。

在数学计算之前，要明白你的投资策略应该主要围绕收入。你的核心任务是计算出一套房产年复一年能产生的实际收入。虽然你有很多数据可以参

考，但其中最重要的是房产当前和历史的收益值。说到底，一项投资的价值主要还是取决于它为当前和未来带来的现金流。

1. **计算你的年总租金收益率**。通过在线查找附近类似房产的租金，查明每月实际的市场租金。再把该数字乘以12，得到你的年租金收入。现在，把你的年总租金收入除以房屋的市场价，如：

$2000/月 × 12 = $24,000/年

$24,000 ÷ $500,000 = 4.8%总租金收益率

如果你用现款一次性付清房产，且没有其他运营费用，就能通过这个计算快速了解你的收益率。

2. **把你的年总租金收益率和无风险收益率对比**。无风险收益率即十年期国债收益率，它在过去40年里大幅下降。所有的投资都需要高于无风险收益率的风险溢价，否则你冒着风险投资将没有任何意义。如果房产的年总租金收益率低于无风险收益率，要么努力讨价还价，要么放弃投资，再去寻找新目标。

理想状况下，你的年总租金收益率至少要达到无风险收益率的3倍。毕竟，你还要支付保险、房产税、维护费和人员流动费，没准还要还房贷。

3. **计算你的净营业收入、资本回报率和净利润**。

- 净营业收入：净营业收入等于该房产的全部租金收入减去所有合理范围内的必要运营费用。净营业收入的计算不包括房贷、税费和资本开支。投资者主要利用净营业收入来判断一个房产创造收益和利润的能力，以及它在有房贷的情况下利用收益偿付房贷的能力。净营业收入很有利于人们在评估投资房产价值的过程中尽可能细致地进行同类比较。

- 资本回报率：房屋的资本回报率等于净营业收入除以房屋的资产价

值。比如，有一套价值100万美元的房产，其净营业收入为4万美元，那它的资本回报率就是4%。然后，你就可以利用这个资本回报率，来将这套房产与其他潜在的房产投资机会相比较。一套房产的资本回报率越高，它对投资者的吸引力也越高，反之亦然。

- 净利润：净利润等于房产的所有租金收入减去它的所有运营和拥有成本。所有的费用全都包括在内，如按揭贷款利息、保险费、业主协会会费、营销费和房产税。你的净利润是你的底线。

谈到投资，一切都是相对的。比如，旧金山1到3层住宅楼的历史平均资本回报率为4%。所以，如果你发现一栋待售住宅的资本回报率为5%，就会觉得自己的这笔交易相当划算。但是，同样是5%的资本回报率，如果这栋住宅位于得克萨斯州的杰斐逊县，它就没有任何吸引力了，因为那里的历史资本回报率为9.2%。

4. 计算房产的市盈率。市盈率等于房产的市场价值除以本年净利润。

比如，假定一套投资房产的售价为50万美元，其全年净利润为5000美元，那它的市盈率就是$500,000÷$5000，也就是100。呀！一个新房主要赚100年的净利润才能收回自己的投资额。

如果你想买这套市盈率为100的房产，那前提是你认为它的租金收入或房价会在接下来几年里暴涨。

假定你相信自己有能力将年净利润从5000美元提至2万美元，那你购买这套房产的实际市盈率可能只有25（$500,000÷$20,000）。如果你可以掉转方向，在该房产市盈率为50的时候将它出手，就能获得100万美元的总收入（$20,000×50），也就是50万美元的毛利润。

5. 预测未来的房价和租金。市盈率、资本回报率和总租金收益率都是转瞬即逝的烟火，真正的机会在于准确预测未来。

准确预测未来的最佳方式是通过快讯（DataQuick）、红鳍和Zillow这些网站提供的在线图表调查历史数据，然后从现实出发，预测未来本地就业增长的趋势。雇主是纷纷搬进还是迁出这座城市？这座城市是否正在许可大量的地下管道建设？如果产生的供给大于需求，那就预测房价会下跌，反之亦然。这座城市是否陷入了财务危机，想要从房主身上榨取更多房产税？若果真如此，你的净营业收入可能就过于乐观了。

了解住房供给是关键。房地产总是在繁荣与萧条间不断循环，因为房地产开发商无法完美把握房产购置和开发的时机。比如，在近年来房价涨幅位居全国第一的奥斯汀，受潜在更高的利润率驱使，房地产开发商可能在当下更有动力购买土地。但在两年后建筑完工后，房产的供给可能又会过剩了。

作为一名精明的房地产投资者，你要始终关注住房的需求和供给。理想状况下，你会想投资房价升值最为缓慢且近来供给量最小的城市。反过来，你可能会想避免房价飙升速度最快且近来供给量最大的城市。

6. **设想不同的价格情形**。设想房价和租金预期的三种现实情形：务实型、看涨型、看跌型。如果租金以每年5%的速度连降5年，你的财务还能运转得过来吗？

如果5年内，30年期固定利率按揭贷款的利率从3%涨到了5%，会发生什么？如果就业市场没有同步繁荣，那贷款利率的提高又会如何抑制购房需求？你的房产大概率会贬值，或至少停止增值。好在，利率通常是在经济活动增加、通货膨胀预期提高的条件下才会有所上涨。

假定你首付20%，那当本金价值下降20%时，你的内心是否能接受所拥有的房屋净值全部损失？如果首付低于20%，你是否能接受为一套房屋净值为负的房产偿还贷款？

要始终把价格看跌、维持当前实际和价格看涨这三种情形当作你的最低条件来思考相应方案。这样一来，你就会制定出更符合实际情况的财务计划。

7. 留心税收和折旧。几乎所有与出租房产有关的花销都是可以抵税的，包括按揭贷款利息、保险费、维护费、广告费和房产税。想象一下拥有一套出租房产就像拥有一项生意。

出租房产在购买和改善的过程中会产生一定费用，这些费用可以通过折旧步骤进行扣除。但它不是在购买或改善房屋的当年一次性全额扣除，而是在很长的一段时间内分期扣除（根据加速折旧法，确切来说是27.5年）。折旧是一种非现金支出，它降低了你的净营业收入。既然净营业收入减少了，那纳税当然也就随之减少。

假定你花了100万美元购买一套投资房产。房屋的估值为60万美元，而土地的估值为40万美元。你只能降低房屋的价值，但不能降低土地的价值。所以，要计算你的年折旧费，就要用房屋价值60万美元除以27.5，等于21,818美元。

每年报税时（E表）你都能扣除21,818美元的折旧费。拥有出租房产是赚取节税收入的最好途径之一。

8. 始终核查同类销售。核查过去6~12个月同类销售最简单的方式就是在红鳍网上输入房产地址。我认为红鳍网的价格估算算法比Zillow强。但你也可以在这两个网站上都查一遍，反正都是免费的，也都很简单。

你可以在网上查到同类房产的报税记录和销售历史。要把目标房产的要价与其过往的售价相对比，然后思考其中发生的变化，以保证交易划算。

1%法则

1%法则的计算很方便，它也能帮助你算清投资房产的合理购买价格。该法则的等式为：100×月租金=房屋购买价格上限。也就是说，如果一套房产的月租金为5000美元，那你最高只能出50万美元买它。

但不幸的是，在房价更高的市场里，想要遵循1%法则是几乎不可能的，那里的资本回报率通常低于5%。在资本回报率如此之低的城市里，投资者往往只能指望资本增值。

在生活成本较低的地区，资本回报率更高，而房价上涨速度更慢，所以1%法则实施起来更有效。但是，即使是在中心地区，也很难再找到售价仅为月租金100倍的房产了。

财务武士之路

· 在这个竞争激烈但机会不均的世界里，房地产给你和你的孩子上了一重职业保险。它的实际价值或许远不止它所带来的收益或可能的售价，它可能还能给你精神上的安全感，让你知道命运掌握在自己手中。

· 投资未来的趋势。具体来说，就是投资中心和南部地区。疫情后期，世界再也回不到曾经的模样。

· 如果你执意要为了生活方式而购买度假屋，那就请保证房屋的购买价格不要超过净资产的10%。一般来说，度假屋不是一个明智的财务决定，它是生活方式的一种选择。

· 在20~40岁，或是当你相对精力旺盛且没有负担的时候，建立你的实体出租房产投资组合。一旦你了解自己管理多少套出租房产最合适，就把剩下所有分配给房地产的资金投给100%被动的在线房地产商机。

· 永远在出价前进行周密计算，并预估各种可能发生的情况。

227

第三部分
认真工作，积攒财富

在财务旅程初期，主业是你最重要的赚钱工具。我会告诉你去哪儿找寻一份高薪的工作，以及如何比普通同事更快升职。你也会了解如何制定战略，在离职时大赚一笔，让你即使走后很久也还有钱源源不断进账。

最后，你会了解副业如何成为你尽快实现财务自由的秘密武器。你会懂得，在这个越来越包容开放的社会里，在主业外树立一个自己的品牌有多么重要，它能增加你成功的机会。

第10章

职涯生涯不容马虎

主业是你最重要的财富发电机——至少在你年轻的时候是这样。它是你投资资金的主要来源。有了这些投资，你才能赚更多的钱，并最终实现财务自由。请别把你的工作搞砸了。

如果你当下赚不到足够的钱来扩大储蓄和投资，就无法实现财务自由。我听说很多人都有这个烦恼。事实上，你可以赚到比你想象中更高的工资。第一步就是获得一份高薪的工作，我会在本章告诉你如何操作。然后，有策略地工作，这样你就能频繁升职，我会在下一章告诉你如何操作。

理想状况下，你会想选择一份自己喜欢同时又高薪的工作。但如果你无法从事自己热爱的工作，那至少薪水要高。如果你想尽快实现财务自由，在选择主业时就要实际一点。你总能在工作之余或是退休后做自己喜欢的事。

当然，你可能要比常人忍受更多的压力和更漫长的工作时间。但作为回报，你的工资也要比普通人更高。法国一周35小时的工作时长听起来很妙，美国一周40小时也不错。但是，如果你的目标是尽快获得财务自由，那就准备好比普通人干得更久吧。

在职业生涯的前20年里，要建立尽可能强大的财务基础。如果成功做到了，那到了40多岁时，你的职业和人生选项就会豁然开朗。

人生或长或短、时快时慢。在你精力最为旺盛、负担最少的年纪，努力让收入最大化。老了以后，你一定会感激自己做到了这些。

找工作要讲究策略

我明白很多读到这里的人已经在自己所在领域和主业上深耕多年了。但如果你身处低薪行业，有时间也渴望做出改变，那就行动起来。如果你出于各种原因无法离开，那是时候考虑一下副业了，你可以跳到第12章看看。

本章的建议适合初出茅庐或处于职业生涯中期的朋友，以及想要为孩子或学生提供支持和指导的人。

如果你还在上大学或是刚刚步入职场，你就在所有人中独占鳌头。去赚钱的行业找工作，然后拼命努力，透彻掌握一门技术。工作的同时，还要集结大批愿意培养、提携你的支持者。如果你还在上学，或是想要且有能力读研，就选择能让你有资格在高薪领域工作的课程，然后努力钻研。

重点关注一毕业就能拿到6位数薪资的行业，包括风险投资、投资银行、管理/战略咨询、高新技术和互联网，然后申请这些行业里的顶尖公司。

以下列举了本书涉及的各个行业里薪资待遇最高的公司，其中大部分最晚都能在你加入公司的5年内支付可观的6位数薪资。

风险投资：红杉资本、基准资本、Accel、德丰杰风险投资（Draper Fisher Jurvetson）、凯鹏华盈。

投资银行：高盛集团、摩根士丹利（Morgan Stanley）、摩根大通（J.P. Morgan）、巴克莱、美国银行和美国银行证券（BofA Securities）。

私募股权：黑石集团（The Blackstone Group）、KKR、华平投资（Warburg Pincus）、凯雷集团（The Carlyle Group）、德太投资（TPG Capital）、路博迈集团（Neuberger Berman Group）、托马·布拉沃（Thoma Bravo）、GI伙伴公司（GI Partners）、银湖伙伴公司（Silver Lake Partners）。

战略咨询：贝恩资本（Bain）、波士顿咨询公司（BCG）、麦肯锡（McKinsey）、摩立特咨询（Monitor）、理特咨询公司（Arthur D. Little）、博思艾伦咨询（Booz Allen Hamilton）、奥纬咨询（Oliver Wyman）、科尔尼管理咨询（Kearney）。

软件公司：微软（Microsoft）、Adobe、ServiceNow、Dropbox、IFS、Guidewire、Cornerstone、Secureworks、Vertafore、Procore、Asana、Autodesk、Intuit、Salesforce、Qualtrics、Twilio、Atlassian、VMware、Shopify。

科技硬件：苹果、三星电子（Samsung Electronics）、鸿海精密（Hon Hai Precision）、戴尔科技（Dell Technologies）、思科系统（Cisco Systems）。

互联网：谷歌、Facebook、网飞、eBay、PayPal、爱彼迎、Quora、优步、Pinterest。

信息技术咨询/会计：毕马威（KPMG）、德勤（Deloitte）、安永（Ernst & Young）、普华永道（PricewaterhouseCoopers，简称PwC）。

石油、矿业、商品交易：维多（Vitol）、必和必拓（BHP）、嘉能可（Glencore）、嘉吉（Cargill）、科赫工业（Koch Industries）、托克（Trafigura）、阿彻丹尼尔斯米德兰（Archer-Daniels-Midland）、贡沃集

团（Gunvor Group）、来宝集团（Noble Group）、邦吉（Bunge）、菲布罗（Phibro）。

电脑和影视动画：皮克斯（Pixar，代表作《玩具总动员》）、维塔数码（Weta Digital，代表作《指环王》）、暴雪娱乐（Blizzard Entertainment，代表作《魔兽世界》）。

REITs：沃那多房产（Vornado Realty Trust）、Equinix、西蒙地产（Simon Property Group）、美国铁塔（American Tower Corporation）、布鲁克菲尔德资产管理（Brookfield Asset Management）。

房地产科技：Fundrise、Opendoor、Cadre、Zillow、红鳍。

金融科技：Stripe、个人资本、Affirm、Klarna、Chime。

我们再来看看各行各业里的高薪机会：

工程：机械工程师、电气工程师、软件工程师、结构工程师。

医疗保健：医生、院务主任、专家、从业护士、医师助理。

大政府：在联邦或州政府中担任任何高层职位，都能为你带来6位数的年薪，附带可观的退休金。有超过40万的联邦雇员年薪超过10万美元。

政府承包：市场观察员（MarketWatch）表示，根据2016年国防商业委员会的一项报告，海军、陆军和空军承包商的平均总薪酬为18万美元左右。时至今日，其平均总薪酬还会更高。

教育：校长、总教练和教授。美国小学校长的平均工资为11万美元。

如果高等教育不适合你，还有很多高薪职业不需要大学文凭即可开启。你只需渴望、动力、职业道德和坚韧不拔的毅力就能获得这些工作。它们包括：

执法和消防：有几十年经验的警察和消防员年薪通常超过6位数。再加上他们理应得到的终身退休金，成为有钱的成功人士还不简单。

房地产：很多房地产经纪人年薪都是6位数。他们的佣金始终保持在5%的高点，一年卖出总值300万+美元的房产，就能赚到6位数的年薪（其中部分佣金归经纪公司所有）。

提供退休金的公共部门职位：随着利率的下降，终身退休金的价值不断上升。比如，在2000年，一年想要产生5万美元的收入保障需要100万美元的本金，而现在你可能需要近200万美元才能稳定地产生5万美元的年利息。

下列表格展现了退休金能带来的巨大价值。

拥有退休金的人，退休后的普遍操作是再找一份工作。这样一来就有双重收入了，反正不管退休后做什么，退休金都能照领不误。

我有个朋友在工会里做电工，年薪17万美元。5年后他55岁，就能退休了，每月可以领取5000美元退休金。而且，他每周的工作时间禁止超过35小时。别忘了，他利用空余时间做兼职，一年能多赚3.5万美元。挺好的了。

高薪工作有时比你想象的更容易获得。如果你才刚入社会，或是正在指导一位年轻人确定职场路线，你可以不必拘泥于传统观念里的高薪行业。如果你已经扬帆起航，但想优化自己的职业生涯，那也一样。很多行业都能找到6位数年薪的工作，你只需知道去哪儿找就行。然后就是疯狂努力、掌握技术、扩展人脉，或是尽其他一切可能获得这些工作。

表10-1 离世前你的退休金价值

年退休金	合理回报率	支付概率	退休金价值
$35,000	1.0%	75%	$2,625,000
$35,000	1.5%	75%	$1,750,000
$35,000	2.0%	75%	$1,312,500
$35,000	2.5%	75%	$1,050,000
$35,000	3.0%	75%	$875,000
$35,000	3.5%	75%	$750,000
$35,000	4.0%	75%	$656,250
$35,000	4.5%	75%	$583,333
$35,000	5.0%	75%	$525,000
$35,000	5.5%	70%	$445,455
$35,000	6.0%	70%	$408,333
$50,000	1.0%	70%	$3,500,000
$50,000	1.5%	70%	$2,333,333
$50,000	2.0%	70%	$1,750,000
$50,000	2.5%	70%	$1,400,000
$50,000	3.0%	70%	$1,166,667
$50,000	3.5%	70%	$1,000,000
$50,000	4.0%	70%	$875,000
$50,000	4.5%	70%	$777,778
$50,000	5.0%	70%	$700,000
$50,000	5.5%	70%	$636,364
$50,000	6.0%	70%	$583,333
1997—1996	$9500	$20,500	$30,000
1995—1994	$9240	$20,760	$30,000

退休金价值 =（年退休金 ÷ 合理回报率）× 支付概率

退休金价值通常不可转让，所以你去世后，它会归零。

来源：美国国税局、FinancialSamurai.com

如果你没法替他们工作，就让他们来替你工作

高薪工作通常会吸引最多人申请。所以，要过五关斩六将才能获得这样的工作。你要继续建立人脉并坚持申请，毕竟，谋取工作往往是可量化的数字游戏。如果你只有1%的机会获得面试，那就需要申请大约100份工作。如果面试过后你只有25%的机会得到这份工作，那你至少要接受4个面试。

但，假设你和我2011~2012年考虑在科技公司找份新工作时一样遭到了所有人的拒绝，你会怎么办呢？

如果没有上市公司给你机会，那就购买这些公司的股票。反客为主，让他们为你服务，给你赚取不错的收益。

我在2011年和2012年买的苹果、谷歌、网飞、特斯拉和Facebook的股票都表现良好。这些头寸现在已经足够庞大，我在麦当劳点炸薯条搭配我1美元的双层芝士汉堡也不觉得心疼了。谢谢你们这么努力！

作为一个财务武士，要始终尝试在困境中寻找希望的光亮。

跟随爱好还是跟随金钱？

我小时候的梦想是成为一个网球运动员。但我的反手上旋球和上旋发球不够厉害，竞争力不强。所以，我决定努力在金融业里赚到最多的钱，然后业余时间在美国网球协会联盟打网球。

我每个月至少会打一场竞技比赛，假装我在打巡回赛。场外，我会努力练习击球、健康饮食、多做拉伸运动。无论输赢，我都能在追求自己热爱的网球运动中度过美好时光。6年间，我从4.0级选手晋级到了5.0级。突然间，我就可以与上学时观看的美国大学一级联赛的网球选手对赛了，这个进步真是太令人激动了。

但我意识到，如果要靠网球谋生，我就会开始讨厌体育。网球每年都有四个大满贯赛事，即网球界的巅峰锦标赛。它们分别位于墨尔本、巴黎、伦敦和纽约。除非你有外卡参赛资格，否则你要成为世界排名前250的选手才有资格受邀进入正选赛。如果你想拥有哪怕0.1%的机会成为职业选手，那你不仅要花钱购买机票、解决住宿，还要改变自己的生活方式。我想它并不值得我以这些时间、金钱和快乐为代价。

如果你在你热爱的领域做得足够好，拥有顶级的竞争力，那就放手一搏吧，这样你至少能说你已经努力过了。有了绝妙的点子，想要创业也是这样。给你热爱的事业三年宽松的时间，看看能否靠它活下去。在辛苦钻研三年以后，如果还是毫无收获，那就是时候放手，去找一份薪水还行的工作了。

加入富有激情的初创公司还是知名大企？

如果你在猎寻高薪工作的过程中撞见了一个加入初创公司的机会，你会去争取它吗？如果你想赚最多的钱，那估计不会。但如果你想承担最多的重任并从中汲取养分，那你可能会去争取。

硅谷最大的误解之一就是加入初创公司能保证你获得意想不到的财富。

事实上呢？加入初创公司更有可能让你变得更穷，而不是更有钱。那些引人注目的创业故事绝非大多数创业者和早期加入者面对的现实。媒体总是过度渲染成功案例，而失败者却无人问津，从此石沉大海。

创业文化之所以行得通，是因为它用低于市场水平的工资和股票期权交换你的辛苦劳动，而你满怀希望，期待着公司被收购或是上市以后，这些股票期权会让你赢得大奖（作为期权的交换，工资常常会折扣30%~50%）。你在找到自己的黄金之前要走很长一段路。而且即使你长期坚持了下来，最后可能也只是空欢喜一场。

大部分风险投资者说，他们指望10个投资里有1个是全垒打，这样就能弥补5~7个投资失败。投资组合中剩余的3~4家公司就只是在原地打转，既不赚钱也不亏钱。他们把这样的公司称作是"死池"或"僵尸公司"。

所以，即便你尽了一切努力严格评估潜在的雇主，你通过股票期权大发横财的概率可能也只有10%左右。同时，你的工资低于市价的概率几乎是100%。

假定你平均要用5年时间才能通过清偿事件获得一笔财富。以下例子展现了在初创公司和知名大企工作的区别：

在X初创公司工作：

职位：销售主管

年薪：12万美元

年龄：31

期权：20万美元

福利：医疗、牙科，无401（k）匹配金额，因为公司在亏钱

在宝洁公司工作：

职位：市场主管，负责部分沐浴露产品

年薪：25万美元

股票奖励：一年50万美元

年龄：31

福利：401（k）账户、401（k）存款匹配、牙科、医疗

5年后，加入初创公司会让你变得更穷。初创公司的员工5年共赚60万美元工资和20万美元股票期权，总价值为80万美元。同一时期，宝洁公司的员工共赚125万美元工资和25万美元股票奖励，总价值为150万美元。假定5年后初创公司还活着，但已是一潭死水，不再继续发展，那两者之间的差额就是70万美元。可能性：50%。

假定初创公司5年后破产了。这种情况下，初创公司的员工获得的总报酬就只有60万美元，因为他那20万美元的股票期权如今已没有任何价值。而这5年，假定宝洁公司的股票没有增长，那它的员工也能多赚90万美元（150万美元对比60万美元）。可能性：40%。

最后，假定初创公司大获成功，5年间增长了5倍。你成功列入该公司最优秀的15名员工，手里的期权也涨了5倍。暂不计算股权稀释，你的期权现在价值约100万美元。所以，你的总报酬为160万美元（100万美元+60万美元）。假定你的股权未稀释，宝洁公司的股票也没有增长，那这种情况下你最终会多赚10万美元。可能性：10%。

现在，让我们计算一下初创公司员工所获报酬的期望值：

$800,000 × 50% = $400,000（僵尸公司）

$600,000 × 40% = $240,000（公司破产）

$1,600,000 × 10% = $160,000（公司大获全胜）

你的期望值是80万美元（即以上结果的总和），而去宝洁公司工作的期望值则是150万美元，仅仅5年就差了70万美元。当然，如果初创公司5年里增长了5倍以上，你去那里工作就是正确的决定。但是，抽中这种大奖的概率微乎其微。

所以，如果你正在找寻初创公司，你要问问自己：

1. 这5年的减薪值得吗？
2. 如果我一天工作12个小时，拿到的工资还低于市场水平，最后却只换来了公司倒闭，我会作何感想？
3. 如果我工作的初创公司倒闭了，我的履历是会减分还是加分？
4. 如果这家初创公司最后大获成功，我会不会后悔当初不敢冒险？
5. 我喜欢这家公司的文化吗？
6. 我能坚持到看见经济回报的那一天吗？

还有很多情形都可能发生。即便如此，你依然有加入这些公司的自由，只是你对未来的期望要现实一点。如果顶级风投公司选中赢家的概率都无法始终保持在10%以上，那你估计也不行。

你现在可能会想："山姆，收购这件事如何（与上市正好相反）？它能不能带来一些收益？"对于这个设想，我的回答是，初创企业被收购后，通常只有公司的创始人能轻轻松松获得好处。除了最先加入公司的那10%员工，剩下的人通常拿不到多少好处。没办法，经济体制就是这么运行的。

但如果你在阅读了这些内容后还是无法拒绝去初创公司淘金的机会，那你必须做到以下这些：

- **在接受公司发放的股权时问清具体比例**。不要随机接受一个份额就在那沾沾自喜，要明确地询问自己的持股比例，然后计算这个持股比例价值多少，以及你认为自己能为公司整体价值的增长做些什么。Facebook 0.1%的股权就已经价值连城了。但是，一家市值10亿美元的公司，其0.1%的股权只相当于100万美元，还没算上纳税和股权稀释。而且真正能达到10亿美元估值的公司没有几家。

- **把自己当作投资者，计算这家初创公司实际能卖多少钱、会卖给谁。** 最好的参考就是已经卖出的同类公司。现在把你的股权乘以可能的售价，所得结果就是你的最高收益，因为随着时间的推移，新投资者的加入会稀释你的股权。

- **要求大幅度提高薪水和股权。** 记住，绝大多数初创公司会倒闭或是无路可走。所以，你最好争取更高的工资和股权。

- **以共创人的身份加入，有福同享，有难同当。** 或在C轮或后续阶段再加入，那时你能获得更高的工资，公司成功清偿的概率也会大大提升。

你的70∶30举措应是一毕业就加入知名大企，它能为你未来十多年的人生带来最高的收入。等你有了坚实的基础和大量的经验，如果仍有梦想，那可以考虑去初创公司担任高级职位。如果那家公司成功了，你的股权增值就更加意义非凡了。

而且，一旦你进入30岁，别人自然而然就会更加看重你。30多岁的你更有自信，知识和工作经验更加丰富，银行账户也更加充实，这样的你更能做出明智的决定。

如果你就是这么不巧，进入了一家失败的初创公司，那就确保自己把该学的都学了，为下一个机会做准备。记住：**如果赚不到钱，那至少要学到东西。**

最重要的，是要能够实事求是地评价自己的处境，然后享受这趟旅程。如果我们已经竭尽全力做到最好，那不管结果如何都问心无愧。但小伙子，可能赢得大奖的诱惑确实很难拒绝！

拿现金（工资）还是拿股权？

我刚才提到了提供股权的内在风险，但现在让我们来仔细研究一下，如果你在加入公司时遇到了这个难题要怎么办。你的最佳选择很大程度上取决于公司本身。大多数情况下，现金与股权的分配会更多地倾向于现金那方。但有些公司也可能给你多拿股权少拿现金的选择。这时你怎么选？

如果你有选择的机会，那在决定拿更多股权还是更多现金时要考虑以下要点：

1. **诚实地评价自己的现金需求**。计算出至少能承担你所有基本生活需求的收入水平。"月光"的生活虽然压力很大，还会破坏生活质量，但两手空空也能激励你再加一把劲。

2. **你对管理层的信任有多少？** C级高管是否有相关的行业经验，并有过很长一段时间的成功执行记录？还是说他们只是刚毕业的大学生，满怀美好的愿景却没有实践经验？管理层可以是没有经验的年轻人，但最好要有经验丰富的人在前方为他们指导排雷。

3. **市场商机多大？** 每个初创公司都看到了巨大的市场商机，否则它一开始就不会创业。这么问更好：市场商机实际有多大？高估了潜在的客户群体是重大的失误，会严重影响到商业模式。

4. **收入和净资产要达到多少才能让你满足？** 我知道只有在真正把钱赚到手时你才能知道多少能满足，但你也要事先设想一下。

5. **风投公司有没有特惠条款？** 如果发生了清偿事件，有些风投公司会在股东分红之前要求最低2倍，甚至更高的回报。这会大大降低员工到手的收益（在某些情况下会降低60%，而非100%）。这些细节你要找未来的雇主问清。

6. **悬崖期多久？分多少年兑现？** 一年悬崖期意味着你要在这家公司干满一年才能拿到首年的期权。哪怕你在一年悬崖期结束的前一天被炒了或是离职了，都一毛钱拿不到。如果你的兑现期是四年，那4万份期权分4年兑现，每年到手就是1万份。大部分公司在第一年悬崖期结束后会按月兑现。

7. **发行在外的股票共有多少份？** 4万份股票听起来不错，但如果在外发行的股票共有10亿份，4万也不过只有0.004%。你得到的股权取决于你进入公司的时间和你的谈判技巧。

8. **每份期权的现值多少？** 有很多价值要考虑：出于监管目的报给国税局的价值以及管理层认为公司在外部投资者心中的价值。选择保守路线，因为在公司被收购或是上市前，你都无法知道它的真实估值。

9. **如果公司被收购了，你的期权会怎样？** 假定你刚入职一年公司就被收购了。那你的4年期权是会马上兑现，还是说剩下3年的期权无法兑现？所有事情都可以谈判。如果收购方想要你留下来，他们会使出浑身解数保证你毫发无损，或者可能还会给你更多激励。

10. **公司的终极货币目标是什么？** 高层是计划着在上市前把公司卖给其他巨头，还是想最终上市？和管理层对话，搞清他们的宏图壮志，并问清这些计划执行的时间段。

最后，如果你已经决定要加入一家初创公司，那你的首要目标应该是尽可能多地赚钱和学习。理想状况下，你已经做了周密的调查，也知道各种风投公司和投资者的业绩记录。所以，你的70：30决策应是尽量多拿些股权，而非现金。多拿股权的前提是你相信这家公司有巨大的发展优势，且你想要更多地掌控它。

如果发生了清偿事件，那低于市价的额外现金报酬并不能改变你的生活,但额外的股票报酬没准可以。如果公司创业失败,你至少也学到了不少东西,积攒了大量经验,为下一个机会作准备。

跳槽还是继续效忠公司?

在这个时代,人们总是过分高估自己对公司的忠诚度。公司给发退休金的日子已经一去不复返了,也没有人再有机会在一家公司干到老了。很不幸,当今社会里,对公司忠诚是不太明智的行为。与之相反,为了让经济收入最大化,你在20~40岁应该每2~5年跳槽一次。

我在高盛集团干了两年后就跳槽到了瑞士瑞信银行(Credit Suisse),但这并不是我自愿的。我知道第三年分析师职位不会再续约了,所以我只能另谋出路。但是,由于我后来在瑞士瑞信银行待了11年,我整整少赚了100多万美元。我之所以知道这个,是因为在离职前两年,我收到了纽约一家竞争银行的两年期雇佣信,开出的条件比我当时的工资高多了。

但事实上我已经厌倦透了这个行业,再多的钱也无法让我开心。我更不可能抛弃旧金山的朋友回到纽约。所以我拒绝了这个工作机会。我不后悔当初决定留下来,但事实上我就是因为对公司太忠诚,所以少赚了很多钱。

可惜的是,忠诚的回报往往是低于市场水平的薪资。我把这种现象称为忠诚折扣。公司没有什么动力跟上市场薪资的变化。相反,他们恨不得能少给点钱就少给点,希望你不会注意到,或是一直这么抠到你扬言要离开为止。所以,如果你觉得自己酬不抵劳,就要懂得多向内部推销自己。

已故的伟人约翰·伍登(John Wooden)生前是加州大学洛杉矶分校的篮球名人。1948年到1975年,他在加州大学洛杉矶分校的棕熊队执教,其间年薪从未超过3.6万美元。1948年,伍登开始担任棕熊队的教练,那一年他的工资为6000美元，按照通货膨胀调整，就相当于现在的6万美元左右。1975年是他执教的最后一年，那年赛季他赢得了自己的第10个NCAA（译者注：NCAA全称"National Collegiate Athletic Association"，即全国大学体育协会，是由一千多所美国和加拿大大学院校所参与结盟的一个协会）冠军头衔，年薪40,500美元，按照通货膨胀调整，约等于现在的18.5万美元。还不错，但他当时要是签其他队伍会赚得更多。

与之形成鲜明对比的是尼克·萨邦（Nick Saban），在2000年签约路易斯安那州立大学之前，他在托莱多市和密歇根州做橄榄球教练。2005年，在带领路易斯安那州立大学获得巨大成功之后，他火速跳到了迈阿密海豚队，迈阿密给他开出了5年2250万美元的报酬。在海豚队结束了两年平庸的任期后，他接受了亚拉巴马大学开出的8年3200万美元的提议。2021年，在带领球队赢得了6次全国总冠军后，他又续了8年合约，价值至少8400万美元。

换言之，如果你有一技之长，为了更高的薪资跳槽是值得的[①]。跳槽能够重新调整雇主对你的展望，如果你是从基层开始干起，这会对你很有帮助。在某些雇主眼里，不管你表现得多好，都永远只是羽翼未满的雏鸟。就和你父母一样，即便你都已经步入中年了，他们还是把你当小孩。

如果你确实在现公司如鱼得水、十分舒适，那就尽可能和现雇主协商更高的薪酬，就像尼克·萨邦那样。一旦你成功地证明了自己总能不负众望，雇主一定会懊恼没能给你最高的工资。当雇主失去一个宝贵的员工，就相当于同时损失了3~6个月的生产价值。

如果你足够优秀，而你的雇主却不提供退休金，也不愿意以市场价位付

[①] 2021年，教练林肯·赖利（Lincoln Riley）结束了其在俄克拉何马州短短5年的任期，然后接受了南加利福尼亚大学大约1.1亿美元的巨额报酬。还有教练布莱恩·凯利（Brian Kelly），他离开了圣母大学，接受了路易斯安那州立大学10年9500万美元的合约，外加一系列奖励措施。

你薪酬，那就别费心待在那里了。去获得你值得的薪酬。

再者，这些公司也证明了，在这个动荡不安又竞争极为激烈的商业环境中，他们会为了削减开支、安抚股东而突然裁员。过去，一位待了15年的老员工是很重要的，但现在，它不过意味着你的雇佣成本过于昂贵，同时又已丧失当年的热情。

我们有责任对供养我们的公司忠诚，但我们更有责任对自己和家人忠诚。如果一家公司薪水太低或对你不公，那就大声说出来。它简直是在掠夺你和你最爱之人的机会。

如果你打算长期待在这家公司，那至少每两年找雇主谈薪一次。你要在年终汇报上提醒经理你为公司创造的全部价值。一定要记得突出上半年的贡献，这点很多人都容易忘记。

懂得知足是件好事，但不要让别人占你太多便宜。归根结底，雇主少付你薪水，就等于在剥夺你的时间。

在职场自私点挺好

我刚才提过了，现在有必要再重申一下，你的70：30举措就是在20~40岁之间每2~5年跳槽一次。要确保每次跳槽都能重调你的薪资，且职位至少上升一档。等到你40多岁时，你就能始终赚到市场最前沿的工资。

如果你野心极大，那值得再努力努力，看看自己最终能走多远。在你还年轻、没有负担的时候，哪里有最好的工作机会就搬去哪里。

如果你年收入已经达到了几十万，那就努力再坚持至少10年，同时攒下50%，甚至更多的税后收入。最后，待你积蓄足够多的时候，你就可以随心所欲、尽享人生。

我永远都会感谢20~30岁出头的年龄里我曾不要命地加班加点、疯狂工作。

自由是无价之宝。不要被YOLO群体极力夸耀的华美生活蒙蔽了双眼，他们不过是在为自己的懒惰找借口。

财务武士之路

· 有策略地选择你的学习领域，有策略地寻找工作。如果你想多赚点儿钱，就把重心放在最高薪的行业。

· 不要小瞧公共部门的职位以及任何一个提供退休金的工作。在低利息的环境中，退休金的价值倍增。20年后，有退休金的雇员往往会更早退休，然后找一份新工作。这样一来，他们就有了双重收入。

· 20多岁时，你可以为了学习而加入初创公司，但你基本不可能赚到大钱。但你在30多岁时，就真的可以靠一身知识和技术去初创公司里赚大钱了。

· 如果你真的加入了初创公司，那就尽力多争取点股权，但前提是你打赌这家公司未来会成功。多拿现金其实意义不大。

· 如果你明明表现优异，但公司却拒绝以市场价位付你薪酬，那你就该离开。你的目标应是在工作时赚取最大收入，下班或退休后再考虑拯救世界。你应该把自己和家人摆在第一位，而不是你的雇主。

第11章

赚到钱，就可退休

作为一个追求财务自由的人，你大概率是不想一辈子都待在你的工作岗位上。

就算事实不是如此，就算你很喜欢自己的工作，想长长久久干下去，那最好也要制定一个工作战略，保证自己的工资始终位于行业上游。

事实上，光是成为一个优秀的员工还不够。太多的人都误以为只要自己好好工作，最后就一定能升职并获得匹配的工资。但很不幸，大部分公司都不是如此。任人唯贤早已是失传的艺术。

你的策略应该集中于两个目标：工作非常出彩以及广受人们喜爱。想要同时达成两个目标，你首先要明白自己在公司里的位置。

20多岁时，你在雇主眼中是一个会不断膨胀的成本中心。你什么都不懂，要花大量时间学习。只是把你带在身边的成本就高于你所创造的价值了。所以，要努力为公司省钱。这就需要你每天来得比领导早、走得比领导晚，还要问问他自己还需多做点儿什么，尽一切可能创造更多价值。

你没有理由不在20多岁时加班。那个年纪不要想着工作与生活的平衡，而是要长时间工作、尽量学习、让自己不可或缺。想想怎么从众人中脱颖而出。努力工作，成为技术达人，让经理觉得失去你会很痛苦。再去招聘别人来替代你的职位可能要6个月，而把新人提升到你之前的水准又要3个月。要卓尔不群，公司才不敢失去你。

不要让别人超过你。如果有人每周总是比你多干10小时，那一年就比你多干了520小时。现在，如果有一个人又聪明又讨人喜爱，同时还干得比你多，那你就几乎没有任何胜算了。

大量工作并建立人脉会带来双重回报。它们不仅能帮助你在职场中获得高薪和升职机会，还会让你在离职时有甜头可尝，把你的价值转换为巨额遣散费。

快速提薪和升职的艺术

大部分公司在为谁加薪升职的问题上都是以共识为导向的。想要脱颖而出，最重要的就是成为一个极具价值且广受欢迎的人。你在工作时不能被动。

我认识的很多人（包括我自己）都不喜欢自我推销。我们相信只要好好工作，就会理所当然抵达向往中的乐土。但如果参与竞争的人太多了，这种想法就很难成真。干得好固然重要，但你也需要积极推销自我的平衡战略。

平衡意味着面向外部和内部的自我推销各占50%。你在客户心中的价值越高（外部推销），你对公司的价值也就越高。

如果你的职位不能带来营收，那更要一边做好工作，一边腾出50%的时间成为部门里最知名、最有用且最讨人喜欢的人（内部推销）。以下所述的大部分内容就属于这种内部推销术。

自吹自擂是很脆弱的手段，容易适得其反。你应该知道那个总是喜欢群发邮件、大肆宣扬自己功劳的家伙吧？不要那么做。相反，要在全公司建立关系网，做法如下。

1. 把你的领导和同事当作客户。这自然而然会把自己推销出去。想一想：你的客户能给你赚钱。他们给你带来了生意，如果合作愉快，他们还会把你介绍给别人。你尊重客户，想方设法让客户喜欢你、不断回头找你帮忙，因为他们把你视为生意里的贵重资产。

如果你带着这种心态与领导和同事相处，他们就会像客户一样给你回报：不断地给你带来生意、想要继续与你合作、一有机会就向他人推销你。但如果你把领导和同事视作竞争对手，就会适得其反。

当你把领导和同事视为客户，你就创造了一种共生关系，而非敌对关系。这很难得，尤其是在这种竞争相当激烈的行业。我知道，当所有人都在争夺一个晋升机会时，你很难与他人结为盟友，但你必须成为更友善的人，不能在别人背后捅刀子。给自己设一个更高的标准，把你的每个同事——甚至是竞争者——都视为客户。

一旦你建立起了自己的支持者网络，加薪和升职就是顺水推舟的事，因为公司里的每个人都会为你的成功喝彩。

即使有人不喜欢你，也不敢公然挑衅你，怕被你的支持者报复。唱反调会让人感觉他在嫉妒你，没有人想要这样做。在升职面前，永远不要低估了同类压力和政治。

2. 先推销你的领导。很少有人会思考如何支持领导。大家都认为应该是领导支持和指导自己，而忘记了这种需求其实是双向的。毕竟，你的领导可能压力更大，而且他也想加薪升职。

建立内部支持系统的一个非常有效的策略是向别人推销你的领导——尤其是领导的领导。称赞他们，最后他们会感激不尽，然后把你带在身边。每个领导都想成功。他们有自己的不安全感，也想再上一层楼。你越能推销自己的领导，就越有机会脱颖而出。

3. 能和主管对话为什么不呢？不管你的目标只是保障生存还是快速升职，你都必须在高层建立关系网。如果能在领导的领导那说上话，你就是成功的。

我在上一份工作的头两年里把所在部门的组织结构图研究了一遍，尤其注重与所有的高层领导打好交道（股票主管、大宗经纪业务主管、衍生产品主管、销售主管和研究部主管等）。

我给他们每个人都发了一封电子邮件，邀请他们喝点东西或吃个午饭（我请客），以打听他们的职位职责。我想知道我可以做些什么，来帮助他们更好地工作。没有人拒绝我，毕竟没人会拒绝一顿免费的午饭，更不会拒绝一个只是想要倾听并尽力帮助他们摆脱困境的人。如果请别人吃饭对你来说不现实，那请喝一杯咖啡也行。

在高盛集团的第一年，我和另外几个分析师邀请迈克尔·莫尔塔拉（Michael Mortara）共进早餐，他是抵押贷款支持证券市场的创始人之一，也是高盛集团风投的董事长。这是一次非常美妙的体验，它给我上了一堂很重要的课：企业苦力和家住康涅狄格州、每天坐直升飞机来上班的精英之间没有任何壁垒。

身处高位的人和我们并无二致，你和他们也没有区别。所以不要害怕，直接去建立高层关系网。

4. **如果你的领导讲韩语，你也应该讲韩语**。这是一种取悦他人的做法。你可以尝试着喜欢你领导喜欢的东西，但不要让人觉得你很勉强。如果你知道领导在韩国长大、有个韩国妻子、喜欢足球、毕业于俄亥俄州立大学，你就尽量多了解一些韩国文化、世界杯还有七叶树橄榄球队。

如果有人抓到你取笑韩国文化、嘲讽足球无聊或是为密歇根大学狼獾队加油助威，你的职业生涯估计就玩完了。

取悦领导估计是职场最难做好的事了。如果你比较生硬，那别人一眼就能看穿你的小心思。我的建议是从防卫做起，比如了解什么事是不能做的。

要注意不要说或不要做任何伤害领导感情的事情。如果你知道他是一个坚定的共和党，那告诉他你想为民主党募集资金显然是不明智的。如果你不想取悦领导，那最起码不要公然驳斥他的观点。

一旦懂得了如何防卫，就可以慢慢开始进攻式夸耀，一次瞄准一个元素。他喜欢旧金山巨人队吗？嗯，那你也喜欢。你可以熟记巨人队的整体阵容，想出他们的投球回身动作。

他最喜欢的慈善组织是拯救鲸鱼？好巧啊！你也定期给海洋动物救援组织捐款！他最喜欢的电视剧是《绝命毒师》（Breaking Bad）？有意思，因为你已经熟记了沃尔特·怀特（Walter White）的所有经典台词（"我没有身处危险，斯凯勒。我就是危险本身！"）。简单来说，你的目标就是创造共性。

5. **尊重后辈**。最后，最能检验人品的是你对待现阶段无足轻重的人的态度。如果你有幸升职，要记得指导每一位寻求你帮助的后辈。记住，有一天你的后辈也可能成为资深员工，他们永远不会忘记这一路上帮助过自己的人。

归根结底，想要在工作中脱颖而出，你需要建立自己的支持者网络。经理只想把晋升机会留给自己信任且喜欢的人。

返回职场还是做全职父母？

想要获得高薪和美好的升职，你需要付出大量的时间和努力。要是我们能不受任何干扰地工作该多好。但事实上，你还要生活，当生活与工作的抉择相互冲突时，你感觉自己很难做出最佳决策。

父母最头痛的选择之一是有了孩子后要不要回到职场。一旦你有了小孩，你是应该继续全心全意扑在工作上，还是——如果有选择的话——让自己或配偶待在家里全职照顾孩子？这个困境合乎情理，因为现实中你很难既做一个好的父母，又做一名优秀的员工或企业家。总要放弃些什么。

记住，我们这里讨论的是最佳选择，而涉及职业和家庭，要考虑的实在太多了。归根结底，你要在可能范围内选择最适合自己的生活方式，同时保证你、你的配偶（如果有的话）、孩子和职业能在这样的环境下共生共荣。

所以，先来考虑一下你和你的配偶。在当父亲之前，我怀疑如果继续在投行一周工作60多小时，我不可能成为一个好父亲。我问了好几个和我一样辛苦的同事，他们也都叹息自己从来没有足够的时间陪伴孩子，这给他们留下了很大的遗憾。

很多父母，尤其是有工作的母亲，告诉我她们总是感到莫大的愧疚，因为每天都要起早贪黑地工作。我问她们为什么不稍微休息一下，回答往往是，她们承担不起失去收入的代价。她们害怕一旦走开，就会错失重要的升职机会。

愧疚非常消耗心力，如果不加以控制，就会把你压垮。如果你感到挫败，就要开始重视自己的心理健康，这非常重要。所以第一步就是要在决策时把你的快乐和健康放在第一位。如果你和/或配偶设想的生活是赚最高的工资,那得做好身不由己、无法抽出那么多时间陪伴家人的准备。这两者很难兼顾。你可能会用前期多赚点儿钱、后期就能多陪孩子的说法来安慰自己。

现在来考虑一下可能对孩子来说最好的情形:在他们去学前班或幼儿园之前尽可能多地与之相伴。我不打算告诉你怎么成为一个好的家长,因为育儿和工作不同,它的主观性很强。这个过程既没有职称也没有加薪,你只能不断地照顾孩子,期望他们童年快乐、学到新知识,然后成为一个善良的人。

但我们必须承认,在其他条件相差无几的情况下,陪伴孩子的时间越多,我们就越有可能成为更好的父母,而他们也越有可能爱我们、成为优秀的公民。

想要消除内疚,就比平常人花更多时间陪伴孩子

要花多少时间陪伴孩子才算好父母呢?要回答这个问题,我们必须看看广大父母平均每天陪伴孩子的时长。在美国,大学学历的母亲平均每天陪伴孩子120分钟,而大学学历的父亲则每天只陪孩子85分钟。对于大学以下学历的父母,双方陪伴孩子的时间均降低了20%左右。

如果你希望自己至少看起来比平常人更好地抚养孩子,那就每天都比平常人花更多的时间陪伴他们吧。

但钱怎么办?

尽管想要更多地陪伴孩子,但你还是要考虑工作以及你的财务自由目标。还是那句话,总要放弃些什么。如果我们既想多与孩子们度过一些美好

时光，又想多赚点儿钱，早日实现财务自由，我们该怎么兼顾两者——或是现实点，实现其中之一，且同时保证自己的身心健康？

这么多年来，我想到的最好的解决方法就是放弃工作，全身心地当好一个父亲。这也是为什么我和我妻子等了这么久才决定要孩子。我认为我们要再多攒点钱，因为我不打算再回去工作了。但我现在后悔等这么久了，我发现如果你在为人父母后既想保证充足的收入，又想把家人放第一位，你没必要非此即彼走极端。现今的社会尤其如此，很多雇员的工作灵活性大大提高。

所以，如果你在工作和家庭间进退两难，尤其是当孩子还小时，就要优先考虑利用疫情后期社会灵活就业的趋势。如果你在孩子出生的若干年后还是觉得自己绝对不能没有工作，那就要求雇主稍微让一下步。即使你从早忙到晚，还要兼顾照料孩子，一周居家办公几天也能减少你的通勤时间，省下来的时间你就能用来照顾家庭以及自己的身心健康。

但即便是灵活度最高的工作也无法解决它与家庭之间的矛盾。就算是居家办公，你也没法一边照料孩子一边专心工作。我们必须放弃尽善尽美的幻想，至少在现阶段是这样。

理想的育儿工作组合

如果你愿意，也有能力选择不要工作而全职照顾孩子，那最理想的方案就是父母一方外出工作以保障经济收入，另一方全职在家，保证孩子得到最好的照顾。

如果全职父/母亲可以如此坚持2~3年，一直到孩子上学前班为止，那这种组合模式对孩子和这位家长的职业都是最好的选择。因为这样一来，孩子在最重要的成长阶段能够得到父母一方最好的照料，而父母的愧疚也能因此降到最低。同时，离开工作岗位2~3年还不至于会扰乱你日后定会回归的职业生涯。

2~3岁是大部分全日制学前班项目启动的年龄段。一旦孩子上了学，你就不需要再全天候陪伴他们了。你只需要每天接送孩子，所以返回职场也就容易多了，尤其是在一个灵活度更高的工作环境里。如果你因为工作无法接孩子放学，可以请家人、朋友或临时保姆帮忙。如果他们也不行，那学校也常常会提供延时照管，一直等到你来接孩子回家。

当然，孩子在学前班里得到的爱与关注远不如你之前在家照顾他们的时候。但是，他们会学到重要的社交技巧、参与家里没有的新鲜活动。一个好的学前班常常是孩子玩乐和学习的地方。

在这个更加人性化且灵活度更高的世界里，离开职场2~3年不会严重影响你的职业生涯。重返职场后，你再找一份类似且薪水相当的工作应该不成问题。事实上，在这个频繁跳槽的年代里，你能如此为家庭献身，未来的雇主可能还会赞叹有加。同样身为父母的领导会敏锐地察觉到你的挣扎，当育儿问题产生时，他们一般会对你更加宽容。所以，从战略角度讲，你可能会想为同样也有孩子的人工作。

还有一个可能的理想情形，如果你和配偶都是弹性工作，且你们都不想完全脱离职场，那可以减少工作时间，或是倒班制工作，这样就可以兼顾育儿责任。你们就能在工作的同时也有更多的时间陪伴年幼的孩子。

我多希望工作最忙碌的那几年，有人能明确地和我解释这2~3年的时间范围。那样，我就会在32岁时就认真考虑生孩子，而不是等到36~37岁离职后才考虑。

鉴于你会爱孩子胜过世间的一切，你一定希望他们能在你人生中尽量多停留一段时光。现如今，很多雇主都提供医疗补贴和带薪育婴假，如果你的雇主也能提供这些，你就会感觉自己好像什么都有了，至少某一瞬间是这样的。

做自由职业者，提高灵活度

最后还剩一个强力组合，就是父母一方全职工作，另一方做兼职自由职业者。现如今，根据你的能力，想通过自由职业赚到与之前相当的（如果没有更多）收入，机会无穷无尽。

比如，回到2015年，我曾做了一段时间的自由职业，同一时期我为三家金融科技初创公司做营销顾问。每家公司每个月给我1万美元的报酬，合计3万美元。我当时才意识到原来自由职业的灵活度和报酬都这么高。但很不幸，三个月后我就赶不上进度了，所以放弃了其中两个客户。

如果你有5年以上的工作经验，那你的学问和技术就足够你为某些公司做自由职业。公司其实很欢迎自由职业者，因为它们无须给付福利或是做出长期承诺。如果你相信自己的技术，你也可以通过自由职业赚很多的钱，同时还能多陪陪孩子。

最后，你必须问问自己，错过什么会让你感到惋惜——工作和赚钱的机会还是孩子刚出生那几年？没有孰是孰非，选哪个都对。但如果你觉得在家陪孩子会更开心的话，那在他刚出生的那2~3年时间里，至少尝试某种程度的灵活工作，我想是很值得的。钱是永远赚不完的，但要明白，在头两年里做全职父母可能是你这辈子最辛苦的工作！

主动辞职还是有策略地利用裁员机会？

不要被公司开除，也不要主动辞职，要让公司主动把你裁掉。前两种情况下，你拿不到任何补贴，但最后一种情况，你可能会收到遣散费、失业补贴和其他补助。你每主动辞职或被公司开除一次，就会损失大量金钱。还不如协商一笔遣散费，拿着钱，以对自己有利的方式离开。

2011年冬日，我与一位朋友交谈，他说公司在发年终奖之前把他裁掉了。他非常生气，因为银行业的年终奖往往占到了员工全年总收入的20%~70%。

虽然错过了至少10万美元的奖金，但他告诉我，身为在公司待了8年的老员工，他在离开时拿到了相当于24周工资的遣散费。他的全年基本工资为16万美元，所以这笔遣散费有7.4万美元左右。

虽然我之前也听说很多同事和竞争对手都拿到了遣散费，尤其是在全球金融危机的低潮期，但这还是我第一次顿悟，原来我可以通过这种方式离开银行业。

2012年2月，我问领导能不能给我一笔遣散费，外加所有的递延酬劳（译者注：指在未来某年龄或日期支付给员工的报酬），然后放我走人。作为交换，我会把我招进来的后辈介绍给所有客户，并保证花两个月的时间顺利完成交接。

我的提议让领导十分惊讶，他说会尽快回复我。两周后，他同意了，因为他知道我的心思已经不在工作上了。给部门省下6位数的薪资外加奖金确实非常诱人，毕竟当时局势也不太稳定。再者，一位11年资历的老员工愿意花几个月的时间顺利交接，这个条件也很吸引人。一般来说，员工只会提前两周通知领导，离职后会到竞争对手那工作，但我和他们说，我会彻底离开这个行业。

所有的协商和手续都结束后，前东家给了我一笔遣散费，足够负担我整整5~6年的正常生活需求。不仅如此，我还如期收到了所有的递延付息股票和现金报酬。最后，我还拿到了2010年公司强迫员工购买的所有"有毒资产"。2012年离职后，当这些资产到达我手中时，我才发现它们全都收益颇丰。

有了至少5年的生活费，我决定和妻子天南地北旅游一番。直到2015年，也就是妻子34岁的时候，她也通过协商获得了一笔遣散费。在此期间，我也有在"财务武士"上写些文章，但初心不是为了赚取在线收入，单纯就是我喜欢。

开除和裁员的区别

开除和裁员（又称作人员精简）有很大区别。被公司开除一般事出有因，可能是因为你损害了领导的利益或是骚扰了同事。你肯定不想被公司开除，因为这会记录在你的工作证明上。如果不是出于必要，你也最好不要主动辞职。

还有一种情况是公司突然裁员，这和你有空间协商遣散费也是两码事。如果你能提前为裁员做准备，就能更好地协商离开的时间、支付的遣散费金额、使用带薪休假的时间（如果最终还是未使用，则一定要将其转换为遣散费的一部分），以及下一步的计划。关键是交接期内要好好帮助雇主，同时也保持灵活变通。

大部分员工离职后会再找一份工作、重返校园或是全力经营副业，他们不知道还有什么其他路可走。或许大家只是太害怕发生冲突了，因为他们不知道怎样处理这种情况。

如果你不想干了，那就努力通过裁员的途径拿一笔遣散费走人。不要主动辞职，这样一毛钱都拿不到。你给领导提供的交接期越长越好，毕竟再招一个员工顶替你的职位可能要好几个月的时间。而且就算成功招到人代替你，帮助他步入正轨可能又要好几个月的时间。在这期间，光是找人和培训就要浪费大量精力。

所以，如果你想协商一笔遣散费，就必须有足够的情商，考虑到你的离开会对同事、领导和公司产生怎样的负面影响。

有家上市公司的总裁告诉我，他很气愤他们公司的行政总监在离职前两周才通知他。如果这位行政总监当时能给他找到接手岗位的人，那他没准会很开心地批准一笔几百万美元的遣散费。

除了能拿到遣散费，通过裁员的途径离开公司还有以下几个益处：

1. 一般来说，如果是被公司裁掉的，你就有资格领取政府的失业补助。 主动辞职或被公司开除是很难拿到失业补助的。原因是既然你是主动辞职的，就说明你已经不需要这些钱了，那你凭什么领失业补助呢？一般来说，你在申请补助后的两周左右会接到所在州失业部的电话，来核查你是否符合失业补助的领取条件（比如问你是不是因为工作条件太危险而离职）。

2. 如果你手头有递延的股票或现金酬劳，你可以在规定时限内拿到这些资产。 假定你年收入的一部分是以股票形式支付的，这种递延付息股票一般会分3~4年兑现。如果你在公司待了至少3~4年，那递延酬劳就会开始上涨，涨到和你一年的工资相当，甚至还能更高。如果你决定主动辞职，那这部分递延酬劳你估计一点都拿不到。但是，如果你是被公司裁掉的，你在它正常支付期内拿到所有递延酬劳的概率就会大大增加。

3. 所有未使用的带薪休假都可以兑换成现金。 你离职前未休完的假期

261

都可以转换为现金支付给你，但这不能保证。在协商遣散费的过程中，我最大的失误就是在离职前几个月休了5天的假去夏威夷玩。如果我聪明点，我会请病假出去放松身心。每一个未休的带薪假日都有最高价值一天的工资。所以，我错失了整整5天的额外报酬。

4. 你的工作证明上不会留有负面评价。主动辞职是不会在你的工作证明上留下负面评价的，只有你因为个人原因被公司开除才会。但是，你永远不知道自己是否会与雇主不欢而散，所以最好还是通过协商好聚好散。这样就算你未来的雇主打电话给前东家询问意见，前东家大概率也会表示支持。

5. 停职期间公司可能会为你提供延续的医疗保险。根据美国统一预算协调法案的规定，大部分公司必须在你离职后的18个月内继续提供医疗保险的选项。但这就意味着前员工必须以雇主商定的团体价全额支付保险费。作为遣散费协商的一部分，你可以要求公司继续承担你医疗保险的费用。我的遣散费里就包括了公司全额补贴的6个月医疗保险费用。

这可是不容忽视的真金白银，因为谁也不能保证你在尝试自己喜欢的新事物时一定会成功。如果协商得好，你的前东家没准就会继续为你全额支付几个月的医疗保险费。

如果你计划离职，永远都要尝试协商一笔遣散费

协商遣散费不仅需要勇气，还要懂得它的操作过程、要设身处地考虑领导和同事的需求。你越是能理解公司的需求并灵活变通满足它们，你的雇主就越愿意为你支付遣散费。

即使你是一位非常优秀的员工，你也可以通过协商获得对于双方都有利的遣散条件，就像2015年我妻子所做的那样。

我妻子的经理和她达成协定，允许她每周只需工作3天，而不是5天，但同时还是继续按5天的工时全额发工资，直到找到两名员工代替她的职位为止。实际上，那6个月的时间我妻子不仅压力骤减，还加薪了67%。

等到两个替补加入她的工作，她又花了个把月时间培训他们，一直到满意为止。然后，她就拿着总计超过10万美元的遣散费离开了。

如果你真想深入了解离职协商的重要细节，我专门写了一本电子书叫作《如何策划离职：通过离职赚笔小钱》（How to Engineer Your Layoff: Make a Small Fortune by Saying Goodbye）。你会了解如何建立框架，以成功商定一笔遣散费。读完那本书后，你可能就不需要花大价钱雇佣律师帮你解决离职难题了。

财务武士之路

· 光是做好本职工作还不够，你必须学会内外推销自己。

· 作为一个需要兼顾工作的家长，如果你想消除愧疚，那就比平常人花更多时间陪伴孩子（大学学历的母亲平均每天陪伴孩子120分钟，大学学历的父亲则是85分钟）。

· 如果你决定做全职父/母亲，那也无须一直如此。2~3年后重返职场也不晚，你还是可以找到一份类似且薪水相当的工作。

· 永远不要主动辞职，要通过裁员的途径离职，然后试着协商一笔遣散费。如果你无论如何都想走，那这种方式有百利而无一害。

第12章

积极开创副业

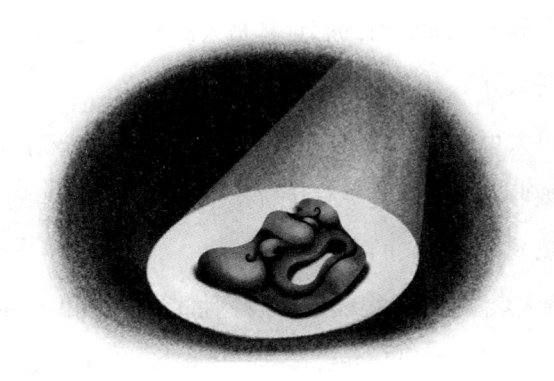

　　在别人睡觉时工作，这样终有一天，你就可以在别人工作时玩乐。我希望你们每一个人在追求财务自由的过程中都能谨记这句格言。你只有在经历困难后才能领悟一身轻松的快乐。

　　如果你想尽快实现财务自由，就必须想方设法多赚钱。是的，你的主业会是你收入的主要来源。但是，如今主业带来的安全感已大不如前。想办法通过加薪和升职让主业的收入最大化，同时也通过副业赚钱，这就需要启动你的X要素了。

　　你的财务自由计划中的X要素指的就是你的副业。

　　我有时会在旧金山百老汇大街的太平洋高地上绕着那里的豪宅慢跑。我特意选择这个区域是因为看见这么多漂亮的房子让我大受鼓舞。这里所有的房子都价值1000万~8000万美元。你猜怎么着？这里的大部分房主都是企业家。

正是这一次次的慢跑和眼前所见的超级豪宅激励着我投资并开创了"财务武士"网站。我意识到如果只靠主业收入,我是无论如何都买不起这里的房子的。

虽然现在我还是买不起那里的任何一套豪宅,我仍然非常感谢它们激励我开创了副业。这种从无到有的感觉真是太棒了,能创造一个潜在价值如此巨大的资产真是太好了。

你的副业可大可小,取决于你的想法。目标是创造新的收入来源,在你辞去主业又需要收入的时候为你分忧解愁——以及最重要的,让你有机会从事自己心目中热爱且有意义的工作。

如果你跟随大众潮流,就很难有什么特别的表现。而做副业无须长期执守,你只需把它当作一个短暂的机会就行。如果你副业做得太久,就会感到无比倦怠,尤其是对带孩子的父母来说。但是,近几十年以来,美国每周的平均工作时长确实整体呈下降趋势,所以成功的门槛也相对降低了一些。但时至今日,我们仍要努力工作,因为这世界的竞争越来越激烈,未来的路也难走了很多。

图12-1　美国每周平均工作时长

来源:美国人口普查局(数据截至 2021 年 11 月,发表时间 2021 年 12 月)

一日之计在于晨

这就好比在个人理财中，储蓄是支出前的重要一步，征服每一个早晨也是一样。如果你能征服早晨，在那时把重要的事情先做掉，那这天剩下的时间里你都会觉得很轻松。

不要等到你忙了一整天，已经筋疲力尽的时候才开始思考自己的想法、着手自己的副业，要在你的主业开始前处理它们。

如果一般人在7点的时候按掉闹钟，那你就试着5点就爬起来做你感兴趣的事情，就这样坚持两年。我每天腾出两小时做副业，就这样坚持了两年半，终于把"财务武士"建成了一个发展势头迅猛且能带来很多收入的网站。

事实证明，不管是谁，一年里多工作了700多小时，他都会收获良多。你无须比别人更聪明，你只需做别人不愿意做的事就行。

如果你早上起不来，那晚上做副业也行。在我所认识的富豪里，鲜有人一周只工作40小时甚至更少。一周40小时工时是人为的规定，但这些企业家、千万富翁甚至亿万富翁，一周168小时里，他们的工作时间大多数都在60小时以上。他们至少要加班加点10年才可能放松下来，品尝劳动的果实。

多亏了互联网，现在开创副业、创造更多收入来源要比之前容易多了。但对大多数人来说，难的还是坚持。但财务武士不怕这些。成功的秘诀就在于锲而不舍，金石可镂。

本章除了讨论开创副业的必要性，还会告诉你如何实践。它探讨了零工经济、在线商务、开放社会，以及副业思维大量涌现所带来的机会。我会带你了解在逃离主业、专注副业前所需的准备，或是告诉你如何同时兼顾多份工作。

有很多人的天赋、学历和经验都远不如你，甚至没你用功，但却比你成功，原因不过是他们有踏出舒适圈去冒险的勇气，而你没有。

每个人都有自己的才华，不要怀疑自己的天赋！勇于尝试才能看见希望。

财务武士的副业

接下来为你展示真实生活中人们副业开创成功的几个案例。

我想和你聊聊我的朋友哈利·坎贝尔（Harry Campbell），他是博客"拼车小伙"（The Rideshare Guy）的创始人。20多岁时，他在波音公司做航天工程师，最辉煌的时候一年大约能赚9万美元。

2014年，哈利意识到未来会有越来越多的人使用优步和来福车（Lyft）里的拼车功能。于是，他首先在业余时间兼职顺风车司机，每小时能有20~40美元的收入。

后来，随着越来越多的司机加入平台，他每小时的收入逐渐下降。于是，他转变了方向，开始通过互联网赚钱。原来开车8小时只能赚160美元，现在每成功推荐一个人通过他博客晒出的链接签约网约车平台，就能获得100~1000美元的报酬。赚钱的秘诀在于为优步和来福车撰写精美的文案，这些文案会投放到在线搜索引擎上，以吸引司机与它们签约。

2015年，也就是哈利28岁时，他辞掉了工程师的工作，放手一搏，投入了刚刚成立10个月的"拼车小伙"博客运营中。在此之前，他除了每周40小时忙于主业，还额外腾出20~30小时经营副业，运作自己的网站。

如今，"拼车小伙"已是分享型经济最大的信息来源网站之一，涵盖了送货到家和微出行（电动滑板车）等服务领域。该网站每年创收超100万美元，吸引了众多自由职业者。

然后来认识一下来自旧金山的26岁女生雪莉（Sherry）。她白天从事会计工作，年收入8.5万美元左右。下班和周末时间，她会出去接活，帮别人遛狗。

一开始，她通过Rover接单遛狗（译者注：Rover是一个应用软件，主要提供宠物服务）。起初，她报价1小时15美元，Rover抽成20%。她每周额外工作23~27小时，每月到手有300~350美元。

在积累了三个多月的好评之后，雪莉开始每小时收费20美元。她有时会绕开Rover平台接单，这样就可以免付佣金。她每月的收入很快涨到了500多美元。

6个月后，她的一些客户开始让她帮忙看房，夜班工作8~10小时，收入240~350美元。

做了一年的副业后，她的客户名单涨到了30多位，每月都能在她7000多美元的月薪外再加2000~3000美元的收入。

2018年，在副业收入的助力之下，雪莉花了50万美元在檀香山买了一套双卧室公寓。一直到今天，那套公寓至少升值了20%。她把公寓长租出去，扣除各类房屋支出，每月能增收500美元左右。

等到40岁时，雪莉计划还清这套公寓的所有贷款，每月赚取2200多美元的被动租金收入。待时机来临，她就可以卸下重负，轻松过日子了。

你认为一个人靠卖热水浴池还有泳池用化学品能赚多少钱？1万美元？2.5万美元？还是5万美元？

让我们来看看马特·乔瓦尼斯奇（Matt Giovanisci）。他从13岁开始就一直在泳池行业工作。他的第一份暑期工就是在南泽西本地的一家泳池用品供应库摆货架。他一步步向上爬，直到25岁时成为公司的营销主管。

2008年，没上过大学的他一年只赚4万美元。也正是这个时候，他开启了自己的副业项目：游泳大学。这是一个指导房主维护泳池和热水浴池的博客和YouTube频道。2011年，马特的主业公司把他裁掉了，他也借此机会全心经营游泳大学项目，直到其产生的收益赶超原先的主业工资。2021年，游泳大学吸引了500多万的在线访客，带来了50多万美元的收益，其中营业利润超过45万美元。

最后，我想分享一下自己的故事。2009年7月，我终于下定决心要启动自己的副业——"财务武士"。当时，我并没有幻想它能带来任何收入，只是一门心思想要结交和我一样尝试理解财务混乱的朋友。我没有通过抽烟酗酒解决内心的恐惧、不安和怀疑，而是开始撰写个人理财建议。

2011年10月的一天，风和日丽，气温约为25摄氏度，我与妻子徒步登上圣托里尼岛。我们四处走走看看，几小时后来到了悬崖顶上的一家酒吧。不知为何，我的妻子仍然活力四射，还想再去探索看看，所以留我一人独处，思绪纷飞。我点了一杯标价过高的希腊神话啤酒，花了8欧元，然后欣赏着风景。这家酒吧可以连接无线网，所以我查看了一下电子邮件，然后看到伦敦的一个老广告商想要支付1000美元在"财务武士"上刊登广告。

我当时只觉不可思议，回复道："听起来不错！"30分钟内，我就发布了那则广告，然后收到了PayPal的付款。就是在那瞬间，我明白了离职后一切都会变好的。于是我又点了一杯标价过高的希腊神话啤酒,沐浴在阳光之下。

2017年,"财务武士"的营业利润超过了我之前的主业工资。但最美妙的是,运营网站远比金融业的工作快乐轻松。而且我可以随时随地运营网站,只要有网就行。

现在,写这本书也是我的副业之一。投资组合(Portfolio)是企鹅兰登书屋下属的一家出版社。有一天,那里的编辑与我联系,提出了写这本书的想法,我备感荣幸,又一次回复道:"听起来不错!"

当你开创了自己的副业,并长期坚持,你会碰上意想不到的机会。好好利用这些机会!一切贵在坚持。

副业思维

不管他们自己是否知道,哈利、雪莉和马特都是财务武士副业思维的典型代表。这种思维包含了勇气、创造力和耐力,只有拥有这些品质,你才能超越那些没有成功希望或半途而废的人。为了帮助你起步并坚持下去,请把以下准则铭记于心:

1. **参与这个全新的开放社会**。每天都有很多人,虽然没有传统所需的高文凭,却依然能赚到大钱。比如,你无须金灿灿的学历就能进科技公司工作,你只要精通自己的技术就行。

在个人理财领域,有很多非常成功的博主,他们的主业是医生、记者、工程师、厨师和学校老师。大部分人都不是学财务出身,他们只是富有创造力,开创了自己的副业。

你无须广播经验就能成为一个播客。

你既无须表演经验也无须好莱坞经纪人就能开设自己的YouTube或TikTok

频道。

你无须大学学历就能成功。

一切都没有门槛。互联网没有所谓的"负责人",而正如我们之前讨论过的,这对于历史上的边缘群体非常友好。

你在发表自己的见解之前不需要等待任何人的许可。现在就行动起来吧。大部分时候,做副业无须任何成本。

2. **彰显自我,持之以恒**。我刚才说的也不全对,做副业当然也有成本:你的时间和精力。要想持续输出好作品不是一件易事。

但这也是副业的成功密码!因为别人都没有毅力坚持到底。

在别人没勇气彰显自我的时候站出来。久而久之,你的手艺会越来越好。

3. **别人睡觉或玩耍,而你埋头苦干**。你会在他们看不见的时候赶超他们。早上5点起床,忙副业2小时,如此坚持一年,你就拥有了730小时的输出。与其做个用户,在周日晚上看3小时橄榄球赛,不如当个制片人。

4. **假装厉害,直到成真**。很多人的作品或产品一开始都是免费供他人使用,因为没有信心别人会为它们付费。这完全可以接受。但实际上,"假装厉害,直到成真"是创作者们普遍认可的策略。他们长年累月地在自己的网站上就一个主题发表文章、记录和视频,以此增强自己的专业技能。一旦他们把自己树立为权威,就会开始贩卖产品。

5. **做你无论如何都想做的事**。如果你做一件事情,可以出于热爱而不计一切回报,那把它当作副业去做就再合适不过了。你越是享受工作的过程,越是能长久地坚持。

6. **要甘愿做出牺牲**。副业思维说白了就是早起或晚睡1小时,然后努力攻克你的个人业余项目。你要牺牲自己想看的网飞特别节目,或是周末忍住不和朋友出去逛街,而是一门心思钻研一个项目。这就意味着你要常常请求配偶或父母的帮忙："我想研究这个项目，你们可以每周日多帮我照看2小时孩子吗？"你没有必要让这个副业贯彻你的一生。在拥有之时尽力挥洒自己的青春和汗水，这样待你有一日老去、再无动力苦苦追寻的时候就能放松下来。

7. **承担风险，适应风险。**副业思维是心甘情愿迈出舒适圈，并在想法无法兑现之时勇于承认自己的愚蠢；是对自身努力的一切因果、作用与反作用的好奇；是建立学习的习惯，帮助自己越行越顺。

成为一名有副业的财务武士能带给你无穷力量——做你自己所选工作所爆发的力量和潜能带来的力量。创造一个产品时，努力让它成为世间独一无二的存在，这实际上是在为自己的收入开辟一条全新的道路。

任何年龄都能开创副业

开创副业的最佳时机不是一无所有的时候，而是等你有了稳定且福利丰富的工作之后。把你积攒努力的最初两年视为没有下行风险的孵化期，以此检验自己是否享受这个过程。

被动收入是财务自由的核心部分，但从事副业的最初几年可能需要你非常"主动"。换言之，它需要你亲身参与实践，需要你的直接关注和努力，即便只是一天1小时、午休抽30分钟或是周末长时间浸泡其中。这也是为什么副业的英文叫作"side hustle"，其中"hustle"的含义就是"忙碌"。

你需要思考的很大一部分是你愿意付出多少时间以及具体分出哪部分时间。

这也是为什么在理想情况下越早开创副业越好。但事实上，你什么时候开始都行。无论你的人生进展到了哪一步，你现阶段的履历都一定有拿得出手的地方。最糟的是你因为害怕自己已经错失时机而永远不愿开始。现在让我们来看看人生不同时期开启副业的好处。

20岁初期（如果可以，再早点更好）：这个年龄段你至少要投资50%+的业余时间在副业上。你的时间非常充裕，精力也相当旺盛。周末的时候，去建立自己真心想要的生活！当然，你也会想精通主业且业余生活丰富多彩。我知道这听起来好像需求很多——而且坦白说，确实很多。但如果你非常执着于财务自由，尽早开创副业，后期能为你带来巨大红利。多数人回首往昔，总是后悔自己年轻的时候浪费了多少时间和机会。尽早、尽全力攻克副业。它确实会让你疲惫不堪，你偶尔也可能会崩溃。需要的时候给自己放个假。也请记住，副业只是暂时的，你实现目标的那一天，一定会发现自己的所有努力都没有白费。

如果你还没准备好开创副业，就先汲取一下副业思维。把你的主业当作一种副业，想办法找额外的工作做，以更快地升职加薪。你可以偷偷在外开班，教人沟通技巧，也让自己成为一个更加能说会道的演讲者和作者。毕竟，如果你无法有效且精准地表达自己的观点，那再杰出都没用。另外，你也可以通过副业主动学习新技能，以便后期跳槽。

20岁后期、30多岁：美国人平均在近30岁或30岁出头的年纪有孩子。尽管我们爱子心切，这些小崽子也意味着相当巨大的工作量和开销。

孩子可能是你努力工作、实现财务自由的最佳动力，但也可能是它最大的阻碍。一般来说，孩子出生后，你能够腾给副业的时间会大大减少。

即使没有孩子，你在30多岁时也可能醉心工作、升职，可能会承担更多职责，要管理他人，要负责冲击营业额……那时的工作无法定速控制，想要兼顾副业会更加困难。

我不是说不要干副业。我本人就是在32岁生日之后创建的"财务武士"，那时身为执行董事的我一周要工作60小时。困难是有的，而且我一直到39岁才有了孩子！但在全球金融危机期间，我生怕丢了饭碗。在这样一种恐惧的刺激下，我最终开启了副业。但我希望你能在毫无退路之前开启副业。

40多岁：这个年龄段你火力全开。你更自信了、效率更高了，或许还有下属了。

但如果你和我一样，你就有可能因为过劳而处于精神崩溃的边缘。45岁时，晚上10:30后我几乎睁不开眼，然而我在20~40岁的时候可以一直熬到凌晨1：00，早上6点就能起床，一周5天如此往复，一点问题没有。如果你这段时间有任何经济负担，那这种压力很可能就会让你提前苍老、衰竭。

尽管如此，你拼死拼活的付出仍有好处，那就是经验。随着经验的不断增加，你也无须像以前那般忍受恶毒领导和同事的操控，副业成功的概率也就大大增加。

50~60多岁：你在50岁甚至60岁这个年龄段的图景和40岁时相同。怎么不是呢？如果你有孩子，那他们已经搬出去过自己的生活了。这样一来，你又一次拥有了空闲的时光和安静的房子，而且你的开支还降了很多！

当然，你的精力也可能正在衰退，但这不是理由，你仍可以开启副业，多一个收入来源。在接下来的10年里，你又可以致力于什么有意义的工作呢？

如果你已经实现了财务自由，那副业就能让你保持活力，给你生活下去的目的。如果你（还！）没有实现财务自由，那副业就能作为你收入来源组合中的重要一环。

70岁往后！但愿你到了这个年龄已经没有额外的赚钱需求了。你的主要目标应该是保持活力，只做自己觉得有意义的事情。

2015年以来，我那75岁的老父亲为了保持思想活跃，一直都在帮我编辑大部分的帖子和新闻稿。作为报答，我会付给他些许酬劳。我是想多给他一点，但被他拒绝了。我父亲的副业拉近了我俩的距离，因为我们每周都会一起谈论新话题。

无论何时，你都可以尝试新的事物。

做线下副业还是线上副业？

副业主要有两种类型。

第一种副业是"零工经济"，即再做一份工作，或做自由职业、合同零工，在业余时间再兼一份工。

有些零工是线下的实体工作，数量相对有限，毕竟你所在城市的商店或客户就那么多。

在麦当劳上夜班、在星巴克上晨班、做优步或来福车的司机或是给亚马逊当配送员，这些都属于实体副业。还有做临时保姆、替人看家、遛狗、看护、当家教和教网球（鄙人就是）。

你还有数不尽的线上副业可以做，比如为初创公司设计商标、为网站自由写作、做配音工作、教钢琴或剪辑播客。虽然你仍要取悦某个领导或客户，但在工作时间上却灵活很多，所以很多人即使有主业也喜欢在线兼点副业。没有人在乎你是不是凌晨3:00还在设计网站，反正能把活儿做完就行。

如果你的副业就是类似于此的零活，那就真的太棒了！这相当于你有了两个收入来源——主业和兼职（或零工）。你也在建立人脉、认识新朋友、打开新视野。也就是说，你置身于世，努力融入世间这条河。一切都那么生机盎然，让你和你的财务都保持健康。谁知道呢？你的零工副业没准能带给你更高薪的全职工作机会。

即便如此，你的这两份工作也都是在为别人干活，并没有创造独属于自己的品牌、内容和产品，未来难以继续收割福利。

因此，如果你的目标是财务自由，那从长期来看，零工副业并不是最好的选择。在你精力旺盛的年纪，零工确实很棒，但当你逐渐老去、精力慢慢衰退时，零工的弊端就会开始浮现。

另一种也是最棒的副业就是白手起家、创造只属于自己的独特产品。你的产品要有与众不同的特色，要能区别于其他竞品。思考副业时，要考虑具有可塑性的产品。

比如，与其在网络上一对一或一对多教别人弹钢琴，不如自创一个品牌，售卖独家钢琴课程。一旦你创造了自己的产品，就能把它卖给很多人，而无须多做其他的工作。

在20世纪90年代前，你还无法在线搞副业，也无法轻轻松松扩大副业的规模。如今，你可以充分利用网络做到这些。对我来说，无论何时，与喜欢的人一起做自己热爱之事的最佳方式就是创造独属自己的东西。

万事俱备后，你就要开始工作了。我先为你展示部分有才华的内容创作者（博客、YouTube、TikTok、播客等平台的作者）一年可能的营业利润，他们愿意以每周三次，甚至更快的速度产出独一无二的内容。以下是我认为70%的尝试者可能获得的收益：

第1年：$1000 – $10,000

第2年：$10,000 – $30,000

第3年：$30,000 – $50,000

第4年：$50,000 – $100,000

第5年：$100,000 – $250,000

第6年：$150,000 – $350,000

第7年：$200,000 – $500,000

第8年：$300,000 – $600,000

第9年：$400,000 – $800,000

第10年：$500,000 – $1,000,000+

从该收益的增长中可以看出，时间、努力和金钱高度关联。太多的内容创作者在第1年就放弃了，只能前功尽弃。如果能坚持到第5年，内容创作者的收入就能超过薪水最高的顶尖大学毕业生。成功的秘诀在于坚持到底。要持之以恒，尽量长久地坚持下去。

理论上，通过搜索引擎、口口相传、自主推荐和广告推广，"财务武士"官网能接触到超47亿的网民。当然，我不是说这世上每一个能上网的人都会访问我的网站。我只是说他们有这个能力，尽管有很多人压根不会走进你的零售店、餐厅或旅馆。

如今，拥有一个自己的网站价值连城，因为它永远不会关门大吉。你也不会像疫情期间那么多员工那样被公司裁员。把你的网站想象成一个动态的个人简历，你可以在这里向全世界诉说自己的故事。

你的目标是无论外部经济发生多大的变化，都不要关停自己的网站。

如果你无法关停一个企业，它的收入就会更有保障。如果收入更有保障,那企业的整体价值就会更高。

实际上,电子商务是当今最强大的资产类别之一。也难怪这么多的私募股权公司、上市公司和大型媒体资产都想要买下有现金流量且发展前景最为光明的网站。

如果你不想自创网站,那也随时可以购买现有的网站,以此为基础继续发展。关键是要建立一个辨识度高的品牌,帮助自己从芸芸众生中脱颖而出。

再者,不要等到成为专家后才敢迈出第一步。早在2006年,我就已经有了创建"财务武士"的想法,但我一直等到2009年才真正启动这个网站,因为我觉得自己要先攒够10年的理财经验才行。

如果我2006年就创建这个网站,那它现在估计规模会更大,我就至少能提前一年辞掉主业工作。有很多人,虽然相关经验不足甚至为零,但他们仍然通过YouTube、TikTok、Instagram和自创平台赚了很多钱。关键在于迈出第一步。一旦你成功起步,你就会拥有自己的品牌。

何时可以把副业变成主业

正如刚才谈到的,副业一开始通常规模很小、没有回报,也很乏味。它需要如山的意志和高度的自律,因为它通常需要一年甚至更久的时间才能看见进步或回报。但一旦你拥有了动力,某一瞬你可能会好奇,是否能将这份兼职的副业升级为专职的主业。

想要做出决定,你只需遵守以下这个简单的法则,即你的副业能够:

1. 满足你的基本生活需求。
2. 让你感到真心享受。

传统的职场生活有很多额外的福利,如公司提供的医疗保险、401(k)

账户、同事关系网，或许还有股权和股票期权奖励。你应该全方位地了解自己所抛弃的福利，并确定副业有足够的收益能够代替这些福利，既能满足你的基本生活需求，又能确保你幸福快乐。

通过计算，我发现兼职或副业的收入要比主业工资高出30%~60%才能完全取代主业的收入以及各种福利。我做了一个表格来解释原因。如果你的主业收入是10万美元，你实际收获的价值其实更高，而且作为员工，你省去了很多支出，这样一种情况下，你的收入才刚好够用。

需要指出的是，如果你为了副业放弃主业，就相当于只剩下一个收入来源。假定这段时间你主业的收入为10万美元一年，同时副业也带来了很多收入，差不多与主业的收入相同。在这样一种副业收入的诱惑之下，你就很想主动辞去主业。

这时候你的收入合计如下：$100,000（主业）+ $90,000（副业）= $190,000。但此时你得保证自己的生活水准还未提到如此高度，因为如果你的生活水准提高了，那丢掉主业后只剩9万美元的收入估计会让你非常痛苦。

副业收入占主业年总收入的百分比

为了进一步思考副业晋级为主业的最佳时机和方式，现在让我们看看不同阶段副业的收入水平。以下基准将副业收入换算为了其占主业年总收入的百分比。

年总收入10%：如果你的副业收入还不足主业年总收入的10%，那现在还不是离开的时机。

表12-1 一个创业者或自由职业者要赚多少钱才能赶上主业收入

员工的全部所得	价值	备注
工资	$100,000	基本工资，不包括奖金
退休福利	$10,000	401（k）匹配＋利润分红（如有）
医疗补助	$6000	个人或家庭
带薪休假	$5770	3周带薪休假
人寿保险	$500	定期人寿保险=5倍工资
短期和长期残疾保险	$7000	带薪产假和残疾保险（可领6个月以上）
日常员工培训	$1000	继续教育课程
最低自动涨薪标准	$2000	保证最低标准，以赶上通货膨胀
小计	$132,270	
员工无须负担的开支	价值	备注
雇主联邦社会保险税	$7650	雇主需为自身和员工各付7.65%
州特许经营税	$800	加利福尼亚州商业经营的最低年纳税额
商业会计师	$1500	保证财务运作正常
簿记员	$1500	有序记录你的所有经济活动
资本开支	$5000	运营轻资产商业所需的电脑、电话
旅行	$4000	出差见客户、参加会议
伙食	$3000	你现有和潜在客户的餐费
办公室	$7200	你的家庭办公室或共用工作空间
营销支出	$3000	帮助你提升知名度
小计	$33,650	

来源：FinancialSamurai.com

年总收入25%：你的势头正不断增强。这可能是一个早期的标志，提醒你是时候弄清如何在忙于主业的同时多腾点时间搞副业了。

年总收入50%：你真的有点本事了，事情开始令人激动了。给自己定个目标，在6个月内让副业收入达到年总收入的75%。

正如我在本书开始时提到的，我的总体储蓄建议是至少存下20%的税后年收入，而终极目标则是尽力达到50%，甚至更高的储蓄率。因此，如果你的副业收入达到年总收入的40%~50%，就足够你平时的正常生活开支。你只要能接受离职后有一段时间存不下钱就行。如果你对副业的发展非常有信心，那你很快就能重新开始攒钱了。

年总收入75%：如果我们已经有了清晰的计划，能够带领副业收入达到年总收入的100%，且这个计划如期实施，那风险容忍度较高的人就会在这个节点选择放手一搏。如果你的主业已经干了有一段时间了，且现在正处于协商遣散费的阶段，那风险就会小一点。

如果你还没准备好离开，那此时可以给自己再订一个为期6个月的计划，并在日程表上把最终的日期标注出来。如果一切都好，那一天就会是你离职的日子。

年总收入100%：当副业收入达到主业年总收入的100%时，再保守的人估计都会选择放手一搏，全职攻克副业。你上班的时候估计满脑子都是副业。所以，你可能会把工作都交给同事，然后协商一笔遣散费就离开。由于付出和回报紧密相关，如果你此时还坚守主业，它可能会阻碍你赚更多的钱。

既然我们已经讨论过了辞职前的财务展望，现在就来谈谈全职投身副业的另一部分考量，即有关爱的问题。

请用以下几个提问快速检测一下你是否热爱你的副业：

1. 你能从中获得快乐吗？
2. 即使没有酬劳你也会做这件事吗？
3. 它是否有一个可持续的发展路径？

答案是肯定的？那你已经为自己赢得了一份生活方式型副业（译者注：生活方式型副业即主要满足自己的兴趣爱好，做自己喜欢做的事情，而不在乎能否赚大钱），同时也意味着你已经打开了财务武士的大门：一份你拥有绝对控制权、充满成就感且收益颇丰的生活方式型事业，在这份事业上你的付出与回报会直接挂钩。

答案是否定的？那也没关系。很多副业都是出于必要或野心才诞生的，而你之所以愿意接受这件苦差事，是因为你知道它的发展走向和收益都在自己的控制之下。如果你的副业是这样的，那可以考虑给它设置一个期限。

这里我想好意提醒一下，为了积累最多的财富，你的主业最好尽量坚持久一点的时间，毕竟它是你最大的收入来源。如果你不是真心喜欢自己的副业，那就始终将其置于从属位置，作为一个额外的收入来源。

我对工作最大的感悟之一就是，当你不是出于生活所迫工作时，它就突然变得有趣很多！这感觉就好比你在高三开始的时候就通过了大学的申请。明确了自己的未来，高中生活瞬间变得多姿多彩。

所以，如果你还能忍受自己的领导和同事，那就放宽心，尽量在这个工作岗位上多待一段时间。你会发现随着副业收入越来越多，你也越来越能容忍自己的工作和同事了。而且，你那至关重要的应税投资组合也会扩充得更大。

追求生活方式型副业还是对高额付出寄予期望？

有一天晚上我和朋友打扑克，然后就聊起了我们经常会谈论的话题：企业家精神。牌桌上的10个人里，有4个初创公司员工，3个谷歌员工，1个高科技公司的律师，1个美国有线电视新闻网的医学记者，最后是我。

那一晚我输了185美元左右，然后我就开始悲痛，想要弥补这些亏损，我要在副业上花多少时间。至少好几小时吧，我想。我的脑子瞬间清醒了，都怪对手在河牌圈时用一张K吃掉了我的口袋Q。

我满脑子都在想副业，然后我问了问和我坐在一起的扑克牌高手：

你愿意一天只干2~4小时，然后一个月赚1.5万~3万美元，还是连续两年一天工作12~18小时，拿着最低报酬，有25%的概率把你的生意卖出1亿美元的价格，自己妥妥净赚2500万美元，但还有75%的概率会一事无成，空有一身经验？（顺便一提，这25%的概率也是比较仁慈的假设了。）

我故意把这个问题设为开放式，想看看会有怎样不同的回答。他们马上就开始以预期寿命为基础计算每月1.5万~3万美元收入的资本化价值，并与第二种高额付出型选择的期望值相对比。毕竟，我们一直都在计算扑克游戏里的期望值（顺便说一下，如果你选择生活方式型副业，那它的实际价值也有400万~2000万美元）。

但我并没有让他们通过计算得出一个结论，而是鼓励他们跟着自己的感觉走。因为即使真实的数据都已摆在眼前，我们这些纠结的人类最终还是会在希望、机会、运气、野心，甚至全然妄想的影响下，依照自己本真的直觉做出决定。

最后，他们都选择了第二种，即高额付出型副业。这个结果出乎我的意料，但考虑到大家都是牌桌上的好友，能做出这样的决定也是情理之中的。其实在场的几个自主创业者心里早已想好最后要以1亿美元的价格出售自己的企业了。

夜色渐深，我终于听见一个人选择了第一种副业模式。他的顺子被同花吃掉了，导致他在2600美元的三人底池中输掉了800美元。

"嗯，一天只工作个把小时就能月入3万，这也不赖。我想我会选它。"

我暗自发笑。我知道他会回心转意，这是他们一贯的作风。

说到底，副业的主要目的是提升你的生活质量。高额付出型副业几乎没有胜算，你大概率会失败。但如果你一开始就明白它有种种困难，那即使失败了，你也会为自己至少曾经尝试过而感到骄傲。再者，根据我的70∶30法则，即使你开始慌张自己好像走错了道路，也仍有高达30%的概率让事态好转。希望是改变的强大动力。

要知道，有很多冒险尝试最后大获全胜的企业家并不比普通人开心多少。巨额的资产伴随着巨大的责任。如果你的每一个举措都影响着成千上万员工的生存大计，你还能自由吗？

要确保副业能为你梦想中的生活锦上添花。我相信，对于大多数人来讲，相对于可能获得巨额财富，选择生活方式型副业才是最佳决策。

财务武士之路

- 开创副业可以帮助你积累额外的收入，用以储蓄和投资。没准它有朝一日还能取代你的主业收入。你只有试过才知道。

- 不要等到成为专家或万事俱备之时才开启副业。你可以在行动的过程中一探究竟。

- 一旦副业收入可以承担得起基本的生活费用，你就可以把主业抛之脑后了。但是，工作终究是一份安全保障，能够保护你在工作之余承担更多的风险。

- 被高价收购或是最终上市的初创公司会收获所有的名与利。但是，大部分初创公司的员工最后都不会赚到大钱。所以，还是考虑生活方式型副业吧，看看它能否将金钱、自主权和自由完美融合。如果不行，你也随时可以冒更大的风险。

- 利用周末给自己充电，同时也在这段时间创造自己的理想生活。你的付出也许眨眼间就会消失在时间的洪流中，但努力的成果却可能让你终身受益。

第四部分
专注于人生最重要的事

合理安排你的工作和投资只是财富积累战略中的一部分。实际上，金钱只是一种手段，终极目标是过上你能拥有的最好生活。

影响财富潜能和整体满足感的选择还有很多，如上什么学校、找什么样的人生伴侣、要不要孩子、如何照顾家人，以及选择什么样的饮食方式。

一旦步入追求财务自由的正轨，你的目标就应该转向为人生一切最重要的事情寻找最优解。

现在让我们来探讨一下，那些无法用电子表格展现的人生选择会对你的财务自由之梦造成怎样的影响。

第13章

教育投资不能省

这点我再怎么强调都不为过：教育能带给你自由。

从财务自由的角度出发确实如此。而且，教育会渗透到你人生的方方面面，它能让你做出更好的选择；它能帮助你摸清自己的职业道路和投资方向、帮助你挑选人生伴侣、教你如何开创企业并成为更快乐的人；通过教育，你能理解并与不同的文化和思维方式产生共鸣。你接受的教育越高，就越自信。

我要明确一点，我所讨论的不只是正规教育。就算没有金灿灿的学历，甚至没有任何文凭，你也一样能获得财务自由。获得大学文凭确实能给你带来更多的就业机会。它是你提高实现财务自由概率的最佳选择，但不是必需的。所以我很兴奋地发现，如今大部分教育都可以通过网络免费获取，准入门槛很低。大部分顶尖大学都会在网上晒出自己的教学大纲。其他免费或是低价的学习机会更是数不胜数，比如博客、播客和本地图书馆提供的课程。

我遇到的最易怒的人中，有一部分就是几乎没受过任何教育的——再强调一遍，我指的不是那些名校学位。我指的是任何一种教育，只要它能让你看清且理解事物的不同方面，或是让你拥有自信自尊、为自己选择的人生竖大拇指就行。你可以通过阅读或旅行，让自己所接受的教育与不同的文化相碰撞，或只是驻足原地，花足够长的时间倾听与你不同的声音。

一个强大的思维一定是开放的。从不同的声音中汲取养分，不断改进自己的思维。

教育是父母能给孩子的最好礼物之一，即送他们上学并花尽量多的时间陪伴他们、向他们解释事物运行方式背后的本质。后者与学校教育同样重要。

教育也是我们能送给自己的最好礼物，但涉及教育支出的决定很快会令人迷茫，尤其是从实现财务自由的角度出发。从私立学前班到名牌大学，我们在教育上的支出似乎永无上限。同时还有很多免费的教育机会，能让我们拥有等量的知识储备。什么样的教育开支才是值得的呢？本章会回答这个问题。

我知道会有处于不同人生阶段的读者阅读这本书。我希望我的建议能够帮助广大父母在幼儿的教育问题上做出最佳决定，也帮助他们指导已步入青春期的孩子选择自己心仪的学校。本章内容也献给那些在职场中手足无措的朋友，教育是帮助你逃离糟糕工作处境的最好工具之一。

在你往下阅读并寻找理想选择的同时，请牢记你的最佳举措：永远要学习，不管摆在你面前的是什么形式的教育。要相信学无止境，你积累的知识和技巧会在很大程度上决定你的收入和所获得的机会。

不要不顾一切地追求名校光环

我想强调一个重要的事实：在你工作几年之后，根本没人在乎你是不是名校毕业，甚至没人在乎你上没上过大学。

唔，我收回上一句话。有两群人在乎：第一群人是你的父母，你上个好学校，他们才好在自己的朋友聚会上吹嘘；另一群人是几乎没有任何工作经验的应届毕业生。

如果你刚从大学毕业，那招聘主管就会把关注点放在你的毕业院校上，因为这通常是他们用来判定你能否胜任工作的关键信息。记住，最初级的员工是公司的成本中心。你的目标是向他们展示招聘你是一项低风险的行为。以优秀的成绩从顶尖大学毕业，这对雇主来说是一个强烈的信号，预示着招聘你很可靠。但在你拥有了首份工作之后，你未来的招聘优势就都要体现在你的工作能力和团队合作能力上了。

也就是说，名校光环能在毕业之初增加你获得工作面试的机会。而如果同批面试的候选人在其他各个方面都条件相等的话，那毕业于更顶尖大学且绩点突出的人则有更大机会获得工作。

某些行业可能会更看重你学校的排名。银行业的公司、科技公司、管理咨询公司和大型律师事务所主要招聘全美排名前25的学校。如果你或你的孩子下定决心要在其中一个行业工作，那就要好好谋划一下未来选择的学校。联系就业指导中心，了解一下哪些公司会来该校招聘。

当然，也有一些不上精英大学的例外情况。我们都知道有些人上的是州立大学，或是排名25开外的学校，毕业后仍获得了很好的工作，有些人甚至也在我上述提及的行业里拿到了工作机会，我自己就是。

我毕业于威廉与玛丽学院，它是弗吉尼亚州的一所公立大学，但它并非投资银行业的目标院校。而我毕业后的第一份工作在高盛集团做财务分析师，要知道，这里主要管理部门岗位的录取率从当时到现在都只有5%左右。

我在高盛集团没有任何熟人帮忙牵线搭桥，我也没有任何特别的优势。我所做的只是不懈努力，取得好成绩，每天研究市场动态，并在早上6:00同龄人还在熟睡时搭上一辆巴士，去华盛顿参加一场招聘会。

在现场，招聘人员一直追问我各种问题，他问我美联储在过去几年里调整了几次利率、我认为市场未来的发展方向是什么，以及我对于各大公司发展前景的看法。这个盘问的过程实在是太恐怖了，所以我认为自己肯定通过不了。结果，一个月之后，高盛集团又邀请我去参加更多面试。最后，我从整整7场55次面试中杀出重围，拿到了录用通知。

我待会儿会详细讨论支付高额学费上一所顶尖大学是否值得，但现在我只想强调，名校学位并非获得成功的灵丹妙药。

如果你的学校不够顶尖，你也还能通过其他努力，增加你毕业后的就业机会，如上一辆该死的巴士、投递更多简历、参加更多招聘会、建立更多人际关系、成绩全优、在你感兴趣的领域做副业或是自主创业。即使你的学校很普通，也不意味着你会就此停滞不前。你只需要鼓励自己去充实其他部分的履历，以此向雇主展示，招你进来工作风险不大。

工作大约2年以后，你的就业优势就全体现在工作能力和人脉网上了。与其把大学当作财富的保障，不如把它想成偶尔也会失效的就业保险。

所以要怎么做？选择你可承担范围内最好的教育，因为归根结底，学校是第一份工作的敲门砖。一旦你拥有了最好的机会，就要靠自己的双手来展现工作能力了。如果你能成功证明自己的工作能力，就会有更多的机会向你涌来。

"你可承担范围内最好的"是一个很重要的前提条件，不要不计一切代价追求名校光环。没必要为了毕业后更容易获得那些炙手可热的工作而背上六位数的学生贷款债务。如果你下定决心要进入一个看重名校学历的行业，而你又确实拿不到奖学金，那可以考虑去学费便宜一点的学校读1~2年，取得非凡的成绩，然后再转到排名更高的学校学习。又或者你可以先进入一所学费适中的普通大学，然后拿下超高绩点，并在课外活动中表现突出，以此给未来的面试官留下深刻印象。大学生应该充分利用暑假和寒假时间，积累重要的相关工作经验。

如果你正处于职业生涯中期，且面临职业困境，那也可以利用教育来提升自己的水平。无论何时，你都可以再读一个研究生，或是拿下某领域顶尖大学的结业证，以此进入一个新行业重新出发。如果你确切地知道自己想做什么，并确定自己能够通过认证，那可以考虑在线教育证书，它能很好地代替昂贵的四年制学位和研究生项目。

最重要的是，要确保你接受教育是有目的的——追求名校光环不该是你的主要目的。

贷款上私立学校还是去费用较低的公立学校？

你不是唯一上不起名牌私立大学的人。教育数据协会表明，公立学校的本科生有1380万人，占本科生总人数的78.9%，而私立学校的本科生仅占21.1%。我就是那78.9%中的一员。我只申请了一所私立学校，就是巴布森学院，因为我对创业很感兴趣。但是，我既没有聪明到能获取高额奖学金，又没有有钱到能全额支付学费。

但是，我在亚洲生活的时候确实上过私立的国际初中（学费由美国政府出，因为我父母是外交系统的工作人员），回国后上的是公立高中和公立大学。我发现我的私立初中和公立高中在教学质量上没有太大的区别。

从威廉与玛丽学院毕业后，我勤勤勉勉奋斗了13年，努力储蓄投资，终于在34岁的时候实现了中等水平的财务自由。自公立学校毕业后，我过得一直很好。威廉与玛丽学院每年的学费只要2800美元，而同等级的私立学校，当年的学费却要2.2万美元。上公立学校的投资回报率真高。

学校的排名时刻都在变化。随着评估机构不断调整排名的评定标准，公立学校在榜单中的名次也越来越靠前。《福布斯》就是众多评估机构中打头阵的那个。在2021~2022年的大学排行榜中，它改变了自己的评估标准，把一所学校能否供无法承担高昂学费的低收入学生就读纳入考量标准。现在，《福布斯》也搜集了大量有关毕业生成就的数据，并把它们作为排名的考查因素之一。

将这些新的因素纳入考量之后，2019~2021年，众多公立学校在《福布斯》榜单上的排名都飞速上升（2020年未进行排名）。加利福尼亚大学伯克利分校的排名从第13直奔第1；加利福尼亚大学洛杉矶分校的排名从第38上升到第8；加利福尼亚大学圣迭戈分校从第70上升到第25。与此同时，哈佛大学的排名从第1降到了第7。

不管一所学校的排名如何，我们都知道，一所私立学校，或是更广泛来讲，一所大学并不能保证你一定能取得非凡的成就（说得更实际一点，它并不能保证让你成为一个特别的人）。

把孩子送到私立大学并全额支付学费只能保证一点：你要花一大笔钱。

所以，让我们先把对公立学校的偏爱置于一边，通过简单的数学计算，客观地分析到底上哪种学校好。

我明白很多父母把孩子送到私立学校是出于宗教原因，或是为了小班教学、让孩子得到更多的关注。也有的父母是冲着能满足孩子特殊需求的个性化课程去的。这些理由都成立，如果你的家人出于特殊需求要求你去私立学校，不管花多少钱都无所谓，那就去吧。你知道怎样选择对家人最好。

当然，还有一些朋友可以通过奖学金或其他支援项目免费或低价进入私立学校，那就真的太棒了！请务必要充分利用这个机会。想要进某个学校的可能情形和原因还有很多，说也说不完，这里就不做赘述了。

我现在的目标是帮助在两种学校间摇摆不定的人做出选择，他们纠结的原因可能是去私立学校读书经济压力太大，或是这两种学校均能很好地满足他们自身或孩子的需求——至少两边差距不大。从学前班到大学，我的计算适用于所有阶段的教育。

这个计算对以下群体也很有价值：

● 想要了解自身教育真实花销的学生，同时也了解父母为给他们更好职业前程所做出的牺牲。

● 收入高于助学贷款的申请条件但又无法轻松支付私立学校学费的父母。

● 觉得上公立学校很羞耻的学生、觉得把孩子送到公立学校很羞耻的父母、有点羡慕别的孩子真去私立学校上学的学生和父母。

所以，如果你正在考虑让自己或是孩子去私立学校，那可以通过以下这个简单的等式来决定自己是否承担得起：**要考虑送一个孩子去私立学校读书，你的家庭收入至少要达到其净学费的7倍。**

也就是说，如果你只有一个孩子，且他每年的学费要2万美元，那你的家庭收入至少要14万美元。如果你的孩子一年能拿8000美元的奖学金，那你的家庭年收入最低为8.4万美元。私立学校年级越高，学费也就越高。但没事，反正你的家庭收入也会同步增长。如果你的孩子还能继续拿奖学金，就能进一步降低净学费开支。记住，你身上仍肩负着努力存款和投资的重任，以建立被动投资收入，早日实现财务自由。

如果以我的7倍学费指南为基础，你发现自己可以轻轻松松承担起私立学校的费用，那就放心选择它吧——前提是其他条件相同。如果你认为私立学校不适合你的孩子，也可以随时转到公立学校去，顺便省下一大笔学费。正如我前面提到的，选择你可承担范围内最好的教育，因为它是你第一份工作的敲门砖。第一份工作能够找好，未来的机会就会越滚越大。

如果你考虑的是私立学前班，那它能提供的关键机会就是直升私立小学的渠道。如果你考虑的是私立高中，那上某所顶尖大学的"附属高中"能给你带来巨大的机会。

那些没有渠道送孩子去公立学前班的父母尤其喜欢讨论私立学校和公立学校间的利弊。大部分城市的学前班都是私立的，而且都不便宜。如果你除了昂贵的私立学前班别无选择，那在其他条件都等同的情况下，你当然要争取进入评价最好的学校，反正去哪里都要花那么多的申请费和学费。

不管你在考虑哪个阶段的教育，现在先让我们来对比一下两种学校的实际花销。因为即使你能够负担得起私立学校的学费，也还要考虑这笔钱值不值得花。要有一个框架作为辅助，你才能更好地做出决定。

先来算一下孩子从幼儿园到四年制大学都上私立学校的花销。下一页表格列举了各个阶段私立学校的真实学费，包括旧金山中美国际学校从幼儿园到8年级的学费、旧金山大学附属高中9~12年级的学费以及普林斯顿大学四年的学费。再者，一般来说，上私立小学的家庭每年还要再多交500~5000美元用于捐款、买书和学校旅行等。其他大城市，如纽约、波士顿、洛杉矶、西雅图和华盛顿，它们的学费和旧金山差不多。另外，学费预计每年都会上

表13-1 私立学校学费总额

年级	学费*	学校
幼儿园	$33,900	中美国际学校
一年级	$33,900	中美国际学校
二年级	$33,900	中美国际学校
三年级	$33,900	中美国际学校
四年级	$33,900	中美国际学校
五年级	$33,900	中美国际学校
六年级	$33,900	中美国际学校
七年级	$33,900	中美国际学校
八年级	$33,900	中美国际学校
九年级	$54,130	旧金山大学附属高中
十年级	$54,130	旧金山大学附属高中
十一年级	$54,130	旧金山大学附属高中
十二年级	$54,130	旧金山大学附属高中
大学一年级	$56,010	普林斯顿大学
大学二年级	$56,010	普林斯顿大学
大学三年级	$56,010	普林斯顿大学
大学四年级	$56,010	普林斯顿大学
总费用	$745,660	
如果用来投资，且复利年回报率为 4%	$1,038,000	
如果用来投资，且复利年回报率为 5%	$1,131,000	
如果用来投资，且复利年回报率为 6%	$1,235,000	
如果用来投资，且复利年回报率为 7%	$1,350,000	
如果用来投资，且复利年回报率为 10%	$1,776,000	

* 学费数据截至 2021～2022 学年，每年可能增长 3%～6%。

来源：FinancialSamurai.com

涨3%~6%。

总之，如果你计划从2022年开始把孩子送到旧金山的私立学校就读，那从幼儿园到大学毕业，你至少要支付745,660美元学费。但如果你把这笔钱用于投资，按保守的5%复利年回报率计算，17年后你会拥有113.1万美元的资产。

所以，设想私立学校教育总花销超过100万美元是相当合理的（因为我下一页的表格并未计算学费的增长或捐款开支）。

现在，让我们来看一下上大学的潜在经济回报。根据乔治敦大学教育和劳动力中心发布的《投资回报率初尝试：4500所大学排行榜》（A First Try at ROI: Ranking 4500 Colleges）显示，上非营利性私立大学的经济收益为83.8万美元，而上公立大学则是76.5万美元。

也就是说，该数据显示，放眼普通人的工作生涯，上非营利性私立大学的价值要比上公立大学高7.3万美元，也就是9.5%左右。这个差距是否很大，甚至具有统计学意义？这很难说，因为一个人毕业后的经济成就由诸多变量决定。但是，我们最起码可以把这7.3万美元的投资回报差距与它们实际的费用差距相对比，然后做出更明智的决定。

有趣的是，对比生活成本，纽约、旧金山、檀香山、西雅图和华盛顿这些高成本城市的私立小学学费反而比较便宜。如果你正犹豫不决是否要将孩子送到私立小学，那请记得一定要打听一下财政援助。

想象一下如果有100万你能干吗？

我希望所有考虑私立学校的父母和学生都动手计算一下。想象一下你的毕业场景，没有学生贷款债务，只有父母在余兴派对上欢呼："恭喜你大学毕业！你可以自由追寻自己的梦想，在你喜欢的城市定居，买一套房子，甚至可以直接生个孩子，反正这里有一张100万美元的支票。"你余生都再无忧烦！

如果你22岁毕业，把这100万美元全部用于投资，每年再额外储蓄和投资2万美元，以5.4%复利年回报率计算，你到了40岁会有319.2万美元资产。无须多大努力，就能在40岁之际实现财务自由，也太棒了吧。但真正美妙的地方还在于你能在刚成年的时候就有随心所欲追逐梦想的自由。

当然，年纪轻轻就拥有100万美元也可能让你变成一个游手好闲的人。但另一方面，有了如此的财务保障，你也会获得前所未有的成功，因为你可以承担巨大的风险。看看比尔·盖茨（Bill Gates）和马克·扎克伯格（Mark Zuckerberg），他们都是有钱人家的孩子，从大学辍学根本不慌。

想要让孩子在金钱问题上保持清醒，关键在于要时不时和他们交流财富创造的点点滴滴。在孩子的成长过程中，你越是经常和他们探讨各类财务话题，他们在收到你那100万支票后就会表现得越淡定。如果你觉得自己的孩子还有待成熟，那随时可以把这笔钱拆分成多份，然后在不同的条件下发给他们。

如果我在22岁的时候有100万美元，那我会先用20万美元给纽约一栋价值100万美元的住宅支付20%的首付。然后我可能会愚蠢地浪掷10万美元买一辆不错的轿车和一辆摩托车，毕竟我工作刚满一年的时候干过这种事。揣着兜里剩下的钱，我可能会投资60万美元买股票，再投资10万美元买债券或存款证明书。这样一来，当年的100万美元如今可能会变成400万美元，其中光是纽约的房产就价值250万美元左右，而且也已还清所有贷款。当然，也有可能这些后知后觉的美梦只是自己戏弄自己罢了。

如果你决定孩子毕业后不给他这100万美元，那就想想这笔钱对你的退休时间有什么作用。以一年10万美元的开支计算，你至少能提前10年退休。而对于居住在高成本沿海城市、平均年开支接近20万美元的人来说，少在职场地狱待5年也是天降之礼。

意外之财带给你的最好礼物就是节省时间。你每活一年，余生就缩短一点。思考一下，你愿意放弃多少钱来换取时光的倒流或休闲的生活。

对于渴望把孩子送去私立学校读书的家长，这里还有一个设想可供参考。如果你花了一大笔钱支付私立学校的学费，最后发现你的孩子和那些公立学校毕业的人干着同样的工作，你会怎么想？还有，当你孩子成年后发现，你为了送他们上私立学校而推迟好几年才实现财务自由，他们会怎么想？孩子成熟以后终会感激你做出的牺牲。

如果你把孩子送去私立学校，你对他们的期待自然会更高。而且，你的孩子也有自知之明，他也会对自己有更高的期待。我选择威廉与玛丽学院的一大原因就是它学费便宜。一年2800美元的学费，我回到老东家麦当劳工作，只要4美元时薪，收入就足以付清学费。卸掉了追求成功的压力，我可以尽情享受大学生活。

记住，快乐=结果−预期。你在一件事情上所花的钱越多，你对回报的期待也就越大。

如果你的家庭收入超过了每个孩子全年净学费的20倍，你对孩子的期待就会放得更低。比如，即使你的孩子上的是康奈尔大学，每年光学费就要6.1万美元，最后却只是在购物广场做着工资最低的工作，你可能也不会太过失

校园霸凌

麦克林高中是弗吉尼亚州费尔法克斯县的一所公立高中,我在那上学的时候受到了很多负面因素的影响,也遇见了很多麻烦。即使那个区域也有一些顶尖学校,我还是要时不时提防着校园霸凌。

有一天,我在课桌旁系鞋带,一个身材结实的孩子把我推倒在地。他一直骚扰我,最后我一拳打在他的脸上,弄碎了他的眼镜。我俩被停学了好几天,但所幸他后来再也没有欺负过我。

还有一次,有个恶霸带着把蝴蝶刀来学校,扬言要刺我,而且谁敢拦他也是一样的下场。他肌肉健硕,所有人都怕他,所以当着他的面没人敢说一句不是。

还有一个问题儿童,把低年级的孩子推到储物柜前,逼着他们交出午餐费。最后,他在《杰瑞·斯宾格秀》(the Jerry Springer Show)上揭露了自己和家人存在的一切问题。

这些霸凌者有一个共同点,那就是他们的家庭氛围都很糟糕。要么是没有父亲或是父亲有暴力倾向,要么是全家人都在贫困线附近挣扎。他们的家庭生活一塌糊涂,所以在学校里,他们会把自己的痛苦发泄在其他孩子身上。

回首往昔,我经历过的最严重的暴力事件都发生在学生时期。虽然我深知世间险恶,早已拥有了巧妙的生存能力,但把孩子送去一个安全且温馨的环境学习还是很重要的,这样他们才不会担惊受怕。去寻找一向抵制暴力的学校,然后挑选出愿意与家长构建亲密伙伴关系的那些学校。家长的参与度越高,校园的学习环境就会越安全温馨。最重要的,是要问问孩子是否觉得安全。

望。毕竟,你的家庭年收入至少为122万美元。你甚至还会开始为这份工资最低的服务员工作说好话,心想它没准对你那一贯养尊处优的孩子还有点帮助!

要旨就是,如果你的家庭收入等于或大于每个孩子全年净学费的7倍,你就能放心把孩子送入私立学校，尤其是在本地公立学校系统管理不善的情况下。但是，如果你们本地的公立学校系统久享盛誉，且你的孩子有能力进入一所优秀的公立大学，那无论如何都要选择公立学校，然后把省下来的钱用于投资。

通过529计划攒大学学费还是略过它？

毋庸置疑，当然要为了上大学和私立小学而储蓄529计划。无论何时，我都推荐你们好好利用节税投资工具，并对资金的具体用途进行划分。529计划与罗斯IRA等"免税"退休计划相似，你存进去的都是税后收入。但是，所有的复利收益和符合条件的教育支出都是免税的。

多亏了2019年通过的《退休金提高法案》（Setting Every Community Up for Retirement Act），529计划的功能自2020年起增加了很多。如今，529计划可用于支付：

- 所有的大学学费和相关的合资格花销；
- 基础教育阶段的学费及相关的合资格花销，每年最高1万美元；
- 学徒计划及相关的合资格花销；
- 帮助529计划受益人的兄弟姐妹偿还合资格的分期教育贷款，最高1万美元。

鉴于它好处这么多，如果你有孩子，那存储529计划确实意义非凡。要始终利用好政府给你的一切福利，最大程度发挥你手头资产的作用。天知道我们这些辛勤劳动的公民被征了多少税！

但是，如果往529计划里存太多钱，那你手头那点有限的资源可能就无法得到有效配置。你每往529计划里存1美元，你的退休储蓄、房屋首付或是与朋友一起的环球大冒险就少了1美元资金（尽管如此，最坏的情况下，如果你存得太多，那剩余未用完的资金也可以随时传给下一代）。

要决定529计划里存多少钱并不容易。在决定理想的储蓄金额时，应当考虑以下几方面的内容：

1. **查清现在和过去上名校的费用。**假设你女儿想上威廉与玛丽学院或是加利福尼亚大学伯克利分校——这两所公立大学学费合理，名声也好，那你可以上它们的官网了解一下当前和历史的学费。

一旦你计算出学费的历史复合增长率，就用它来预计一下你女儿入学那会儿的学费，然后再计算一下要赚、要存多少钱才能支付得起它们。

很多阅读"财务武士"的父母会建议你攒够所在州王牌学校的学费。我很喜欢这个建议，因为它足以应付各种情况。并且，当你孩子要选择上哪所学校的时候，你就可以借机和他聊聊重要的金钱话题。

2. **实事求是地估计你未来会有几个小孩。**就算你真的克服困难，在高龄时很有福气，拥有了更多的小孩，你也仍有大把时间可以为他们的未来储蓄、投资。并不是说他们一出生后你的开销就瞬间从零直冲上千美元。你有足够的时间慢慢存款。

3. **仔细观察你孩子的认知能力和兴趣。**想要客观观察孩子的特质几乎不可能。你当然会觉得自己的宝贝是全天下最可爱、最聪明、最漂亮且最善良的小孩。但还是要努力客观看待，把你家孩子的进步与各种里程碑及其他同龄小孩的情况相比较。

谈到孩子，你应该不希望经历达克效应，即错误地高估孩子的能力。如果你是这么想的，那你会给孩子一种虚假的安全感。而在进入现实世界后，这种安全感会被彻底粉碎。要夸赞孩子的努力，而非结果。

不是所有人都需要或是应该上大学，更别提私立小学或私立大学了。如果你的孩子不喜欢学习二次方程式，而是宁可靠修车维持生计，那送他去职校或许更好。职校的学制不如大学长，学费也没大学贵。所以，你就可以不必往529计划里存那么多钱了。

把孩子的教育与他们的兴趣相匹配，不要总想着自家孩子要上大学或是拿奖学金。

4. 关注529计划的法规与政策。虽然《退休金提高法案》已经通过了，但在真正实践之前，还是没有人确切知道如何提取529计划里的资金来进行支付。我完全能预料，有一天我想从中取出10万美元却取不出来，是因为我忘了遵守某些法规。

未来20年会有越来越多的美国人有机会免费进入知名大学学习。关于取消学生贷款的讨论也从未停止过。在决定要为孩子的教育存多少钱时，先关注一下政治对话的要旨和事物的发展趋势。

5. 确保自己有充足的退休储蓄。不管执政党是谁，确保自己的经济状况良好总归有好处。

对于父母来说，实现财务自由的难度会大很多，因为我们不仅要为自己的退休储蓄，还要为孩子的教育提供资金。结果，想要提早退休或是实现财务自由简直就是难上加难。

但记住，你的财务健康永远应该排在第一位。毕竟，如果你照顾不好自己，又谈何照顾孩子？你必须要能存满自己的税收优惠退休账户，同时扩充你的应税投资账户。

想象一下，如果每个孩子都能在经济状况稳定的家庭里长大，父母不必成天担忧着生计问题，也有更多时间陪伴孩子，那这个社会会变得多么美好。

6. **以现实回报率设想未来**。没有人知道投资529计划未来的表现如何，但我们知道股票的平均回报率为10%左右，而债券自1926年以来的平均收益率为5%左右。但是，我们也都知道股票和债券市场正不断走低。以历史回报率为基础，一个60/40投资组合的年复利收益率可能为8%。

更换529计划的受益人

如果529计划里的存款太多，那你随时都可以更换它的受益人。想必一定有亲戚家的小孩需要这份帮助。最坏的情况是你把里面的资金用于规定范围外的开销，那你的收益所得不仅要缴纳10%的罚金，还要再征收所得税。你没准还要把之前申请的所有州所得税抵扣额补缴回去。

但是，对于那些遗产价值超过遗产税起征点的人来说，我强烈建议把529计划视为代际财富转移的工具。也就是说，你不仅要更换账户剩余资产的受益人，还要考虑多资助几个529计划，为尽量多的家人和亲戚储蓄。

每年给你孙子或孙女的529计划存1.6万美元，连续5年，要比为这8万美元支付40%的遗产税划算得多。以节税的方式创建家庭教育基金是保证后代生存的好方法。

要不要攻读工商管理硕士？

作为加利福尼亚大学伯克利分校的工商管理硕士，我本应该非常拥护商学院。但不幸的是，我现在越来越难以为工商管理硕士正名，因为它的学费实在是贵到离谱。拿美国排名前10的所有工商管理硕士项目来讲，它们每年的学费都在6.4万~8万美元之间，其中大部分在7万美元上下。一旦算上伙食费和住宿费，一年花销随随便便就会达到10万+美元。学生们不仅放弃了两年的工作经验，其收入损失中值还达到了15万~30万美元。

除非你符合以下条件之一：已经是个富人、大学成绩一团糟、想放个奢华长假、喜欢学习、已经拿到了一大笔助学金、厌恶自己的工作所以想换个职业，否则不要考虑花钱攻读全日制工商管理硕士项目。它不像理工科或人文学科的研究生项目那样可以轻而易举拿到奖学金，商科几乎不会给学生免费发钱。

如果你正在考虑攻读一个工商管理硕士项目，请先和你的雇主确认公司是否有报销学费的项目。这对于公司既是一笔商务开销，也是招聘和保留顶级员工的筹码。如果你打算自己承担全部学费，那就调查一下这些学费可以抵扣多少的应税收入。比如，如果你上学那年的收入不超过8万美元（已婚者不超过16万美元），你或许就能扣除所有的学费和学校相关的其他费用。更多有关学费抵扣的信息请参见http://www.irs.gov/publications/p970，记得向会计核实。

尽管如此，攻读雇主资助的工商管理硕士项目仍是最佳决策，即便就读学校可能并非什么名校。但这个组合能够把你的开销降到最低，同时提高你未来的赚钱能力。如果你上的是非全日制项目，那你还能兼顾工作，这样上学的过程中就无须放弃整整两年的收入。

我在2003~2006年上加利福尼亚大学伯克利分校哈斯商学院的时候，一年学费在2.8万美元左右。我当时觉得这个学费实在太高了，而且雇主表示，如果我毕业后在公司继续干至少两年，那他就愿意支付80%的学费。

那3年时光很艰难，我一边要上班，一边又要抽出时间去学校。我整周的时间都要上班，只有周六上午9:00到下午5:00有空上课，然后周日再学习半天。但我觉得一切都值得。从如何更好地谈判和交流，到如何正确分析现金流量表和房地产交易，我学到了很多实用的技巧，可以用于生活的方方面面。

但我在商学院学到的最重要的事是自信。我从20多岁时那个备受高级投资组合经理恐吓的年轻人，成长为了现在可以与数十亿美元资产的管理者一起谈笑风生的模样。我终于听懂了他们在每一场会议里谈论的内容。多了一份文凭，又多了3年的工作经验，我终于开始感觉金融世界有我的一席之地了。

虽然工商管理硕士的学费高到离谱，但你不会后悔有这份经历。你会遇到很多有趣的人，参加美妙的学校旅行，并永远归属于某个团体。这趟旅程非常值得。

你只需要保证自己毕业后至少还会工作10年，或是在离职前至少赚到攻读该项目总花销10倍的收入，这两个条件不管满足哪个都行。毕竟，攻读工商管理硕士的出发点就是为了让你的投资回报率最大化。

一个顶尖的工商管理硕士项目能带给你更多的选择和人脉。你在商学院认识的人往往都有很好的工作，有些人甚至还可能是成功的企业家。10年后，你的人脉关系网只会变得更加强大。因此，要确保与他人建立良好的关系，并时常保持联系。

记住，不管你怎么选择，攻读工商管理硕士的出发点就是为了让你的投资回报率最大化。不要让这两年时光演变成奢侈的度假，而是要把它视为你一生最重要的投资之一。

财务武士之路

- 不要被名校光环遮蔽了双眼。名牌私立大学确实可以帮助毕业生在面试时获得首份工作机会，但它并非成功的灵丹妙药。以牺牲重要的财务目标为代价支付私立学校的学费一点也不值得。
- 小学是为了给孩子提供一个温馨的学习环境，让孩子有安全感，同时也感觉自己受到重视。如果你可以找到这种类型的公立学校，那就已经达到了理想境界。如果找不到，那就把眼光转向私立学校。最好的学校里，父母的参与度往往很高。
- 一旦你的家庭收入超过每个孩子全年净学费的7倍，你就可以认真考虑把孩子送去私立学校，尤其是在本地公立学校系统管理不善的情况下。但是，理想情况是把孩子送入管理得当的公立学校，然后把省下的私立学校学费用于投资。你最了解自家孩子的需求。如果你能找到一所包容性更强的学校，那花多少钱都值得，即使你的收入还未达到全年净学费的7倍。教育开销只是暂时的。
- 和储蓄税收优惠退休计划一样，如果你有孩子，那储蓄529计划也是必需的。就算你储蓄太多了，也可以更换受益人。如果你的遗产价值超过了遗产税起征点，那就资助多个529计划，以降低遗产价值。
- 攻读工商管理硕士的风险越来越大，因为它学费高昂、毕业生供给增加且学制漫长。理想情况是你在继续全职工作的同时让雇主资助你上学。
- 保持开放的心态。不管什么形式的教育，都有新的学习空间。比如，读我这本书可能就会是你最好的教育投资之一。

第14章

呵护家庭

你是想要做个有钱的单身汉还是与一生挚爱安守清贫？

不要回答，这个问题有陷阱。事实上，这两种情况都不是最佳选择。

一个人的生活不值得过。如果有很多钱却无人可分享，那又有什么意义呢？把钱花在配偶和孩子身上的乐趣往往大过花在自己身上，资助最需要帮助的人也是一样。

但正如我们需要他人的陪伴一样，我们也很需要钱。那些说着自己宁愿与一生挚爱安守清贫并且真的这么做的人很快就会发现，那样的生活有多么艰难。从饮食这些基本生活需求到追求梦想这样的人生大事，你生活的方方面面基本会被贫穷制约。

如果你想要成立一个家庭，你就会担心自己是否有经济能力生孩子。如果你真的有了孩子，你又会焦虑自己没有钱给他们提供更好的机会。无法为孩子考虑周全会让你始终有种挫败感。数据是很伤人的：36%左右的离婚是因为经济纠葛。

好在这不是一个非此即彼的命题。你可以同时拥有爱情和金钱。这才是最佳选项，所以我们花在建立关系上的时间要和花在优化财务上的时间一样多。

如果你是单身，这就意味着你要优先考虑寻找自己的人生伴侣。工作太容易霸占你的全部思绪，最后你获得了成功，却无人可以分享。如果你已经找到了另一半，这就意味着你每一天都要花时间呵护这段感情。我们很容易忽视最亲近的人。

爱与金钱永恒相交，尤其是在孩子出生以后。当然，抚养孩子要付出很多，但这只是我们责任的一部分。他们很快就会长大成人，会做出自己的财务决策，而我们的职责则是帮助他们做好准备。

我对爱与金钱的核心信念是：如果我们爱一个人，就应该帮助他们实现财务自由。这句话既适用于另一半，也适用于孩子。在经济上依赖别人会让你在繁荣时期束手束脚、在低迷时期捉襟见肘。

我心目中充满爱与家人的生活是什么样的？在你寻找答案的同时，让我们也来探讨一下在这过程中如何做出理想的70∶30选择。我们人生中的大部分幸福与痛苦都来自朋友和家人。所以，我们在为钱奋斗的过程中至少要花等量的时间呵护彼此的关系。

结婚还是一辈子同居？

让我们来通过计算认真看待一下这个问题。结婚和同居哪一个是更好的财务选择？这个答案要由两个因素来决定：税收和社会保障金[①]。

高收入（一般是两人收入合计大于或等于50万美元）的已婚人士要缴纳所得税罚款。所以，如果想要节税，你可能会更倾向于同居。

使用税收政策中心的婚姻计算器计算，一个年收入50万美元的人如果与一个年收入8万美元的人结婚，那他一年就要多纳税1.3万美元，20年就要多纳税26万美元！而如果你每年都拿1.3万美元去投资，以8%的年复合收益率计算，20年后你会拥有64.2万美元左右。想想拿着这么多钱你能做些什么，再决定合法结婚值不值得。

具体的规定时刻都在变化，你的纳税额由个人的诸多因素决定。咨询你的税务顾问，通过免费的在线婚姻税务计算器预估一下纳税额，看看如果结婚要多花多少钱。最重要的是要和伴侣讨论一下这些可能的影响。

最重要的也是经常受到忽略的因素是社会保障金福利。到了社会保障金的申领年龄时，已婚人士能享受更高的经济福利。美国社会保障总署允许人们领取配偶福利，金额最高可达收入较高那方社会保障金的一半。已婚人士可以自行在以自身收入为基础计算的社会保障金和配偶福利间选择金额较高的那个领取。

比如，假定以自身的收入为基础计算，苏珊每月可领3000美元的社会保障金，而她的丈夫马克每月只能领1000美元。如果马克选择（最迟）在法定退休年龄到来之时领取社会保障金，且此时苏珊已经开始领取自己的那份了，那马克每月就可以选择不领取以自己收入为基础计算的1000美元社会保障金，而选择总额1500美元的配偶福利（即苏珊所领社会保障金的50%）。

在社会保障金方面，已婚人士的另一大福利是尚存配偶可以继续领取已故配偶的社会保障金。如果你们没有结婚，即便已经一起生活了几十年，一

---

① 这里特指美国的税收和社会保障系统。

方过世后，他的社会保障金福利就会跟着消失。政府许诺给你的社会保障金可以给到你指定的亲戚或朋友吗？不行，如果你过早离世，那你这些年通过联邦社会保险税支付的全部社会保障金都会归政府所有。

对于净资产较少的低收入人群来讲，你的理想举措就是结婚。这样一来，你就能拥有更多的经济保障了。如果你的伴侣真的爱你，那他一定会尽力帮助你在婚内实现财务自由。

对于净资产较高的高收入人群来讲，做出结婚的决定似乎难了一些。你知道人们经常引用的那个统计数据吧，大约50%的夫妻最后会离婚。而且，多交那么多税只是为了一个正式的婚姻似乎并不值当。所以，即使很不浪漫，但你的理想举措应是先签一个婚前协议再结婚，或是不婚同居。

结婚很简单，不过就是交一小笔费用，然后签几张法律文件就可以走了。但是，结婚涉及大量的法律责任，在双方收入和财富差距悬殊的情况下，需要细心地计划。这么多的婚姻最后都走向了失败，所以理智的做法是签订婚前协议，即便你们两人都不富有。如果双方协定一致，那你们就更容易拥有一个美满的婚姻。

我想说明一点，婚前协议并不一定意味着较穷的那个伴侣会处于劣势。相反，当婚姻破灭时，婚前协议可以帮助较穷的那方实现财务自由。我的一个朋友当前身价大约2000万美元，其配偶在结婚时身价为-20万美元。他们的婚前协议声明，若5年后他们在双方均无过错的情况下离婚，那较穷的那方可以拿着200万美元走人。这份回报对于5年的婚姻来讲还不赖！而且，如果婚姻失败，那较富的那个人也不过损失了10%净资产而已。

理想状态下，结婚双方最好财富均衡。这样的话，我祝福你们能共同积累财富。两人最初相爱时一贫如洗，最后共同创造了大量财富，这种感觉真的太好了。即使日后离婚了，把资产对半分也很合理，谁也不会觉得愤慨。

最后，如果你希望一切从简，那就不婚同居就行。你们随时都能举办婚礼，也随时可以像夫妻那样出双入对，同时又没有任何法律约束。你对另一半的爱无须一纸结婚证来证明，你的行动才是最重要的保证。

为爱结婚还是为钱结婚？

你可能以为我会说出为钱结婚这种惊世骇俗的话。在你吓得把书丢掉之前，让我们用理性来看待一下这个问题。你结婚的对象于你要么是财务队友，要么是敌人，这将由你的选择决定。

不要不顾一切为爱结婚。是的，要为了爱结婚，但同时也要保证结婚对象能让你的生活变得更好，而不是更糟。要与日后会成为你一生最好朋友的人结婚。如果只有爱，是不足以维系这段婚姻的。

在你决定要与一个人共度一生之前，先考虑一下对方的财务情况、才智和总体的生活哲学。如果对方还背着大笔的信用卡债务、工作后10年还没开始储蓄退休资金，那可能意味着你们在一起后的财务前景不容乐观。即使你的财务状况非常好，你也大概率不希望另一半拖你后腿，留你一人独自承担这个家庭所有的储蓄和营生重任。

要明白自己未来将要面对的局面并提前与伴侣认真交流。在最初几年的约会里，爱情的化学作用非常强烈。它会让你轻而易举忽视伴侣的缺点。要保证你们拥有相似的金钱观和共同的目标。你和你的伴侣在经济上是否匹配将会决定你们一起共度的人生是瞬间轻松很多，还是雪上加霜。

我知道我后面要说的话会无意间冒犯很多人，但我相信这些都是事实。在其他条件（包括爱意）都相等的情况下，如果你有选择的空间，那相比起你所爱的穷人，与你爱的有钱人结婚是最佳决策。与一个经济条件好的人结婚，你可以省去一辈子的奋斗。有了更强的人脉和更多的经济保障，你就能承担更高的风险，所以也就更有可能获得成功。但最重要的或许是，你的孩子会有更好的机会。

说到底，爱情是一个数字游戏。不妨大胆一点，你遇到的人越多，越有可能找到优秀的伴侣。比如，如果你有1%的概率找到灵魂伴侣，那你估计要想办法在对爱情绝望前认识至少100个人。

如果你找不到既多金又喜欢的人，那至少要在有爱的前提下和门当户对的人结婚。如果你的结婚对象和你在学历、财富和理想方面都相似，那你们就有最大的概率共创圆满人生。许多人加入各种公共和民间组织的主要原因之一就是想规划自己所见的人。

没钱的一大好处就是你在赚钱的时候冲劲更大！每当处于低谷期时，我就总是把眼光放在事物光明的一面。扭伤了脚踝？谢天谢地没有骨折。投资亏钱了？至少我没有往这赔钱玩意儿里投资更多！

我和我爱人初见时都是穷大学生。她毕业后，我们决定从2001~2008年同居生活。2008年，我们富裕了很多，却遇上了全球金融危机，着实损失了大量财富。就是那时我决定和她求婚，因为我知道，就算我失去了所有财富，也不要失去我最爱的她。

花钱办一个梦幻婚礼还是把钱省下来？

少花点钱，朋友们！

根据爱结网（The Knot）的一项调查，2021年，在美国举办一场婚礼的平均花销为22500美元。如果你住在曼哈顿，那婚礼的平均花销甚至接近7.7万美元，而旧金山就只要4万美元左右。

美国人口调查局的数据显示，美国家庭的年收入中值只有6.9万美元左右，那花22,500美元办婚礼就显得过分奢侈了。纳完税后，就相当于美国夫妻在婚礼上的平均花销为他们税后年收入的40%，这实在是太荒唐了。

经典的婚礼就只有一天。如果你没有把这笔钱拿去投资你们的未来，其损失的机会成本可能超过10万美元。比如，如果你投资22,500美元，以每年8%的回报率计算，20年后你会拥有104,872美元。

结婚是一种大胆的冒险。没有人在结婚之时觉得婚姻会破裂，但确实时刻都有人离婚。因此，我想告诉你一些简单的婚礼花销准则，让你有70%甚至更高的概率做出理想决策。

如果你遵循以下准则中的一条，我相信你的婚姻都会维持得更久，而且你也会比没有遵循其中任何一条准则的普通美国人更加富有。如果你们出于某些原因离婚了，或是你们的家庭净资产低于同龄人的平均水平，那你们就可以把错全都归咎在对方身上！

如果你希望把婚礼花销控制在合理范围内，就请考虑遵循以下的1~2条法则。

婚礼花销法则1：花销不超过两人近期年收入总和的10%。 这是最简单且最实际的婚礼花销法则。如果夫妻一方的收入为6万美元，另一方的收入为8万美元，那他们的婚礼花销应当控制在1.4万美元以内。也就是说，按照美国婚礼的平均花销22,500美元计算，一对夫妻至少要赚22.5万美元才行。而按照美国家庭的年收入中值6.9万美元计算，那最多就只能在婚礼上花6900美元。6900美元并不多，所以你只能考虑较为便宜的场地、只能邀请最重要的人。

婚礼花销法则2：花销不超过两人税前退休账户总额的3%。 假定夫妻一方30岁，其401（k）资产达到"财务武士"推荐的15万美元，而另一方35岁，其401（k）资产达到"财务武士"推荐的30万美元，那他们最多能花13,500美元办婚礼。

当夫妻的注意力都在他们的退休储蓄计划上时，就会自然而然地降低婚礼花销，因为开支越大就意味着退休越晚。记住，要始终了解钱能买来多少时间。

以该法则为基础，理智的普通美国夫妇应花4000~10,000美元操办婚

表14-1　以税收优惠退休储蓄为基础计算的婚礼花销

年龄	工作年限	退休储蓄	婚礼花销（储蓄的2%）	婚礼花销（储蓄的3%）
23	1	$10,000	$200	$300
24	2	$30,000	$600	$900
25	3	$50,000	$1000	$1500
26	4	$90,000	$1800	$2700
27	5	$100,000	$2000	$3000
28	6	$140,000	$2800	$4200
29	7	$150,000	$3000	$4500
30	8	$170,000	$3400	$5100
31	9	$220,000	$4400	$6600
32	10	$245,000	$4900	$7350
33	11	$280,000	$5600	$8400
34	12	$300,000	$6000	$9000
35	13	$310,000	$6200	$9300
40	18	$500,000	$10,000	$15,000
45	23	$750,000	$15,000	$22,500
50	28	$1,000,000	$20,000	$30,000
55	33	$1,500,000	$30,000	$45,000
60	38	$2,500,000	$50,000	$75,000

截至2022年，女性初婚的中值年龄为28岁左右，男性为30岁左右。
来源：FinancialSamurai.com

礼，而非22,500美元甚至更多。

婚礼花销法则3：花销不超过两人副业收入总和的50%。 这可能是我最喜欢的当代婚礼花销法则了。假定夫妻两人每年的主业收入合计12万美元。与此同时，他们还在Etsy（译者注：美国一家网络商店平台）网店销售T恤和小装饰品，每年能赚2.4万美元。那这对夫妻的婚礼花销最高可达1.2万美元。

但是，他们每年要花260小时忙于副业，才能多赚这2.4万美元，所以他们可能不太情愿花1.2万美元办婚礼。仅仅为了8小时的娱乐就耗掉130小时的副业劳动，太奢侈了！

在副业上积累了丰富的经验后，他们可能会想出去摆摊销售自己的商品。如果他们决意如此，那甚至可能还会省下一部分婚礼花销作为商业启动资金。拥有一份副业之后，你会更经常思考如何让收入最大化、让开支最小化。只是要记得每次做税务决定之前都要找你的会计核实。

婚礼花销法则4：花销不超过两人全年被动投资收入总和的10%。 如果一对夫妻努力储蓄投资8年，每年能产生3万美元的被动收入，那他们就可以放心花3000美元举办婚礼。

从现实角度讲，按照美国婚礼的平均花销22,500美元计算，一对夫妻每年需要创造22.5万美元被动收入才行。按照4%回报率或4%股息率计算，想要每年产生22.5万美元的被动收入，就需要562.5万美元的资金投入。所以，此条婚礼花销法则的条件是最难实现的。

但是，提前退休或实现财务自由的关键本来就在于创造足够的被动投资收入，以覆盖你理想的生活开销。所以，我很喜欢这条法则，因为它让一对夫妻更加注重对自己未来的投资。如果你无法遵循这条法则，那就选其他的吧。

对于家底厚实的年长夫妻来说，花销控制在两人全年被动投资收入总和的10%以内可能就相当完美了。

婚礼花销法则5：双方父母愿意资助多少就花多少。 如果你和另一半有幸拥有有钱的父母，他们愿意支付你俩婚礼的全部开销，那就随他们的便吧，接受他们的慷慨解囊（但请一定要记住，每接受一次父母的慷慨解囊，就要多背负一份精神上的债务重担。下一次你的父母或岳父母想把你不愿意做的事强加于你，你就更难推脱了。否则，他们会觉得你忘恩负义）。

如果你的父母或岳父母没啥钱，那就请考虑一下他们未来的经济状况。他们可能是最慷慨的人，但作为孩子，你也要帮助他们最终实现财务自由。可以礼貌地收下他们赠送的小恩小惠，如婚礼前的预演晚餐、鲜花或电烤箱等。但是，请拒绝会明显延迟他们退休时间的付款，我保证他们会感激你的体贴。

如果至少能遵循其中一条婚礼花销法则，你们步入婚姻时的经济条件就会理想很多。有了更好的经济条件，你们的压力和财务纠纷就会少很多。

如果你好奇，那我告诉你，我和妻子最后决定在檀香山的一个沙滩上办婚礼，檀香山是我父母和亲戚的家乡，而那场婚礼只邀请了16人参加。那场婚礼最后只花了3100美元，包括旧金山到檀香山的两张往返票和我最爱的韩国烤肉店（Yakiniku Camellia）午餐。我穿着我最爱的夏威夷衬衫、短裤和拖鞋，而我的妻子则穿着从Target官网上淘来的60美元沙滩裙。那次我们玩得很开心！

> ### 订婚戒指怎么办？
>
> · 关于订婚戒指的价格有一些有趣的"法则"。比较经常听说的有"3个月总工资法则"和"年龄法则"（如果你的另一半是32岁，那就给他/她买3.2克拉的钻石）。
>
> · 向生命中最重要的人求婚，这份热情和激动会促使着人们超预算地购买婚戒。不要屈从于市场营销和社会压力！根据《2021 WeddingWire 新婚报告》（2021 WeddingWire Newlywed Report）（译者注：WeddingWire是美国一家线上婚庆服务平台），人们购买婚戒的平均开销为5500美元。即便如此，还是有18%的人花了1万美元以上。
>
> · 为了保持一致，你可以在刚才提到的4条婚礼花销法则中选择一条作为你的婚戒购买指南。但此时的标准不再是两人合起来的总收入、税前退休账户余额、副业收入或被动收入，而只是以购买人的那部分数目为基础。
>
> · 当然，你可能会觉得在朋友面前展示一颗糖果戒指有点尴尬，虽然谁也不知道你是否已经有了一颗白宝石戒指。不要追求优越感，如果有人问起，就解释说你们正在攒钱铸造财富未来。
>
> · 没有哪条法律规定你一定要有一颗钻石婚戒。一旦拥有了更多财富，你随时都可以根据自己的意愿"升级"购买更奢华的婚戒。你还能利用这次机会再重温彼此的誓言。

合并财务还是保持各自的银行账户？

可能没有比财务独立更好的礼物了。我不是说你婚后要给配偶疯狂转钱，而是说你要在增加家庭财富的同时，帮助配偶创造自己的财富。理想的做法就是既开通共同账户，又保有各自的银行账户，这样才能最大程度地减少分歧。

毕竟，财务独立从定义上来讲包括了你们彼此之间的独立。很多人应该还记得成长过程中不得不找父母要钱的胆怯，同样的感觉也存在于没有自己银行账户的成年人身上。实际上，作为一个受过教育且有工作的成年人，开口要钱花的感觉可能还会更糟。

我的一个读者是一位全职母亲，她在第一个孩子出生后就辞去了化学工程师的工作。她和我说哪怕是最简单的享受型消费，她都要犹豫很久。她丈夫是一家科技公司的员工，掌管着两人的经济。

她对我说："我很怀念过去自己赚钱的感觉，那时候花钱无须向老公解释。比如，我每天晚上都要花一个小时抱着最小的孩子哄他入睡。当后背和双手都因此隐隐作痛时，我的脑子里就只剩一个念头，那就是去做1小时按摩。但相对于从我们的共同信用卡中支取120美元，我宁愿只花20美元现金使用购物广场里的按摩椅。因为他会检查共同账户里的每一笔支出明细，我担心他会抱怨说为什么不直接让他来按摩，既简单又不用花钱！我喜欢丈夫的节俭，但他的按摩和专业人士的手法无法相提并论。"

过去几年里，我听上百个人对我说起，他们多么希望有自己的钱，可以爱怎么花就怎么花，而无须担心配偶的评头论足。很多收入较少的那方或全职父/母亲都告诉我，在经济上依赖配偶让他们觉得很愤怒且寸步难行。如果你还是不相信独立的银行账户很有必要或很值得，那就想想以下几条非常实用的理由。

夫妻双方要有各自独立银行账户的原因

原因1：缓冲阀。每个配偶想要拥有自己银行账户的普遍原因都是渴望独立，没有什么能比拿着自己的钱自由自在地花、想干什么就干什么更爽的了。夫妻两人不可能也没必要在生活的方方面面都全然保持一致，当两人就某一特定的花销有所分歧时，拥有自己独立的银行账户就像拥有了一个缓冲阀。如果没有缓冲阀，那两人争吵（且最终离婚）的概率就会大大提升。

原因2：保险单。独立只是夫妻双方要各自保有银行账户的原因之一。毕竟，两人在相遇前已经享受了多年的独立时光。而另一个原因则是保险。

假设你的配偶遭遇了不测，尽管已经有清晰且经过认证的书面遗嘱，但法律系统就是不知为何要把他/她的遗产全部冻结。又或者你的人寿保险公司拒绝偿付你过去15年一直购买的保单。谁知道遭遇不幸后会有什么样的混乱等着你，这些倒霉事时时刻刻都在发生。

如果你经济独立，那就可以更加安心地等待暴风雨过去，反正法律系统不能拿你怎么样。换句话说，你的银行账户是你在最坏情况下的自救手段。知道我妻子的银行账户里有一笔专属于她的可观资产，我也能死得更安详一点。因为我确信，就算发生最坏的情况，我不在了，我们一起积累的财富也没了，她也能好好活下去。反之亦然。

原因3：财务教练员。就像一个健身同伴能够激励你多做一组练习、少吃一片比萨，你的配偶也能激励你多赚钱、多储蓄。有了独立的银行账户，你可以清晰地看见各自的财务实力。你们可以相互挑战，看看谁能率先实现某个储蓄目标。或者，如果你们的起始资金差距很大，也可以以增长率为基础相互挑战。挑战的类别和实现的方式无穷无尽，就像一个人可以通过各种各样的副业和投资提高收入一样。

最终的目标就是促使双方实现理想的财务状况，同时也让两人共同的财务生活更加强大。如果两人的资金完全合并，那就很难精确分辨你到底为这个家贡献了多少。贡献值越模糊，就越容易让人泄气或产生误解。

到目前为止，我已经讨论了在夫妻双方都有工作的情况下，两人要有各自独立的银行账户。但全职在家的配偶没有工作，他/她要如何赚取自己的收入呢？唔，这很简单。

全职父/母亲的最低价值轻轻松松就能达到你所在城市的收入中值。现实生活中，全职在家的配偶往往比拥有主业的人辛苦很多，因为在孩子刚出生的几年里，他/她没有一刻能闲下来。

如果你不相信，那就把你全职在家的配偶每天工作的时长乘以日托或保姆的平均时薪，所得数目就是你配偶应得、应花、应储蓄或应投资的金额，因为这是他/她对家庭收入的有效贡献。

如果你相信幸福，你就认可夫妻双方拥有平等的财务独立权。如果你认可财务独立，那你就应该支持两人保有各自的银行账户外加一个共同账户。

终极目标就是在共创家庭财富的同时保证夫妻双方都永远拥有各自的自由。

在年轻一无所有的时候生孩子
还是等到年长但有一定积蓄的时候？

你的孩子会是你在这个世界上最珍贵的资产，他们是无价之宝。所以，你自然而然会希望和他们多相处一段时间。而当有一天你胆敢梦想成为祖父母的时候，你或许会希望自己当年能够早点生孩子。

生孩子是众生平等的事，因为不是只有有钱人才有权生。当然，抚养孩子的费用完全是另外一码事。但是，鉴于孩子是一个美好的礼物，有些父母即使没有万贯家财也想多生几个，这种想法是完全符合逻辑的。我在有自己的孩子之前也不太能理解这种现象。但这很正常，你只有在有了亲生骨肉之

让我们创建一个更具包容性的职场环境

在谈到生孩子的问题时，人们应当对他人更具包容性，无论对方是你的职场伙伴还是亲人。诸如"你什么时候打算要第一个孩子？"或"你什么时候准备再生一个？"这样的问题听起来似乎无伤大雅，但它们会让对方的内心十分痛苦。

在确定已有身孕的母亲中，有10%~25%的人最后会流产。你正询问的那个人有很大概率经历过这种情况，又或者对方可能就正在与不孕症对抗。或许人家压根就不想生孩子（或不想生更多的孩子），又或许人家正在经历复杂的代孕或领养流程。没有任何人有必要向他人解释自己的家庭计划。最好的做法就是绝不过问他人是否已经为人父母，除非对方自愿说出。你永远不知道别人正在经历什么，也不知道对方是否想要和你谈论这个话题。

如果你是一个经理，请对那些怀孕的同事多一点同理心，她们需要看医生、会在会议中途离席去洗手间，也会在休完育婴假回归工作岗位后抽时间出去泵奶。怀孕会让人很不舒服，也会对睡眠产生负面影响。产后期的挑战也非常多，因为母亲需要每1~3小时喂一次婴儿。除此以外，生孩子的过程中还可能会遭受身体创伤，尤其是在剖腹产或自然分娩特别艰难的时候。正如我们的妇产科医生所说："怀胎九个月，康复九个月。"但是美国的联邦政府并没有颁布带薪产假法。

你在确定职业的同时，也要尽力找到一家能为夫妻双方提供至少一个月带薪育婴假的公司（一个月是底线，虽然它根本不够）。现在，最好的公司会为父母双方都提供3~4个月的带薪育婴假，可以在孩子出生后的头一年内使用。

产后三个月可能需要花钱雇人照看孩子。雇一个夜间的产妇陪护来辅助泵奶、喂婴、清洁和睡眠会非常有用。但是当然，夜间护理也不便宜。

后才能理解有孩子是什么感觉。

我和我妻子等了这么久才要孩子，主要是因为我过分关注我的事业。我觉得我要先安顿好事业，拥有巨额的财政储备，然后才能谈生孩子的事。所有关于孩子抚育成本的宣传都让我心惊胆战，始终处于观望状态。我们最不愿发生的事就是有了孩子却无法好好照顾他们。我们的孩子值得拥有更多。

所以我们一直等待，直到我们感觉财务储备已经充裕。然后我们因为生理原因又多等待了近3年。他们说没有生育问题的普通夫妻每次尝试的受孕率为15%左右。所以，在准确追踪排卵的基础上，普通夫妻要尝试7次才有成功的可能。但保胎又是另一大挑战。

生孩子的最佳年龄取决于两大因素：生理和经济。从生理角度来说，越早生孩子越好。年轻夫妻怀孕、保胎和生出健康孩子的概率更大。

女人在28岁时，约有23%的卵子有染色体异常（基因异常）。到了38岁，这个概率就上升到了48%。到了42岁，这个概率就达到了惊人的83%。染色体异常是大龄女性更难怀孕、更易流产的主要原因之一。身体往往能察觉出这些异常。

年轻父母也往往拥有更多的精力，在孩子刚刚出生的那几个月里，父母即使睡眠不足也能熬得过去。然后这些小婴儿就开始蹒跚学步，你稍不留神，他们就爬上了厨房台面，或是用舌头舔电源插座。

我两岁的孩子上幼儿园时，我已经是个45岁的老父亲了。每当我弯腰捞起小崽子时，我的后腰都会一阵酸痛，有时因为弯得太厉害，膝盖还会发软，这一切都提醒着我，我已经老了。哎，真想重返25岁！但后来我也意识到，正是因为年龄较大，我们才不像一些年轻父母那样经济压力巨大。

即便如此，我还是想提前总结一下最佳答案：一旦你的财务和心理状态足够稳定，符合生孩子的条件，就可以生了。但是还要再具体一点。以生理和财富潜能为基础，生孩子的最佳年龄在30~34岁。在这个年龄区间，你大概率已经积累了一笔可观的财富，也知道你的人生该何去何从。而且，这个年龄段你的生理条件也还允许。如果非要选择一个数字，我认为从生理和经济角度出发，生孩子的最佳年龄应该是32岁。

让我们再深入研究一下生孩子的经济问题。小孩很烧钱。根据美国农业部2015年的数据，小孩从出生到17岁的平均养育费用高达23.3万美元左右。如果把通货膨胀的因素考虑进去，那该费用会升至28.4万美元左右。再加上大学学费、住宿费和伙食费，随随便便就要花掉50万美元左右。如果你想把孩子送去私立学校，那费用就会远远高于100万美元（详情见第13章的表格）。

在生孩子之前保证财务状况良好非常重要，因为养孩子真的是毕生最困难的事情之一。你会从始至终都处于疲劳、担忧和紧张的状态。在孩子出生的头几年里，你没有任何空闲时间，精力也会全部榨干，每日的幸福值会在这个过程中疯狂下降。但时间久了就会慢慢好转，从孩子身上体会到的快乐会充盈你的内心。

和做全职父亲的头三年比起来，在银行业一周工作60多小时都算是轻松的了。全职父/母亲承担的风险要高得多，疏忽一秒可能就会改变一生。往这等式上再加上金钱矛盾势必会恶化两人的关系、减少两人的快乐。

在有孩子之前，我和我妻子很少吵架。如果我们吵架，那一定是关于一些愚蠢的小事，比如"你为什么要在饭局上带15人份的食物？如果来的这15人都像你这样，那我们的食物都够225人吃了！"但有了孩子之后，这些滑稽且无足轻重的小事却变得格外令人恼火，因为我俩已经疲惫太久了。所以，在生孩子前攒够钱真的很重要。

生孩子前的职业和财务方针

俗话说："有了孩子就有了钱。"这是因为一旦为人父母，大部分人都会倾尽全力抚养他们。同时，孩子非常烧钱，且需要大量的时间和精力来抚养。

所以，在生孩子之前你要考虑以下几个财务方针。请注意，这些方针的前提是你已经找到合适且稳定的伴侣了。如果你们当前的婚姻有问题，那通过生孩子来修复你们的关系估计没用。

1. **事业里程碑目标**。由于职场歧视和必要的请假，生孩子可能会阻碍你的事业进步，但这也不是一定的。考虑到这种潜在的现实窘境，你可能会考虑先实现第三次升职，再谈生孩子的事。第一次升职不太重要，因为你不过是从初级的底层员工上升到了稍微高级一点点的底层员工。但是经过三次升职以后，很明显你确实给公司创造了巨大的价值。能获得三次或三次以上的升职并非侥幸，到了那时你应该对你的事业和赚钱能力充满自信。如果不巧丢了饭碗，你也还是会很有信心地认为自己已经掌握了足够优秀的技术，其他公司也会给你工作机会。

2. **收入目标**。2008~2009年，普林斯顿大学的经济学家安格斯·迪顿（Angus Deaton）和心理学家丹尼尔·卡内曼（Daniel Kahneman）与盖洛普咨询公司（Gullup）合作，对45万名美国人做了调查。结果显示，当年收入达到7.5万美元以后，不管你赚得再多，幸福值也不会随之增加了。由于通货膨胀，到了2022年，该年收入分水岭已接近10万美元。

我认为，如果你住在旧金山或纽约这样的高成本沿海城市，那夫妻两人的总收入一旦接近25万美元，你们的幸福值就不会再增加了。2018年，美国住房和城市发展部表示，居住在旧金山的四口之家，若家庭年收入只有11.7

万美元，则可认定为"低收入家庭"。在旧金山，如果一家四口的总收入等于或低于11.7万美元，就可以申请住房补贴。因此，在生孩子前，对于非沿海城市的家庭，合理的年收入目标应为8.5万~10万美元，而对于沿海城市的家庭，合理的年收入目标则是20万~30万美元。有了这么高的收入，你就可以按照理想买下一套房子，轻轻松松支付孩子的开支，然后省下至少20%的工资供退休后使用。

但是当然，就算收入较低，你也可以养孩子。而且从统计上看，大部分人都是这样。只是这样一来，你就不太可能轻轻松松地抚养他们了。家庭收入高的夫妻，离婚率会稍稍降低一点。

"数据流"网站（FlowingData）的创始人邱南森（Nathan Yau）表示，根据《2019年美国社区调查》（2019 American Community Survey），一旦达到20万美元的家庭收入中值，离婚率就会降至30%左右并保持稳定。而要进一步降至25%左右，那家庭收入就要达到60万美元才行。

如果你想要做出理想决策，并保证婚姻有70%甚至更高的概率获得成功，那增加家庭收入会是你提高胜算的合理方式，尤其是在有小孩之后。

3. 净资产目标。 在生孩子前规划一个净资产目标，会让你的财富积累道路添加更多乐趣，也更具动力。这样一来，你越想生孩子，就越坚定地想要增加净资产。

回到工作那会儿，我设立了一个在生孩子前拥有100万美元净资产的目标。我记得我之所以设立了这个目标，是因为我第一家公司的伙伴告诉我，这是他的目标。斯泰顿（Stayton）毕业于耶鲁大学，当年属于利润更大的美股部门，现如今已是对冲基金经理。我们的成长背景完全不同，但我们还是成了同事。作为一个易受影响的年轻人，我喜欢他那声势浩大的100万美元目标，所以我也追随而去。斯泰顿好像在我的脑海里植入了一个思想，就像

买这个，不买那个

电影《盗梦空间》（XT）里柯布（Cobb）对自己妻子梅尔（Mal）所做的那样。一旦思想生根发芽，就再无改变的可能。

我开始极度沉醉于发展事业，坚持储蓄并投资了10多年，以便自己可以实现目标。在20多岁和30岁出头的年龄里，我没有任何时间照顾家庭。

现在可以很明显地看出，在生孩子前攒够100万美元净资产没有任何必要，尤其是当我在孩子出生后还能继续积累财富。我的父母不是百万富翁，也照样把我和我的姐妹照顾得不错。我当时到底抽的什么风认为要有100万美元才能成为一个合格的父亲？！

答案：同辈压力和在高成本城市过舒心日子所需的昂贵开销。从大学毕业踏入职场开始，我就只在纽约和旧金山待过，它们毫无疑问是美国生活成本最高的两座城市。所以，要千万小心不要受到他人生活方式的影响，包括我的！

如果你已经实现了自己的事业里程碑目标和收入目标，那只要净资产能达到两人全年总收入的2~3倍，就有足够的稳定性可以开始要孩子了。也就是说，如果你和配偶一年收入合计10万美元，那当净资产达到20万~30万美元时，就很适合把新生命带到这个世界上来了。关键是要走在正确的财务轨道上，因为有了正确的财务习惯，你的财富很大概率会随着时间继续增加。

不管你心目中生孩子的理想年龄是几岁，都考虑在该理想年龄前一年开始行动，因为在没有生育问题的情况下，也平均要花7个月才能怀上宝宝。

你最不愿发生的事应该就是等到你在经济上100%做好养孩子的准备了，却怎么都怀不上，因为身体条件不允许了。如果是这样，你可能会遗憾很多年。记住，在生孩子的问题上，我们应当遵循70∶30法则，以让自己有最大机会做出正确的决定，且不浪费过多时间。

买人寿保险的最佳时机

大多数人可能觉得在20~40岁年龄段思考人寿保险未免有点太早。

但是，如果你准备通过按揭贷款买房并生孩子，那购买人寿保险会比较负责任。

购买人寿保险的最佳年龄是30岁左右，而最佳类别的人寿保险是30年定期保险。在这个年龄买30年定期保险，就相当于以历史最低固定利率贷了30年的款。你越晚购买人寿保险，保险费就会越贵。

30岁以后，普通人的生活会变得复杂许多。你不仅要背上更多债务、要抚养小孩，你的配偶还可能为了照顾孩子而辞掉工作。然后你还可能要赡养双方父母。在收入最高的年纪丢掉饭碗会造成致命打击。

理想状况下，你的人寿保险单会覆盖所有债务，为你的家人提供足够的生活资金，直到孩子长大成人且经济独立。如果你在购买人寿保险后能够提早还清债务或积累大量财富，那你随时可以取消投保。

我犯的一个错误就是在2013年也就是我35岁时只购买了一份保额100万美元的10年定期保险。鉴于那时候我还没有孩子，我决定把投保的年限与我首套房贷的计划还清年份相匹配。我天真地以为有了孩子之后，我可以随时以相似的费率把保险再续10~20年。

但是，在2017年，一个过于热心的睡眠医生诊断我患有严重的睡眠呼吸暂停综合征。当时，那个睡眠中心刚刚开业，非常渴望有人光顾。我决定接受那个医生推荐我做的所有治疗。为什么不呢？保险几乎能够支付一切。就算不看医生，交了这么高的保险费，几年后我也一样会把它用在其他事情上。

实际上，由于我去看了睡眠医生，2017年我去续保时，保险公司决定把我的保险费提高10倍！原先，这份保险的月保险费为40美元，很合理，但如果要续约，月保险费就要猛地提到450美元。涨价一部分是因为年龄，但最重要的原因是我的睡眠呼吸暂停综合征。

在你因为不危及生命的健康问题去看医生之前，先给自己买一份价格适中的固定保费人寿保险。不要期待你的人生会一帆风顺，不要等到最需要的时候才购买人寿保险。要提前购买，这样会便宜很多。而且，当你知道即使发生了最坏的情况，你的家人也会得到很好的照顾，你也会走得更安详一点。

如果你现在100%专注于自己的事业，那你可能不会想要生孩子。但是，随着年龄增长，你的想法可能会改变。生孩子需要周全的规划，要了解一下生理方面的统计数据，然后设立自己的财务目标。提前和你的配偶做定期交流。在与时间的对抗中，无人可以取胜。越早准备越好。

给成年子女经济援助还是让他们自食其力？

2005年，我在旧金山购买首套独立屋时，我那70岁的邻居停下来和我打招呼。他是这条街区最早的居民之一，早在20世纪70年代就买下了这里的住宅。他对我透露了所有街坊邻居的内部消息，其中一家人的故事尤其引人注目。

他说，先我一年的时候，一户人家为了家里上黑斯廷斯法学院的儿子有地方住，买下了街对面的那套房子。那是一套2100平方英尺的房子，有3间卧室、3间浴室，购入价145万美元。

那个儿子每三个月都会至少举办一次兄弟会，但除此以外，那个房屋非常安静。从法学院毕业后，他还是继续住在那里。

整整10年，那个儿子不仅免费住着那套房子，还把空余的房间租给了两个人，每月至少收租1000美元。他那12万+美元的法学院学费全部都是父母付的。他还开着一辆价值6万美元的奥迪S4。

最后，他不想和别人合住了，所以就把房子以200多万美元的价格卖了。然后，他拿着这笔收益在旧金山最贵的街区之一——太平洋高地——给自己买了套更奢华的房子。他的大多数朋友还在这座昂贵的城市里租房住，而他因为接受了父母这么多的资助，所以生活水平已经大大赶超那些朋友。我当时听了还挺羡慕的，因为我也无法仅凭自己的工资就住上太平洋高地的房子。

给成年子女提供经济援助是一个棘手的问题。一方面，你希望自己的孩子能过得安全，并拥有尽量多的机会。另一方面，你不希望他们因为过度溺爱而丧失自食其力的动力。

剥夺孩子工作的尊严会对他们未来的人生造成负面的影响。比如，他们会感到自卑、觉得自己是个废物，或缺乏目的感。举个例子，我在2014年换了套小房子后，新邻居家的儿子刚上完大学，回来和父母同住。为了省钱，这么做个一两年还说得过去。但是，因为他的生活开销极其少，所以他决定把打零工赚来的一点钱拿去买轿车和摩托车。

他父亲之前有提过他本来想再去读一个硕士学位，但后来他再没有任何动力重返校园读书了。如今那儿子已经32岁了，仍然住着父母的房子，思考着未来如何是好。作为父母，我希望孩子能创造自己的人生。如果需要，我们应该给成年子女提供帮助。但是，到了某个点上，我们必须切断经济资助，让他们自力更生，不管这对我们来说有多痛苦！

披荆斩棘

最开始的时候，我拿着4美元的时薪在麦当劳煎汉堡，这段经历让我不敢忽视任何一个机会。我最不愿做的事就是回到麦当劳，每天被管理电闸的经理大声呵斥，只因我无法在这份新工作上尽善尽美。对上班的恐惧反倒刺激我在努力工作的同时疯狂投资、开创副业。

低开高走也是一大幸事，它让你得以洞察周围的事物，不再轻易看轻手中的机会。把成年子女的一切都安排妥当会剥夺这种重要的洞察力。如果你开的第一辆车就是父母送的全新宝马，那你的眼里可能很难再容下其他车子。时间久了，如果你想再买一辆新车，却发现仅凭自己的力量无法轻松买下一辆宝马，那你可能就会感觉非常挫败。

虽然给予成年子女经济资助有如此多的坏处，但如果你的孩子头脑清醒，那确实也有一定好处。但无论你是为他们提供伙食费、交通费，还是房子的首付款，都永远不要让他们认为这钱是白给的，这点很重要。相反，这些钱只是临时的贷款，要设置还款期限。此外，还要收取合理的利息，利率至少要比无风险收益率（十年期国债收益率）高。待他们最后把钱还你时，你会感到无与伦比的满足。那时候你就可以自行决定要不要免除他们的债务。

如果你的成年子女愿意接受经济援助，那就利用这个机会强调你那可靠的财务理念。并且，要确保他们明白永远不要炫耀所得之物的道理，尤其是当这些东西还是你买的时候。如果你的成年子女认为自己出身优越，所以高人一等，那他必然会失去朋友。

如果你足够幸运，积累的财富已经远高于遗产税起征点，那就更有理由在活着的时候而不是去世以后再帮助自己的成年子女。超过起征点的遗产要缴纳40%左右的遗产税，这实在是很浪费。亲自用这笔钱去帮助别人会让你更加心满意足。

关键在于要让孩子懂得金钱的价值，拥有理财智慧。如果你从小就一直教导他们金钱的价值，让他们为自己的财富而努力，那你就有很大概率养育出一个理财能力强的孩子。

最佳情形：

- 如果你相信自己的成年子女明白金钱的价值，那就给予他们财务援助。但不要让别人知道。

- 给予成年子女财务援助，但要严格规定这些钱什么时候归还、利率多少。要严格制定期限，超过时间点就切断经济援助。这样一来，你的孩子就会为那个最终节点制定计划。

- 如果你的成年子女对钱丝毫不感兴趣，那就不要给他们提供帮助，除非遇到生死攸关的情况。你最后会助长他们不好的财务习惯。让他们过拮据的生活，直到他们更加理解金钱的意义。

给孩子树立一个好榜样

我的父亲是个节俭的人，所以现如今我赖以生存的很多金钱习惯和观念都源自小时候他给我树立的榜样。而他给我上的最重要一课来自一个极其微小的事情。

我们一家人出去吃饭时从来都不允许点饮料。我父亲说饮料太贵了，我们只能点柠檬水。而且，柠檬水也比含糖的苏打汽水更健康。这件事微不足道，但我到现在还会思考它。父亲从没有因为节俭而不允许我们外出享受美食，他只是想办法在这过程中量入为出。而实际上，柠檬水确实很好。

我记得上高三那会儿，有一天早上，我和他一起坐在桌边吃早餐，他向我展示如何阅读证券报价机。那是我第一次接触投资，也是因为那次，我开始对金融和经济学产生巨大的兴趣。父亲早年的教育激励着我在上大学以后开始投资，激励我进入金融领域工作并最终成立"财务武士"。

看着我父亲根据自己的那套金钱准则生活，我也明白了很多个人理财的基本原理。当他教我认识投资和复利时，我懂得了如果我希望到手能有100美元，那我首先要赚到120美元，然后再缴税。

另外，作为一个曾在麦当劳赚着4美元时薪的打工仔，我不得不认识到

买这个，不买那个

120美元的"飞人乔丹"篮球鞋实际意味着在热风炉旁连续制作大约36小时蛋堡和四分之一磅牛肉饼，偶尔我还会不小心弄掉几块（唔，可能我仅需要工作30小时，因为我当时的收入还未达到标准扣税额门槛）。

如果我把那100美元拿去投资而不是花掉，那以10%年复利收益率计算，这笔钱大概率会每7年左右翻一番。1999年，获得首份全职工作后，我把该思想应用到了实处。在那之后的13年里，我把税后收入的50%~80%用于投资。要不是我父母教给我的金钱观，34岁的时候我也不会有足够的财务储备去协商一笔遣散费。

我的母亲也同样节俭。没吃完最后一粒米，她是不会让我离开餐桌的。今天，身为祖母的她总是非常慷慨地把自己的钱给别人。有一天，她对我解释说："与其离世后帮助别人，不如活着看自己的钱为他人纾难解困。"

与小孩谈论金钱问题很重要，然后还要以身作则。在合适的年龄把小孩一起带入到践行本书准则的旅程中。关键是要解释事物运行方式背后的本质，并将商品的价格转换为时间单位。如果你能教会孩子金钱就是时间、时间就是金钱的真相，那他们大概率会同时珍惜两者。

当你在新家庆祝自己拿到较低的固定贷款利率时，给你那十几岁的孩子看看按揭贷款分期表，并让他们明白它的重要性。告诉他们如果用信用卡买那些蓝牙耳机，账单到期却还不上，那实际成本会飙到多高。也给他们看看，如果这笔钱拿去投资，那按照复利计算，他们能获得多少收益。

我父亲的榜样力量为我积累财富建立了坚实的基础，但它也有一个缺陷。整整20年，我都无法学会愉快花钱、享受我的财富。直到今天，我都没有充分利用我的财富，过上我有能力过上的人生。我总是有一股节俭并把更多钱拿去投资的冲动。

虽然我的节俭有时候会反客为主，但我还是很感激父亲教会我如何对财务负责，我也很感激母亲教会我知足常乐。所以，我觉得我有责任把这份感悟传递给尽可能多的人，尤其是我的孩子们。现在出去吃饭时，我们有时甚至还会点只加了两片免费柠檬的白水。只有味道，没有卡路里。

离婚还是留在一个无爱的婚姻里？

据说离婚很贵，因为它就值这么高的花销。没有人在结婚时想着有朝一日要离婚。但是，从总体上看，美国的离婚率位居全球第6位，大约50%的夫妻最终是以离婚收场。因此，如果你在考虑离婚，别怕，你不是一个人。你不过是希望自己的人生继续往前走，请别为此感到羞耻。离婚就像选错股票一样正常。

虽然离婚感觉像是一种失败，会让亲朋好友失望，但你要改变这种看法。在你尽了一切努力维护婚姻——如婚姻咨询、三番五次给机会、调停等，却还于事无补的情况下，留在一个无爱的婚姻里就是一个沉没成本谬误。

沉没成本即已经发生、不可收回的成本。换言之，鉴于你的婚姻已无法维系，你最好还是接受所有的损失然后往前看。你越早鼓起勇气离开，在这段破碎感情里受的伤就越小。

不要让一段糟糕的婚姻阻挡了你独自或与另一人结伴追寻幸福的脚步。如果你让这婚姻扯你后腿，那胜利的就是你那冤家配偶。但维持一段糟糕的婚姻也会阻挡你的配偶去他处寻觅幸福。还有数百万人在等待爱情呢，你肯定能和其中至少几个人看对眼吧。

太多的人总是因为顾忌他人的眼光而不敢活出自我。一个女性读者向我透露，她对她丈夫已经没有爱了，但因为不想蒙受离婚后的羞耻，所以迟迟不愿割舍。如果离婚了，她的父母和朋友会怎么想？她那花了20万美元在奢华度假村举办的、有400多名宾客到场的婚礼怎么办？她想要通过和丈夫维系至少10年婚姻来"让这笔钱花得值得"。这就是一个沉没成本谬误。

相反，她把秘密约见他人来满足自己的情感需求当作这段痛苦婚姻的补偿机制。毕竟，她住着豪宅、吃着高档餐厅，还时不时去度个奢华假期。但她依然感到空虚，她丈夫也是。

你越是努力拯救婚姻，到了最终离婚之时，你的愧疚感就会越少。所以，尽一切可能修复这段关系。给自己一年期限弥补，如果过了这一年还是于事无补，那就做出改变。

给离婚增加困难的一大因素是孩子的介入。理想情况下，父母两人开开心心地一起过日子，直到孩子离家再离婚。当然，不断堆积的愤懑很难瞒过孩子的眼睛。但这个策略对我的朋友皮特似乎很有用，他儿子上大一后，他就决定离婚然后再婚。彼时，皮特和他的前妻觉得，他们已对如今20岁的成年儿子问心无愧，现在是时候另寻新欢、考虑自己的幸福了。

看看生孩子后有多少夫妻离婚就知道养孩子是件多么痛苦的事了。即使充满爱的双亲家庭很梦幻，但父母仍然会选择离婚，因为他们已无法容忍再在一起生活。孩子虽然能带来快乐，但他们也会给一段婚姻带来无穷的压力。

你有权追求幸福，正如你有权追求财务自由一样。谁要是否认这个事实，别相信他的一派胡言。

选择沉没成本谬误还是理性决策？

杰斯蒂（Justy）、凯亚（Keiah）、丽贝卡（Rebekah）和韦斯（Wes）紧急迫降在太平洋的一座小岛上。整整一周，他们只能靠椰子和芒果为生。有一天，浓雾突然消散，凯亚告诉大家，她用她那激光般的视觉看见了30英里开外有陆地。

大家激烈争论了很久，最后，四人中最果决的杰斯蒂成功地说服了其他人尝试游上岸。芒果和椰子已所剩无几，在这种糟糕的境遇下，是时候做出决定了。海面很平静，水温超过80华氏度，所以他们决定试一试。

一群人游了13小时，途遇了不少鲨鱼，最后终于可以依稀辨认出海岸的轮廓了。丽贝卡大声呐喊着鼓励大家："再坚持30分钟，我们就要到达干燥、安全的陆地了！我们马上就要解放了！"

但就在距离登陆只剩30分钟的时候，韦斯突然令人费解地对同行的伙伴说："你们几个继续前进吧，我不想再游了。我太累了，不想继续了。"然后，韦斯转身又游了13小时，回到了那座荒芜的小岛上。

在做最佳决定时，要始终提醒自己，到达现在这一步已经花了多少时间和金钱、继续下去的增量成本是多少、你是否会享受最终的结果。你可能已经为了自己的目标花了一大笔钱，但如果目标的实现只会让现状更糟，那最好还是选择放弃，然后重新开始。

拿韦斯举例，他当初似乎显然应该继续游下去，直到上岸。但是，我们可能不知道，他其实是个通缉犯。相比于被警方逮捕、余生在监狱里受尽折磨，他宁可为了自由而与鲨鱼碰碰运气！

财务武士之路

· 我们人生中的大部分幸福与痛苦都来自朋友和家人。所以，我们值得花更多的时间和精力来呵护这些关系。

· 寻找一个有财务保障的人生伴侣。这样不仅你会过得更舒心，你的孩子可能也会。但如果要在贫穷的一生挚爱和有钱但没那么爱的人中选择一个，那还是选择你的一生挚爱吧，只要你们俩有相似的金钱观就行。你永远都能找到赚钱的途径，但你可能再也没有机会遇见那么特别的人了。

· 如果你认为自己应当实现财务自由，那你也应当认为你的配偶也应如此。因此，同时拥有独立和共同的银行账户很有必要。这样一来，双方始终都可以根据自己所好自由支配金钱，同时还能通过共同努力，创建更加强大的财务保障。

· 生孩子的最佳年龄取决于生理和经济两大因素。上完高中或大学后再工作10年左右，你就应当有能力建立某种财务势头并了解自己想要什么。因此，如果你想生孩子，那就争取在32岁左右生第一个宝宝。35岁后，怀孕和保胎会变得更加困难。

· 如果你认为自己的成年子女明白金钱和努力工作的意义，那就给予他们财务援助。但是，要收取利息，还要设定还款期限。如果他们确实还钱了，那时你可以再决定要不要免除他们的债务。不要剥夺他们自力更生的自尊。

· 你理应快乐。不要明明不想继续，却还因为沉没成本谬误而久久停留在一段丧失欢乐的婚姻里。尽你所能维持婚姻。去接受治疗，去咨询朋友和家人。但如果超过一年还没有改善的迹象，那就是时候离开了。离婚早已不是什么禁忌。

第15章

活出财务武士的精彩人生

在为财务自由奋斗的过程中，不要忘记一切背后的意义，否则你很容易迷失在金钱的茫茫海洋里。记住：我们追求财务自由不是为了金钱本身，而是为了自由。当我们实现财务自由以后，我们的时间，也就是我们最有限也最珍贵的资源，就完全属于我们自己了。

我有些朋友坐拥上亿美元的家产却并没有比普通人快乐多少，因为他们没有爱做什么就做什么的自由。股东忧虑、员工问题和如山一般的责任永远都在阻扰他们获得快乐。我们的疑问常常湮没于喧嚣之中。

我们太经常把自己的疑问与声望和社会地位的诱惑相混淆。我们总是为了赢得那些无关紧要人士的认可，而把钱花在自己根本不在乎的事情上。

你在追求财务自由的过程中，要牢记自己的核心价值观。不管在人生的哪个阶段，都记得检测自己的勇气，以确保自己正专注于真正重要的事情。

努力成为一个有钱的名人还是做个有钱的小人物？

名声弄不好就会成为你的诅咒。一旦你尝到了它的甜头，可能就会沉溺于这无穷无尽的多巴胺刺激中，最后麻木自我。与其追求名利，不如专心于"利"的部分，这样你才能真正为自己而活。

一旦成名，你最宝贵的资产，也就是时间，就会火速消失，因为别人永远都在琢磨着怎么从你这儿捞到好处。但如果你是一个有钱但默默无闻的小人物，你就可以更加自由地穿梭于社会中，没有任何人会注意到你。鉴于你的最终目标是财务自由，那就意味着你也要拥有时间自由。

不幸的是，你拥有的名利越多，别人就越会对你评头论足。批评者最喜欢说的两句话就是"没有人是靠自己奋斗成功的"，以及"那些不只是你个人的努力"。虽然通常来讲，积累巨额财富确实需要很大的运气，但你也希望你为走到今天这一步所付出的一切努力都能得到认可。另外，你也想节省宝贵的生命能量，而不是天天都在和别人争论你是做出了多大的牺牲才有了今天的成绩。在别人怀疑你的时候，点点头，然后继续前进。

所以，理想的解决方案是做个隐形富豪，这样你就能融入各式各样的环境里，巧妙地转移你本可能接受的所有不必要的关注。归根结底，你必须保持谦逊，尤其是在财富增长的时候。

以下10条法则献给想做隐形富豪的人：

隐形富豪法则1：绝不开豪车上班或去公共场所。没有什么比开什么样的车更能引人非议的了。开一辆经济的、保险的车去上班，这样你撞见同事的时候，他们也不会怀疑你很有钱。或者乘坐公共交通。你不会希望自己开着奔驰驶进办公楼时正巧遇上你的领导。他们的第一反应会是克扣你的奖金，既然你已经这么有钱了。

开着宾利车去参加商谈工资的会议也不会对你有利。买的车也不要比房东的好，不然他每次过来处理问题的时候都会看到。要尽可能开最保险，也最经济的车。

当警察们挤在一起吃早餐，想着要给哪辆车贴罚单时，你觉得他们是会挑选开着10年车龄丰田卡罗拉的家伙，还是开着全新兰博基尼飓风的家伙？

开普通的车是当隐形富豪最简单的方式。

隐形富豪法则2：要小心你把家庭地址给了谁。人们热衷于上网打探你买房付了多少钱。他们不仅会看见你买房付了多少钱，还会辨别你是负债累累还是拥有巨额净资产。相比于给出确切的地址，你可以告诉他们你家位于哪个十字路口、长什么样，比如：我家住在杰克逊街和泰勒街的交叉路口，棕色木屋面的那栋，你肯定能找到它。

他们如果注意找，必然会找到确切地址，但你要尽量推迟这个时间点。你的房子是你神圣的住所，请保护它的隐私。我建议你登录Zillow和红鳍等平台认领自己的房屋，然后删除你家的所有照片，或上传其他照片，让偷窥者和抢劫犯失去线索。你甚至可以从在线平台的记录里减少你家卧室和浴室的房间数。

你肯定不希望房产税估税员认为你住在大豪宅里。我清楚地记得，在全球金融危机期间，为了征收更多的房产税，估税员会不断地把房屋价值往高里估，全然不顾当时房价已有明显的下跌迹象。我不得不连续3年和房产评估办公室斗智斗勇，以阻止他们不断上涨我的房产税。然后你知道结果如何吗？我赢得了每场上诉。但如果每座城市都能做正确的事，每年都能公平公正地评估你的房产，不是更好吗？别指望了。经济低迷时期，各大城市受到更大的刺激，往往会征收更高的房产税。

要当心，你的房子最能揭穿你隐形富豪的假面。

我想分享一个无伤大雅的故事，从中你会知道，泄露家庭住址还会让你成为别人针对的目标。我有一个读者，他家孩子进了一所新的学前班。那里的管理人员给所有新生家长群发了一封电子邮件，表示学校会给每个家庭寄一个新生欢迎礼包。我的读者和他的妻子都觉得这是学校的好意。

但是，在好意背后，学校实际上细致调查了新生家长的房屋，并把这些房屋的表观价值同Zillow和红鳍网上列出的价值相比较。换言之，快递员在投递的同时也扮演房产评估员的角色，好让学校在分发筹款信时能够更好地区分捐款请求，以提高收益。

我那读者住着300万美元的房子，学校要求他捐款2500美元，而另一位家长住着便宜很多的公寓，学校只要求他捐款500美元。他俩是朋友，相互之间看过对方的捐款请求信，所以才发现了这个差异。

从筹款的角度看，学校区分捐款请求确实很睿智。但是，作为被秘密调查的个体来说，你可能无法理解这种具有针对性的请求。你可以给他人你的邮箱地址，这样一来，你就能更好地掌控别人对你的看法。

隐形富豪法则3：不要炫耀你的锦衣珠宝。 无论是你的沛纳海手表、爱马仕铂金包、阿玛尼西装，还是鲁布托鞋子，如果你不希望别人知道你买得起这些奢侈品，就把它们藏在家里。隐形富豪不会展示自己的锦衣珠宝。

要抑制炫富的冲动。毕竟，你买奢侈品是为了自己开心。假装不知道奢侈品牌子或是它们的价格，而只是说你喜欢它们的外观。

隐形富豪法则4：绝不透露你的全部收入或财富。 毫无疑问，永远不能透露自己的全部收入。只有那些没有安全感、爱慕虚荣或想要通过教你赚钱方法来谋取利益的人会夸耀自己的财富。越有钱的人就越不会到处炫耀，反之亦然。你是一个隐形富豪，记得吗？

如果你收入水平特别高，那在和收入远低于你的人交往的过程中就要注意这一点。根据美国人口普查局数据，2020年全国家庭收入中值为67,521美元。赚的钱超过你所在州家庭收入中值的2倍可能会让你慢慢暴露于危险之中。

只有最自卑的人才会不停炫耀自己的收入。他们很显然在寻求他人的关注，以弥补在家受到的冷落。

隐形富豪法则5：分散资产。不要成为你们社区最大的地主之一，也不要成为一个私募股权交易里最大的股东之一，除非你真的很相信这家公司。

分散管理你的可投资资产，这样就没人真正知道你有多少钱。分散资产也能确保你的财富在经济剧烈下滑的时候不会损失惨重。

做隐形富豪的最佳手段之一就是分割资产，并把它们存入不同的公司里。隐形富豪通常会用律师做每家公司的代表人。

隐形富豪法则6：学会谦逊。不是所有人都有父母、能上好学校、能力超群、生在发达国家或是运气爆棚。如果这些你都拥有，那要明白你已是人中龙凤。而正是因为你认识到了这一点，所以保持谦逊才显得尤为重要。

当你去其他社会走访观光后，你会发现，虽然你的努力也有一定功劳，但你确实比大多数人幸运很多。你越能体谅他人，就越不会给人留下傲慢、势利小人的印象。抓住一切机会去国外旅行，学习一门外语，并在国外生活。

如果还是有人质疑你的财富或成功，那就把它们大部分归功于运气。有很多人其实工作和你一样拼命，但却没有你这样的运气。如果你把成功大部分归功于运气，人们自然就会安静，不再多说什么。你还可以更进一步，给他们买杯饮料，询问他们的境况，来显示你的关心。很多人只是想找个人倾诉。

隐形富豪法则7：赞美他人的成功，突出自己的失败。永远为他人的重要进步欢欣鼓舞，并表达自己的支持。没有安全感的人往往最喜欢自吹自擂。相反，主动强调他人的成功。这样一来，他人不仅会感激你的关爱，还会视你为一个自信且体贴入微的人。所以，尽管你很成功，但仍要保持缄默，不要事事都压人一头。要赞美他人，为他人感到开心，永远不要贬低他人的成就。相反，要特别感谢为最后的成绩做出贡献的团队。

不要与他人谈论你的成功，相反，告诉他们你的失败经历。这会让别人更加喜欢你，因为每个人的人生都有无数次失败经历。只谈论自己的成就只会显得你情商很低。

隐形富豪法则8：自愿贡献你的时间。捐钱是一方面，这对有钱人来说很容易。但是，即便人们知道你捐了很多钱，他们仍然会指责你捐得不够或没捐对地方。所以，不仅要捐钱，还要捐时间。如果有个孩子需要指导，你能充当"老大妈"或"大姐姐"的角色，为他提供无微不至的关怀，那谁还敢看低你？你无须亲自到场，但你始终伴他左右，因为你在乎。

隐形富豪法则9：整理好遗产计划。在你大限将至之前，把你的临终事务全部整理清楚。保护财富的一个好方法是设立可撤回的生前信托。你不会希望自己的继承人为了争夺他们心目中的遗产而在混乱的遗嘱检验法庭上公然对抗。另外，遗嘱检验通常要花更多的钱和更久的时间，而通过信托的方式分配遗产则可以避免无关人士插手你的事务。我也建议你把手头的商业都记到别人名下（即找个代理人，通常是律师），或借由信托保护起来。让那些爱打听的人猜去吧。信托中的信托就像梦中梦一般。

如果你不愿意请一位遗产规划律师来设立可撤回的生前信托，以保护你的资产和家人的隐私，那至少也要草拟一份遗嘱。这样一来，你的继承人就会知道你的打算。在你的遗嘱里附上指示函，上面写清有关你网络账户密码、秘密文件和杂务工联系方式等的具体细节。

隐形富豪法则10：要有眼力见儿。要在不同的环境里表现出不同的态度。如果房间里的氛围非常凝重，你还一直开别人的玩笑，那日后的集体讨论会估计就没有你了。如果现场氛围很愉悦，那就不要一直提最坏的情况，以免破坏大家的心情。

你必须学会察言观色并随机应变。练习扑克脸，这样就能更好地管理表情。如果你有一张完美的扑克脸，必要的时候就能更好地转换表情。

悄悄远离人们的注目

感觉自己被爱、被认可是一件很美妙的事，我懂。但它应是一个顺其自然的结果，是把事情做好后的副产品。把追求名声当作重要目标，实现的概率很低。你不仅可能苦苦追寻也始终得不到想要的名扬四海，一辈子欲壑难填，还有可能看清它不过就是一道枷锁。

有一天，我在奥克兰的一家街角小酒馆和肖恩·利文斯顿（Shaun Livingston）共进午餐，他曾3次随金州勇士队一起夺得了NBA总冠军。如果有人因太受欢迎而备感困扰，那一定就是这位出生于奥克兰、身高两米的勇士队篮球名将。我俩在户外吃饭的那两小时里，每过20分钟左右都会有一个不知道哪来的陌生人走到我们跟前打招呼，然后分享他们各自的篮球故事。有几个粉丝甚至还提供打折的保镖服务！

那是我第一次体验真正出名是种什么感觉。一方面，他为旧金山湾区带来了众多欢乐，因而始终都能得到篮球粉丝的认可，这种感觉一定很好。另一方面，名声也可以轻易剥夺一个人安心用餐的自由。但肖恩很尊重来客，与每一个人都和善地打招呼。他是一名真正的职业选手，也是我认识的人里面最励志的之一。

他在伤愈后卷土重来，多次拿下总冠军。我敢打赌他有一天会成为一名优秀的球队经理。

相对于名声，大部分人真正渴望的是最亲近之人的赞赏。比如，他们希望挑剔的父母能赞扬自己的成就，或希望好朋友能承认自己的优异。不要追求陌生人的赞许，那根本不重要。

买豪车还是继续开便宜的车？

我刚刚说过了，开普通的车是当隐形富豪最简单的方式。现在让我们来自仔细研究一下买车时的理想选择。

2009年，我非常惊奇地发现，在"旧车换现金"项目的推动下，总共有69万辆新车售出，其中每辆新车的平均售价为2.4万美元。你那功能仍十分完善的车子只能换来政府4000美元的补贴。这与其说是帮助，不如说是坑害了人们的财务。当时，美国家庭的年收入中值只有5万美元左右，而且还在不断下降中，花2.4万美元买新车显然太贵了。在2009年，相对于买一辆2.4万美元的车，你更应该投资标准普尔500指数，让你的资产增加两倍。

买一辆超预算的车是普通人最容易犯下的决策失误之一。除了买车的费用，你还要支付保险费、维护费、违规停车罚单和交通罚单。当你把各项费用加起来，就会发现车子的真实拥有成本远远更高。

所以，让我来介绍一下我的购车1/10法则。我在第4章里简单提过这个法则，现在来详细说明一下。该法则即你所购车辆的价格不应超过你全年总收入的1/10。可以是新车也可以是二手车，可以用现金购买，也可以租赁。怎么样都可以，只要这辆车的价格不超过你全年总收入的1/10就行。你也可以利用这条法则买好几辆车，只要它们的总价值在这个范围内就行。

也就是说，如果你年收入6.5万美元，那你最高只能买6500美元的车。如果你想买一辆7万美元的豪车，那你得想方设法赚70万美元才行。如果你想买一辆1.2万美元的紧凑型轿车和一辆4万美元的大车厢轿车，那你的目标就是赚52万美元。不可思议是吧？或许吧。但该1/10法则就是为了防止你过度消费，同时，它也可以作为一个动力，驱使你赚更多的钱。

如今，新车的中值售价超过4万美元，但普通人很难赚到40万美元左右。问题就出在这里。如果你想积累更多财富，就不要像普通消费者那样。

如果你已经买了很贵的车，那我建议你两点：（1）继续拥有它，直到你的收入达到车价的10倍，或是（2）硬着头皮卖掉它。如果你买这辆车的费用已经超过了全年总收入的30%，换作是我会选择卖掉它。这就好比你在努力游向财务自由彼岸的时候有一根锚在海底拖动。即使你会有所损失，但仍然值得摆脱这辆车。不要把它卖给经销商，因为你会被坑。可以私底下把它挂在克雷格列表这类的免费平台上。

我做了一张表格来评析购车开销占家庭收入的比例，它可以帮助你解决买车的财务难题。

表15-1　财务武士购车1/10法则
（购车所花的钱不得超过年总收入的10%）

购车开销占家庭收入的比例	分析
≤10%	财务英雄，必然会实现财务自由
11%~25%	明智且善于思考的人，避开了消费主义陷阱
26%~50%	还未脱离正轨，但可以做得更好
51%~75%	一定是想工作很久
76%~100%	太在乎形象了，大概率有巨额债务
100%+	破产风险很高，消费上瘾，需要帮助

来源：FinancialSamurai.com

拥有一辆1万美元以下的车没什么可耻的，除非它安全系数很低。我花了8000美元买了一辆二手的路虎发现二代，还不到我收入的3%。这辆车我开了10年。10年后，它的价值不足2000美元，而我的收入却上涨了。这辆车很棒，给我带来了无数欢乐。当然，有几处仪表盘灯一直顽固地亮着，但只需一小片胶带纸就能把灯光挡住，解决问题。我把省下的买车钱努力投资股市，10年后，这部分资产增值了160%以上。

把你的自负心放在一边，这样你就能拥有真正的财富：世间的一切自由。做一个时间上的亿万富翁！

当你在该法则的指导下买下一辆新车，努力开它10年左右。这样你就能最大程度地利用它的价值，同时也能将车龄增长带来的安全风险降到最低。如果你买的是二手车，那就找一辆车龄为3~5年的车，然后也努力再开10年左右。

无论买新车还是二手车，你都要等到车龄满10~15年后再更换。这听起来似乎很久，但2021年，美国公路车辆的平均车龄为12.1年。你可以将车子的价值和安全性发挥到极致，同时也不亚于马路上的众多车辆。

个人理财领域探讨的永远是尽可能久地使用各种产品。

但对于车子而言，以15年为分界线，如果一辆车远远超过这个车龄，那就没什么值得称道的了。出于安全原因，如果你资金充足，应该每10~15年换一辆新车。我知道有人为了省钱，会开到轮胎都松脱为止。但是，如果在开车过程中轮胎松脱，你恐怕就在劫难逃了。

权衡你的风险，然后以1/10法则作为指导。如果只花收入的10%实在买不到一辆安全可靠的车子，那就再稍微多花一点，但要时刻铭记这条法则。理想情况下，买车的花销最高不得超过收入的20%。而且，花这么多钱的前提只能是出于必要的安全考虑。如果你真的连这20%的上限都把握不住，那就是时候要想办法在主业和副业上多赚点儿钱了。

开老车也有它的好处

虽然我的父亲是美国大使馆的外交官员，但他总是买老车开。多年来，我们住着政府提供的舒适房屋，却开着老旧的破车，这两者的搭配总是很不协调。

1986年至1990年，我在马来西亚的首都吉隆坡上初中。那时，他开着一辆1976年产的日产达特桑。那辆车的漆已掉光，三个轮毂盖都已消失不见。记得有一天，我偷偷把它开出去，带着朋友一起兜风玩耍。那年我们13岁。那是一个雨季，我们开着车穿越了一场巨大的暴风雨。在这过程中，仅存的那个轮毂盖也掉了。它就那么滑落下来，迅速地顺着3英尺深的排水沟漂走了。当我下车想要找回它时，它已经不见了。

我想我爹估计会杀了我，所以我和朋友一直到凌晨2:00才偷偷摸摸把车开回家，并祈祷他不会发现异常。隔天，他开着那辆车去上班了，什么都没对我说。那个消失的轮毂盖就此尘封入海，直到10年后的一天我突然提起它。

也是那时我才发现，买自己可以轻松负担得起的便宜货有多大的好处。车停在杂货店门口时不小心擦出凹痕？这有什么关系。一团番茄酱洒在你的旧鞋子上？还挺有个性。

最重要的是，父亲不是为了节俭而节俭。他不喝苏打水、不买新车子的原因是他把这些钱拿去投资了。如果你想早日实现财务自由，也可以考虑这么做。

亲自干活还是交给别人？

我在本书最开始提过，大多数人在成长过程中所接受的财务建议都是围绕储蓄的。这种思想的问题在于，它会让我们始终陷于贫瘠者心态中。但我们只有在拥有富足者心态时才能更好地积累财富。

我强调要一直储蓄，直到手头拮据为止，但这不意味着要不计一切代价省钱，尤其是在我们的日常家庭生活中。比如，大多数人一直被教育，认为在家自己做饭吃是最明智的省钱手段。但事实真的如此吗？要想知道真实的结果，我们最好要把在家做饭的所有成本考虑进去，尤其是你的时间成本。

算算你每小时值多少钱，然后再综合计算一下。如果你1小时能赚50美元，然后你花1小时做饭，再花1小时购买30美元的原材料，那你这顿饭准确来说至少价值130美元。除非你很喜欢做饭，否则累了一天回家还要再花1小时烹饪不是什么明智之举。你可以用这些时间放松身心、和孩子一起玩，或是搞副业。

当你把所有成本都算进去后，会发现一周点几次外卖并没有想象中那么奢侈，尤其是在当下外卖软件如此繁多的情况下。投资者们给了外卖公司这么多钱，理所应当为你节省成本。充分利用它们，为自己买来更多时间。

用同样的逻辑来决定自己做家务值不值得，还是把它们外包出去。家务包括清扫房屋、洗衣服、修剪草坪、整理院子、维护游泳池和除雪等。很多人不假思索地认为把这些日常家务外包给别人是件很浪费的行为，因为我们自己就能完成。但记住，自己做不代表是免费的，永远都有时间和压力成本。而且，万一你在这过程中伤着自己，就又要多考虑一笔费用了。

有一天我削芒果的时候太快了，不小心割伤了左手的食指。这一割伤不仅疼得要命，还让我整整两周没法打网球和垒球。还有一次，我想要在家门口挖一条沟渠，种一排灌木。在这过程中，我的后腰拉伤了。结果，我好几天都没法抱起我家小孩。我花了好大一笔钱治好了腰伤，这才有办法重新做我最爱的活动。

机会成本即你舍弃的一切选项中最大的那个损失。如果你每周都把这省下的几个小时拿去钻研你的财富积累战略、思考做好工作的方法或建立你一直以来都没时间建立的网站，那结果会是如何？随着时间的流逝，付诸实践的益处会变得巨大。

在决定是要亲自干体力活还是把它们外包出去时，理想的决策包括两个方面：（1）思考这件事是否给你带来乐趣。如果你热爱烹饪，但当然可以自己做；（2）算清成本。如果你一点都不喜欢做这件事，而它的实际成本还很高，那有能力的话就把它外包给别人做。

为了生活而工作还是为了工作而活着？

尽管像芬兰、冰岛和丹麦这样的欧洲国家一年有1/3的时间都是极寒，但它们永远都是全世界幸福指数最高的几个国家，其原因之一就是那儿的国民都是为了享受生活而工作。尽管税很高、收入上涨也不多，但这些国家的国民就是更加快乐，因为他们有更多的自由时间可以支配。

与之相比，美国常年位居世界幸福指数榜单的10~15名开外，部分原因是美国过分强调资本主义，却牺牲了人们的自由支配时间。如果一个人总是贪得无厌，成天想着赚更多的钱、打败自己的竞争对手，那他的欲望就很难填满。目标当然是在自由时间和金钱之间找到理想的平衡点。

我已经辞去主业10多年了，我这辈子都不打算再重返当年的工作模式了。现在多的是投资和赚钱的新路子。

请不要浪费人生最美好的40年干一件你根本不喜欢的工作。不要和无爱婚姻里的配偶一样，因为恐惧而不敢离开，就这样在沉没成本谬误的地狱里忍受折磨。你理应给自己找一份快乐且有意义的工作。

我有一个同事，她叫米勒。她是公司的副总裁，但她在33岁时放弃了自己20万美元基本工资的工作，开始尝试烘焙。她去烘焙学校上了将近一年的课，然后在一家高级餐厅做西式面点，一天工作8小时。

6个月后，她离职了。她告诉我："如果都是要被人吼来吼去，那我宁可在银行业忍受这样的折磨，也不要拿着15美元的时薪，待在拥挤又闷热的后厨了！"

两年后，她回到了银行业，并一直待到了今天。即便她成为世界知名糕点师的梦想没有实现，她也会永远开心自己曾经尝试过。做选择很少是一个非此即彼的命题。如果你的梦想尝试了多年还未成功，那你通常可以回到过去，重操旧业。

但要小心，最好不要把热爱当作主要的收入来源，因为你可能会发现，当你不得不做一件事情的时候，它就丧失了大部分乐趣。

一旦财务走向正轨，你的目标就是尽可能长寿

严格从财务立场出发，你的现金流越强劲、寿命越长，你的人生从总体上来看就越有价值。毕竟，一项能带来10万美元年收入的资产，连续创收50年一定会比只创收20年来得更具价值。因此，一旦你的财务走向正轨，或当你真正实现财务自由后，你就理应尽量延长自己的寿命。

在过去，一个人可能要一直工作到65岁，然后匆匆享受10年退休时光就要离开人世。而如今，现代医疗的进步和更多灵活赚钱的道路让我们可以早早实现财务自由，并且活得更久。

我们很难控制各种疾病和疑难杂症的发生，但我们可以尽最大努力照顾好自己的身心健康。实际上，拥有的财富越多，就越应当把时间和金钱花在绿色食物、体育锻炼、请教练和治疗师上。如果搬到一个空气更加清新、气候更加宜人的地方能让你过上更健康的生活，那你估计也会考虑它的。

回首我在金融业工作的日子，由于长期压力，我变胖了很多，还患上了慢性背痛、坐骨神经痛和颞下颌关节紊乱，导致我讲话都有困难。我牙关紧闭很严重，有一次，我花了700美元看牙医，只为了在我的后臼齿上钻孔，以此缓解牙齿的压力。

但所有的治疗都没有用，直到我彻底和金融世界说再见的那天。在那之后的一年里，我发现我的慢性背痛症状开始慢慢消失。一年前冒出的白头发也不再生长。这么久以来我的身体一直都在疼痛，以至于我觉得每天拖着一副病躯醒来是件极为正常的事情。但它根本不正常，疼痛是身体告诉你要改变生活的头条信号。

要倾听你的身体。

如果没有健康，那世间一切财富就只是粪土。尽一切努力呵护和滋养你的健康。一旦你赚够了钱，下一步计划就是尽可能久地享受你的战利品。

财务武士之路

- 优化你在网络和现实生活中的形象,做一个隐形富豪。别人对你财富的关注越少,你就越快乐。
- 上班或参加社交聚会时不要开豪车,避免别人对你的负面评价。
- 算算你每小时值多少钱,再算算做饭或是其他所有可外包体力活的真实成本。把外包的开销与省下来的时间里你能创造的价值相比较,然后做出合适的选择。永远思考机会成本。想想如果可以省下做这些琐事的时间,你可以干什么?
- 把别人的苦难放在心上。你越是关心他人的苦难,就越会感激和珍惜你所拥有的一切。
- 现实是,没人渴望把自己喜欢的事当作一辈子的饭碗。所以,理想的解决方式是找一个能让你始终感觉有意义、有目的的工作。放弃已有的饭碗可能很难,但你至少应该为了自己尝试一下。如果新工作没有出路,你也随时可以重操旧业。

结　语

迈出你的脚步吧

上班的时候，我最喜欢的伙伴之一叫康拉德。当时他50多岁，在收发室的前台工作。每次我经过他，他都会笑嘻嘻地朝我打招呼。我们总会相互分享工作上的趣事。

2011年的一天，我问他，如果让他回到我这个年纪，他想改变什么。那年我33岁。

他说："山姆，我希望我当年能多冒点儿险。"他哀叹当年在旧金山靠着一年4万美元的工资勉强维持生计，日子过得十分艰辛。然后他继续说道："随着时间的流逝，相比起那些你已经做过的事情，你会更后悔有些事情从未尝试过。"

那正是当时正在计划永久逃离美国公司的我所需要的鼓励。我在想好怎么协商遣散费后，就非常激动地想要通过康拉德执行我的计划。他总是有一些富有见解的反馈。

不幸的是，康拉德再也没有回到办公室。他在那一年的某轮裁员中匆忙走人了。我无法相信这个事实。裁掉一个常务董事本可以拯救25个康拉德。我几近疯狂，但也更有胆量做出改变。

自那以后，我就决定，无论何时我都准备好放手一搏。无论下一秒会发生什么，至少我永远不会后悔自己曾经尝试过。事实是，没有人会逼你做出改变，你必须自己跨出那一步。

当你在那无法预测的人生海洋里探寻各种可能的路径时，努力让自己做出正期望值的决定。通过实践和经历，你做决定的能力会变得更好。如果你每次都能做出成功率大于等于70%的决定，那时间久了你会做得非常好。这世上几乎没有100%确定的事情，没有必要等到那时才行动。

同时，我们也要谦虚地认识到，即便有了最完美的准备，事情也会有出错的时候。到底是从错误中汲取教训然后成长，还是放弃并咒骂自己的运气不佳，这是对我们的挑战。

要想成为一个财务武士，你要遵循以下7条核心原则。

财务武士的核心原则

1. 不要因为不肯努力而失败，因为努力不需要任何技巧。你可以因为对手太强、运气太差、执行不佳而失败，但你不能因为没有尽力所以失败。回顾往生，最大的遗憾是你未曾尝试过的和没有尽力去做的事。

2. 永远保持富足者心态，而非贫瘠者心态。这世上有数以万亿美元的财富可供你自由夺取，你没有理由不积累属于自己的财富。专注于通过投资、努力工作和创业来创造财富，而不仅仅是省吃俭用。你能省下的钱只有那么多，但你能赚到的钱却是无穷无尽。创造只属于你的机会！

3. **成功只能靠自己。无人救你，唯有自救**。世间之路，道阻且长。在通往财务自由的路上，不可避免地要遭遇艰难险阻。大部分人都已自顾不暇，没有能力再对你施以援手。接受了无人会帮你摆脱困境的现实，我们最终只能依靠自己倾尽全力，因为除此之外再无其他选择。倘若有善者或体贴的慈善机构为我们伸出援手，那就再好不过了。

4. **明白只有你赚来的才是你应得的**。没有什么比为自己的成功奋斗更快乐的了。那些不劳而获的人是值得同情的。另外，不要把自己和他人对比。你永远不知道别人是走过千山万水才实现自己的目标，还是压根没有努力过。运气这个因素远比我们想象的更重要。

5. **乐于奉献，不求回报**。捐赠你的时间，捐赠你的钱，捐赠你的善意给一切需要帮助的人。你永远不知道别人正在经历什么，所以请保持缄默，不要随意评判他人。这样一来，别人也会愿意帮助你成功。

6. **明白困难往往是可以解决的**。不要认为困境中的自己无法动弹，要始终把困难当作一个有趣的挑战。你会很惊讶原来有如此多的道路可以通向同一个目标。只要你有"一颗筹码和一把椅子"，你就仍有机会取胜。

7. **思考可能性，而不是绝对准则**。一旦你开始思考各种可能，充满机会的全新世界就会向你敞开大门。你不会再因为惧怕而不敢尝试新的东西，因为你会看见一切事物所蕴含的潜力。通过思考各种可能性，你敞开心胸接纳不同的观点，这会进一步提高你做决定的能力，夯实你的整体人生观。

一旦采纳了这几条核心原则，你就会拥有更好的理念。现在让我们简要回顾一下每个人在追寻财务自由道路上都需设立的具体目标。

财务武士的具体目标

1. **每月都要不停储蓄，直到你手头拮据为止。** 如果你每月存下的钱不至于让你手头拮据，那就说明你存得还不够。一旦扣除储蓄和必要的开销还有一定的剩余资金，就应当再多存一点。理想情况下，你最终要储蓄并投资50%及以上的税后收入。

2. **永远要存满所有的税收优惠退休账户。** 你没有任何理由不充分利用税收优惠工具。税收可能是你需要长期承担的最大义务。你的目标是尽可能地延税并减少纳税。

3. **努力让净资产达到年平均总收入的20倍。** 一旦你积累了至少相当于年平均总收入10倍的净资产，你就会开始感受真正的财务自由。你的收入会随着时间不断增长，为保证自己不弄虚作假，要一直以你的年平均总收入作为衡量基础。

4. **努力创建一个能够100%覆盖你基本生活开销的被动收入来源。** 一旦满足了基本生活需求，你就更有胆量做自己想做的事情，即使这时候你的净资产还未达到年总收入的20倍。给你的每笔投资都赋予一个目的，以保持动力。

5. **永远不要主动辞职，要通过裁员的途径离职。** 如果到了非走不可的时候，记得不要主动辞职，要协商一笔遣散费再走。如果你主动辞职了，就没有资格获取失业补助、《工人调整和再培训通知法》（Worker Adjustment and Retraining Notification Act）所规定的补偿或医疗保险补贴了。如果你无论如何都要离开，那尽力为雇主提供一个顺畅的交接过程也没什么坏处。

6. **一旦经济许可，就去过有意义的生活。** 经过了最初几年的积累，你已经建立了强大的财务基础。在此之后，要确保自己的工作于己于人都有意义。如果你每天上班都觉得很空虚，那就必须更换职业了。

7. **在别人玩耍时工作。** 与其每个周末看体育比赛，不如利用这段时间做一些有成效的事。与其一觉睡到早上8:00，不如提前1小时醒来搞副业。当别人总在玩的时候，你埋头苦干，这样你的余生就能天天享受了。

8. **让那些在困境中挣扎或感觉被世人遗忘的人得以掌控自己的命运。** 世界上的每个城市和城镇里都有需要帮助的人。虽然没人会来拯救你，你仍然应该分配一些时间去帮助他人，尤其是当你就是那个幸运儿的时候。

9. **战胜自负心，做隐形富豪。** 想要昭告天下自己赚了多少钱、身价多少、有多成功是人之常情。但不要这么做，要保持谦虚。这样你才能理解周遭的苦难，才能认识到，并不是每一个人生来都有和你一样的天赋，也不是所有人都像你一样有这么多机会。

吹嘘自己的财富只会让他人反感，并吸引不必要的负面评价。如果你必须公开自己的部分成就，那就以一种能够帮助他人提高成功概率的方式公开。换言之，提供一些行为建议。

10. **永远不要把运气和能力相混淆。** 永远要分清这两者的区别。在长期的牛市背景下，你很容易误认为自己是这个地球上最厉害的投资者、雇员或企业家。而在熊市背景下，你又很容易认为自己是个傻子，怀疑自己的一切辛劳付出。你越是幸运，就越要努力工作、回馈他人。你的好运总有一天会变成噩运，所以你要提前做好准备。

11. **练习预测未来。** 不要让经年累月的单调思考和水平低下的趋同思维禁锢你的思想，而要每月至少腾出一个小时思考未来的人口、科技、就业、医疗、工作和生活趋势。与家人朋友一起讨论你的预测，倾听不一样的观点。

去潜在机会最大的地方工作。并且，如果你能正确地预测未来的苦难，你最后反倒会过得更开心，因为你会在悲惨命运到来前寻找积极的改变手段。

12.创建一个永久的捐赠机构。建立某种机构，在你离世后还能不断地捐款。给予是你能体会到的最纯粹的快乐形式，要比获得金钱上的成功纯粹千万倍。当你大限将至，知道自己已经为他人的治愈和成长献出一臂之力，你也能走得更安详一点。

学无止境

我能保证，如果你运用我所列出的各种策略，10年以后，你所积累的财富一定会远远超过你的想象。更重要的是，你的内心会更加充实，因为你的生活更有意义了。在这个竞争极其激烈的世间，这本书会带给你别人得不到的优势。

我们多少次发现自己由于过分害怕陷入经济困境而放弃了为正义发声的机会，或是因此停下了追梦的脚步。在恐惧中度过一生该有多么遗憾。通过积极付出，实现财务自由，你就会慢慢收获你一直追寻的自由。

旅途必定充满荆棘，必要的牺牲也在所难免，但我们不该言弃。倘若时运不济，就想想这句著名的中国谚语——"只要方向正确，你迟早都会到达想去的地方。"

财务武士不是你最终需要达到的水平，它是一种生活方式。

感谢阅读《买这个，不买那个》，能够为您提供帮助，是我此生莫大的荣幸。

致　谢

首先，感谢编辑诺亚·施瓦茨贝里（Noah Schwartzberg）给我这次机会，你真的是我合作过的最棒的人之一。也感谢助理编辑金伯利·美伦（Kimberly Meilun）帮我润色，感谢希拉里·罗伯茨（Hilary Roberts）和梅根·格里蒂（Megan Gerrity）如此彻底和周到的审稿。

感谢玛丽亚·加里亚诺（Maria Gagliano）辅助我写作，提供更多的想法。你是一个极好的决策咨询人，为我照亮盲区。作为三个孩子的母亲，你在整个过程中体现出的职业操守令我深感敬畏。

感谢悉尼（Sydney）自大学以来就始终伴我左右。如果不是你在凌晨5点起床，确保我准时参加人生的第一场面试，我都无法确定现在人在哪里。感谢你把整本书检查了三遍！我们的孩子有你这样的母亲真的太幸运了。你的耐心和善良无人可及。

感谢"财务武士"的读者在我每次发新帖的时候都与我分享你们的观点。尤其感谢西尔维娅·V.（Silvia V.）、莉莉·N.（Lily N.）、乔·U.（Joe U.）、理查德·L.（Richard L.）、温·P.（Wynn P.）、本·M.（Ben M.）、利亚·G.（Leah G.）、杰克·A.（Jack A.）、本·H.（Ben H.）、吉利恩·H.（Jilliene H.）、拉里·G.（Larry G.）、阿南德·R.（Anand R.）、保罗·O.（Paul O.）、杰里米·S.（Jeremy S.）、凯尔乐·K.（Carl K.）和肖恩·L.（Shaun L.）。万分感激我的网球和垒球搭档，在我非常困难的那段时光里陪我尽情宣泄。

最后，我还想对家人的支持与厚爱深表感激。感谢我的父亲艾伦（Allen）和我的母亲凯西（Kathy）；感谢我的姐妹科琳（Collen）负责了全书的插图；也感谢我的两个孩子JJ和KK，因为你们的诞生，我人生的所有梦想就是成为你们的骄傲。如果有一天你们能带着这本书进行公开的展示和演讲，那将会是我莫大的荣幸。